17 contradições
e o fim do capitalismo

Fotografia das páginas anteriores:
Guilherme Weimann (Mariana-MG, 2015)

David Harvey

17 contradições e o fim do capitalismo

Tradução
Rogério Bettoni

Revisão técnica
Pedro Paulo Zahluth Bastos

© David Harvey, 2014
© desta edição Boitempo, 2016
Traduzido do original em inglês *Seventeen Contradictions and the End of Capitalism* (Londres, Profile, 2014)

Direção editorial	Ivana Jinkings
Edição	Bibiana Leme
Assistência editorial	Thaisa Burani e Carolina Yassui
Tradução	Rogério Bettoni
Revisão técnica	Pedro Paulo Zahluth Bastos
Preparação	Mariana Echalar
Revisão	Cristina Astolfi Carvalho
Coordenação de produção	Livia Campos
Capa e diagramação	Antonio Kehl

Equipe de apoio: Allan Jones / Ana Yumi Kajiki / Artur Renzo / Eduardo Marques / Elaine Ramos / Giselle Porto / Isabella Marcatti / Ivam Oliveira / Kim Doria / Leonardo Fabri / Marlene Baptista / Maurício Barbosa / Renato Soares / Thaís Barros / Tulio Candiotto

CIP-BRASIL. CATALOGAÇÃO NA PUBLICAÇÃO
SINDICATO NACIONAL DOS EDITORES DE LIVROS, RJ

H271d

Harvey, David, 1935-
   17 contradições e o fim do capitalismo / David Harvey ; tradução Rogério Bettoni. - 1. ed. - São Paulo : Boitempo, 2016.

   Tradução de: Seventeen Contradictions and the End of Capitalism
   Inclui bibliografia
   ISBN 978-85-7559-502-2

   1. Crise econômica. 2. Crises financeiras. 3. Capitalismo. 4. Globalização - Aspectos econômicos. 5. História econômica - Século XXI. 6. Relações econômicas internacionais. I. Título : Dezessete contradições e o fim do capitalismo.

16-33989

CDD: 332.62
CDU: 336.76

É vedada a reprodução de qualquer
parte deste livro sem a expressa autorização da editora.

1ª edição: setembro de 2016; 1ª reimpressão: abril de 2017
2ª reimpressão: agosto de 2018; 3ª reimpressão: março de 2019

BOITEMPO EDITORIAL
Jinkings Editores Associados Ltda.
Rua Pereira Leite, 373
05442-000 São Paulo SP
Tel.: (11) 3875-7250 / 3875-7285
editor@boitempoeditorial.com.br | www.boitempoeditorial.com.br
www.blogdaboitempo.com.br | www.facebook.com/boitempo
www.twitter.com/editoraboitempo | www.youtube.com/tvboitempo

A John Davey,
em reconhecimento aos seus sábios conselhos
e ao seu apoio a quase tudo que já publiquei

Sumário

Prólogo – A crise atual do capitalismo 9

Introdução – Sobre a contradição 15

Parte I – As contradições fundamentais 23
   1. Valor de uso e valor de troca 27
   2. O valor social do trabalho e sua representação pelo dinheiro ... 35
   3. Propriedade privada e Estado capitalista 47
   4. Apropriação privada e riqueza comum 59
   5. Capital e trabalho 67
   6. Capital como processo ou como coisa? 73
   7. A unidade contraditória entre produção e realização 81

Parte II – As contradições mutáveis 87
   8. Tecnologia, trabalho e descartabilidade humana 93
   9. Divisões do trabalho 111
   10. Monopólio e competição: centralização e descentralização ... 127
   11. Desenvolvimentos geográficos desiguais e produção de espaço .. 139
   12. Disparidades de renda e riqueza 153
   13. Reprodução social 169
   14. Liberdade e dominação 185

Parte III – As contradições perigosas 201
   15. Crescimento exponencial infinito 207

16. A relação do capital com a natureza 229
17. A revolta da natureza humana: alienação universal 245

Conclusão – Perspectivas de um futuro feliz, mas controverso:
a promessa do humanismo revolucionário 261

Epílogo – Ideias para a prática política 271

Apêndice – O livro mais perigoso que já escrevi..................................... 275

Índice onomástico 289
Bibliografia e leitura complementar... 293

Prólogo
A crise atual do capitalismo

Crises são essenciais para a reprodução do capitalismo. É no desenrolar das crises que as instabilidades capitalistas são confrontadas, remodeladas e reformuladas para criar uma nova versão daquilo em que consiste o capitalismo. Muita coisa é derrubada e destruída para dar lugar ao novo. Terras produtivas são transformadas em desertos industriais, velhas fábricas são demolidas ou usadas para novas finalidades, bairros onde mora a classe trabalhadora são gentrificados. Por toda parte, pequenas fazendas e terras cultivadas por camponeses são substituídas por agricultura industrializada em larga escala ou fábricas novinhas em folha. Parques empresariais, centros de pesquisa e desenvolvimento, armazéns e centros de distribuição se alastram em meio a conjuntos residenciais, interligados por trevos rodoviários. Grandes cidades competem pela altura e sofisticação a que podem chegar suas torres comerciais e construções icônicas; galerias e shopping centers monstruosos proliferam igualmente nas cidades e nos subúrbios, e alguns chegam a funcionar como aeroportos pelos quais transitam multidões de turistas e executivos em um mundo que se tornou espontaneamente cosmopolita. Campos de golfe e condomínios fechados, vistos pela primeira vez nos Estados Unidos, agora são encontrados na China, no Chile e na Índia, contrastando com assentamentos e ocupações irregulares, formalmente chamados de cortiços, favelas ou *barrios pobres*.

Contudo, o que há de tão notável nas crises não é tanto a ampla reconfiguração da paisagem física, mas as mudanças drásticas no modo de pensar e entender, nas instituições e ideologias dominantes, nos processos, alianças e subjetividades políticas, nas tecnologias e formas organizacionais, nas relações sociais, nos costumes e nas preferências culturais que permeiam a vida cotidiana. As crises abalam profundamente nossas concepções de mundo e do lugar que ocupamos nele. E nós, como participantes e habitantes inquietos desse mundo que vem surgindo, temos de nos adaptar, por coerção ou consentimento, a um novo estado de coisas, ao mesmo tempo que, por meio de nossas ações e do modo como pensamos e nos comportamos, damos nossa pequena contribuição às complicações desse mundo.

É difícil ver a saída no meio de uma crise. Crises não são acontecimentos isolados. Embora tenham gatilhos óbvios, as mudanças tectônicas que representam levam anos para se desenvolver. A longa e persistente crise que se iniciou com a quebra do mercado de ações em 1929 só se resolveu por completo nos anos 1950, depois que o mundo passou pela depressão dos anos 1930 e pela guerra mundial dos anos 1940. Da mesma maneira, a crise sinalizada pela turbulência dos mercados de câmbio internacionais, no fim dos anos 1960, e pelos protestos de rua de 1968 em cidades tão diversas como Paris, Chicago, Cidade do México e Bangcoc só se resolveu em meados dos anos 1980, depois do colapso, no começo da década de 1970, do sistema monetário internacional de Bretton Woods, iniciado em 1944, da turbulenta década de 1970 no que diz respeito às lutas trabalhistas, do advento e da consolidação das políticas neoliberais sob os governos Reagan, Thatcher, Kohl, Pinochet e, por fim, Deng na China.

Com o benefício da visão retrospectiva, não é difícil distinguir sinais abundantes de problemas iminentes muito antes da explosão de uma crise. As crescentes desigualdades de riqueza e renda nos anos 1920 e a bolha do mercado imobiliário que estourou em 1928, nos Estados Unidos, pressagiaram o colapso de 1929, por exemplo. Com efeito, a saída de uma crise contém em si as sementes das crises que virão. O desfecho da financeirização global hiperendividada e cada vez mais desregulamentada que começou nos anos 1980 como um modo de resolver conflitos trabalhistas (facilitando a mobilidade e a dispersão geográfica) foi a falência do banco de investimentos Lehman Brothers em 15 de setembro de 2008.

Já se passaram mais de cinco anos desde esse evento, que desencadeou uma cascata de colapsos financeiros. Se o passado nos serve de guia, seria estupidez esperar, a esta altura, qualquer indicação clara de como seria um capitalismo renovado – se é que isso é possível –, mas deveria haver uma profusão de diagnósticos conflitantes sobre o que está errado e uma proliferação de propostas para colocar as coisas nos eixos. O que surpreende é a parcimônia de novas políticas ou pensamentos. Em termos gerais, o mundo está polarizado entre a continuação ou até o aprofundamento das soluções neoliberais, baseadas na oferta [*supply-side*] e monetaristas, enfatizando a austeridade como remédio apropriado para curar nossos males (caso da Europa e dos Estados Unidos), e a retomada de uma versão em geral diluída de uma expansão keynesiana baseada na demanda e financiada pela dívida (como na China), ignorando a ênfase de Keynes na redistribuição de renda para as classes mais baixas como um de seus componentes-chave. Não importa qual política é seguida: o resultado é o favorecimento do clube de bilionários que constitui hoje uma plutocracia cada vez mais poderosa, tanto dentro dos países como no cenário mundial (como Rupert Murdoch). Em toda a parte, os ricos estão cada vez mais ricos. Os cem maiores bilionários do mundo (tanto da China, da Rússia, da Índia, do México e da Indonésia como dos centros tradicionais de riqueza na América do Norte e na Europa) juntaram US$ 240 bilhões a mais em seus cofres só em 2012 (o suficiente, calcula a Oxfam, para acabar com a pobreza mundial da noite para o dia). Em contrapartida, o bem-estar das massas estagna, na melhor das hipóteses, ou, mais provavelmente, sofre uma degradação crescente, se não catastrófica (como na Grécia e na Espanha).

Dessa vez, a grande diferença institucional parece ser o papel desempenhado pelos bancos centrais, e, obviamente, o papel principal, ou até dominante, no cenário mundial é do Federal Reserve, dos Estados Unidos. Mas, desde os primórdios dos bancos centrais (em 1694, no caso britânico), o papel deles tem sido proteger e socorrer os banqueiros, não cuidar do bem-estar das pessoas. O fato de que, estatisticamente, os Estados Unidos conseguiram sair da crise em meados de 2009 e os mercados de ações conseguiram recuperar suas perdas em quase todo o mundo teve tudo a ver com as políticas do Federal Reserve. Será que isso é o prenúncio de um capitalismo global administrado pela ditadura dos banqueiros centrais do mundo, cuja principal missão é proteger o poder dos bancos e plutocratas? Se sim, parece haver pouca possibilidade de resolvermos o atual problema das economias estagnadas e do padrão de vida cada vez mais baixo da massa da população mundial.

Há também muita conversa fiada sobre a possibilidade de uma solução tecnológica para o mal-estar econômico atual. Embora a integração de novas tecnologias e formas organizacionais sempre tenha desempenhado um papel importante para facilitar a saída das crises, esse papel nunca foi determinante. Atualmente, as esperanças estão concentradas no capitalismo "baseado no conhecimento" (em primeiro plano, a engenharia biomédica, a engenharia genética e a inteligência artificial). Mas inovação é sempre uma faca de dois gumes: a automação da década de 1980 trouxe a desindustrialização, e empresas como a General Motors (que empregava trabalhadores sindicalizados e bem pagos na década de 1960) foram suplantadas por outras como o Walmart (composta por uma ampla mão de obra não sindicalizada e mal paga), que hoje são as maiores empregadoras privadas dos Estados Unidos. Se o surto atual de inovação aponta em alguma direção é na de uma diminuição das oportunidades de emprego para os trabalhadores e na de um aumento da importância da renda extraída de direitos de propriedade intelectual no que se refere ao capital. Mas, se todos tentassem viver de renda e ninguém investisse na fabricação de nada, certamente o capitalismo se encaminharia para uma crise totalmente diferente.

Não são apenas as elites capitalistas e seus seguidores intelectuais e acadêmicos que parecem incapazes de romper radicalmente com o passado ou definir uma saída viável para a lamuriosa crise de baixo crescimento, estagnação, alta taxa de desemprego e perda da soberania estatal para o poder dos credores privados. As forças da esquerda tradicional (partidos políticos e sindicatos) são nitidamente incapazes de configurar uma oposição sólida ao poder do capital. Há trinta anos elas são derrotadas pelos ataques ideológicos e políticos da direita, enquanto o socialismo democrático é desacreditado. O colapso estigmatizado do comunismo realmente existente e a "morte do marxismo" depois de 1989 pioraram ainda mais a situação. Hoje, o que resta da esquerda radical atua amplamente fora dos canais de oposição institucionais ou organizados, com a esperança de que as ações em pequena escala e o ativismo local possam contribuir para alguma alternativa satisfatória em grande escala. Essa esquerda, que estranhamente faz eco a uma ética libertária e até neoliberal do antiestatismo, é fomentada intelectualmente por pensadores como Michel Foucault e todos aqueles que reuniram os fragmentos pós-modernos sob a bandeira de um pós-estruturalismo amplamente incompreensível que favorece a política identitária e evita a análise de classes. Perspectivas e ações autonomistas, anarquistas e localistas estão em evidência por toda parte. Mas uma vez que essa esquerda tenta mudar o mundo sem tomar o poder, uma classe capitalista plutocrática cada vez mais consolidada permanece inconteste em sua capacidade de dominar o mundo sem restrições. Essa nova classe dominante é apoiada por um Estado de segurança e vigilância que não é em absoluto contrário ao uso do poder de polícia para dominar qualquer forma de dissidência em nome do antiterrorismo.

Foi nesse contexto que escrevi este livro. A abordagem que adotei é pouco convencional, visto que segue o método de Marx, mas não necessariamente seus preceitos, e receio que, por conta disso, os leitores se sintam desestimulados a aceitar zelosamente os argumentos expostos aqui. Mas está claro que, se quisermos fugir do hiato atual no pensamento econômico, nas políticas públicas e na política *tout court*, precisamos de métodos investigativos e concepções diferentes nestes tempos intelectualmente estéreis. Afinal, o motor econômico do capitalismo está nitidamente passando por dificuldades. Oscila entre soltar faíscas e parar de repente ou explodir esporadicamente sem nenhum alerta. Há inúmeros sinais de perigo a cada curva da estrada, em meio aos prognósticos de uma vida copiosa para todos. Ninguém parece entender de forma coerente como e por que o capitalismo é tão turbulento. Mas ele sempre foi assim. Como disse Marx certa vez, as crises mundiais sempre foram "a concentração real e o ajuste forçoso de todas as contradições da economia burguesa"[1]. O esclarecimento dessas contradições deve revelar muita

---

[1] Karl Marx, *Theories of Surplus Value, Part 2* (Londres, Lawrence and Wishart, 1969), p. 540.

coisa sobre os problemas econômicos que tanto nos afligem. Com certeza, trata-se de algo que vale a pena tentar.

Também me pareceu adequado esboçar as linhas gerais dos prováveis resultados e das possíveis consequências políticas derivadas da aplicação desse modo distintivo de pensar para o entendimento da economia política do capitalismo. À primeira vista, essas consequências podem não parecer prováveis, muito menos praticáveis ou politicamente palatáveis. Mas é fundamental apontar alternativas, por mais estranhas que pareçam, e, se necessário, apoderar-se delas, se as condições assim determinarem. Desse modo, podemos abrir uma janela para todo um campo de possibilidades inexploradas e não consideradas. Precisamos de um fórum aberto – uma assembleia global, por assim dizer – para refletir em que ponto se encontra o capitalismo, para onde se encaminha e o que se deveria fazer a esse respeito. Espero que este livro sucinto possa contribuir para o debate.

Nova York
Janeiro de 2014

Introdução
Sobre a contradição

> É preciso haver um meio de escanear ou radiografar o presente que mostre determinado futuro como um potencial dentro dele. Do contrário, apenas se conseguirá fazer com que o povo deseje infrutiferamente...
> Terry Eagleton, *Marx estava certo* [trad. Regina Lyra, Rio de Janeiro, Nova Fronteira, 2012, p. 60]

> É nas crises do mercado mundial que se revelam notavelmente as contradições e os antagonismos da produção burguesa. Em vez de investigar a natureza dos elementos conflituosos que entram em erupção na catástrofe, os apologistas se contentam em negar a catástrofe e insistir, em face de sua recorrência regular e periódica, que, se a produção fosse realizada de acordo com os manuais, crises jamais aconteceriam.
> Karl Marx, *Theories of Surplus Value, Part 2*, p. 500

O conceito de contradição é usado na língua inglesa de duas maneiras básicas. A mais óbvia e mais comum deriva da lógica aristotélica, em que duas declarações são consideradas tão conflituosas que ambas possivelmente não podem ser verdadeiras. A declaração "Todos os melros são pretos" contradiz a declaração "Todos os melros são brancos". Se uma é verdadeira, a outra é falsa.

O segundo uso do termo "contradição" acontece quando duas forças aparentemente opostas estão presentes ao mesmo tempo em determinada situação, entidade, processo ou evento. Muitos de nós experimentamos, por exemplo, uma tensão entre as demandas de trabalhar fora e as demandas de nossa vida pessoal, em casa. As mulheres, em particular, são constantemente advertidas sobre a melhor maneira de equilibrar seus objetivos profissionais e suas obrigações familiares. Estamos cercados de tensões desse tipo. Na maioria das vezes, administramos essas tensões no dia a dia para não nos estressarmos e não nos desgastarmos com elas. Podemos até imaginar que nos livramos delas ao interiorizá-las. No caso da vida e do trabalho, por exemplo, podemos situar essas duas atividades concorrentes no mesmo espaço e não segregá-las no tempo. Mas isso nem sempre ajuda, como bem sabe quem trabalha com os olhos grudados na tela do computador, lutando para cumprir o prazo, enquanto as crianças brincam com fósforos na cozinha (por isso, muitas vezes é mais fácil separar o espaço e o tempo do trabalho do espaço e do tempo da casa).

Tensões entre as exigências conflitantes da produção organizada e da necessidade de reprodução da vida cotidiana sempre existiram, mas na maioria das vezes são latentes, e não evidentes. Como tais, passam despercebidas, enquanto vivemos nossa vida. Além do mais, as oposições nem sempre são claramente definidas. Podem ser permeáveis e intercambiáveis. A distinção entre trabalho e vida particular, por exemplo, muitas vezes se embaralha (enfrento bastante esse problema). Da mesma maneira que a distinção entre interior e exterior se baseia em fronteiras e limites claros quando não deve haver nenhum, há muitas situações em que é difícil identificar oposições nítidas.

No entanto, há momentos em que as contradições são mais óbvias. Intensificam-se a tal ponto que o estresse entre desejos opostos torna-se insuportável. No caso de objetivos de carreira e uma vida familiar satisfatória, as circunstâncias externas podem mudar e transformar em crise o que antes era uma tensão controlável: as demandas do trabalho podem mudar (com uma troca de horários ou de lugar). A rotina da casa pode ser perturbada (uma doença repentina, uma sogra que cuidava das crianças depois da escola muda-se para outra cidade). O que as pessoas sentem intimamente também pode mudar: alguém tem uma epifania, conclui que "essa vida não é para mim" e, com indignação, abandona o trabalho. Princípios éticos ou religiosos recém-adquiridos podem exigir um modo diferente de existir no mundo. Diferentes grupos de uma população (por exemplo, homens e mulheres) ou diferentes indivíduos podem sentir contradições semelhantes e reagir a elas de maneiras diferentes. Há um forte elemento subjetivo quando se trata de definir e sentir o poder das contradições. O que é inimaginável para uma pessoa pode não significar nada para outra. Mas, embora as razões possam ser variáveis e as condições possam ser diferentes, contradições latentes podem se intensificar de repente e gerar crises violentas. Depois de resolvidas, podem simplesmente se atenuar (mas é raro que não deixem marcas ou, às vezes, cicatrizes). O gênio, por assim dizer, volta temporariamente à garrafa, muitas vezes por força de um reajuste radical entre forças opositoras que residem nas raízes da contradição.

Contradições não são todas ruins, e não é minha intenção insinuar conotações automaticamente negativas. Elas podem ser uma fonte fecunda de mudanças pessoais e sociais, das quais saímos muito melhores. Nem sempre sucumbimos a elas e nos perdemos nelas. Podemos usá-las de forma criativa. Inovar é uma das maneiras de sair de uma contradição. Podemos adaptar nossas ideias e práticas às novas circunstâncias e aprender, com a experiência, a ser pessoas melhores e mais tolerantes. Casais que se separaram podem redescobrir as virtudes um do outro quando se reúnem para resolver uma crise entre trabalho e família. Ou podem encontrar uma solução ao formar novos e duradouros laços de apoio e ajuda mútua com a vizinhança. Esse tipo de adaptação pode acontecer em escala tanto macroeconômica como individual. A Grã-Bretanha, por exemplo, viu-se numa situação contraditória no início do século XVIII: a terra era necessária para produzir biocombustíveis (carvão, em particular) e alimentos e, numa época em que a capacidade de comércio internacional de energia e alimentos era limitada, o desenvolvimento do capitalismo local foi ameaçado pela competição cada vez mais acirrada entre esses dois usos da terra. A solução foi escavar minas de carvão como fonte de energia para que a terra pudesse ser usada apenas para a produção de alimentos. Posteriormente, a invenção da máquina a vapor ajudou a revolucionar o capitalismo vigente, uma vez que as fontes de combustíveis fósseis se difundiram. A contradição pode ser a "mãe da invenção". Mas devemos ressaltar algo importante aqui: o recurso aos combustíveis fósseis aliviou uma contradição, mas hoje, séculos depois, tornou-se o pivô de outra contradição entre o uso de combustíveis fósseis e as mudanças climáticas. As contradições têm o péssimo hábito de não se resolveram, apenas se deslocarem. Guardemos bem esse princípio, porque voltaremos muitas vezes a ele.

As contradições do capital têm gerado inovações, e muitas delas têm melhorado a qualidade da vida cotidiana. Contradições, quando levam a uma crise do capital, produzem momentos de "destruição criativa". É raro que o que se cria e o que se destrói seja predeterminado, e é raro que tudo que se cria seja ruim e tudo que era bom seja destruído. E é raro que as contradições sejam totalmente resolvidas. Crises são momentos de transformação em que o capital tipicamente se reinventa e se transforma em outra coisa. E essa "outra coisa" pode ser melhor ou pior para as pessoas, mesmo que estabilize a reprodução do capital. Mas crises também são momentos de perigo quando a reprodução do capital é ameaçada por contradições subjacentes.

Neste estudo, baseio-me na concepção dialética da contradição, e não na lógica aristotélica[1]. Não quero dizer com isso que a definição de Aristóteles seja errada. As duas definições – aparentemente contraditórias – são autônomas e compatíveis. Apenas se referem a circunstâncias diferentes. Acredito que a concepção dialética seja rica em possibilidades e que é mais fácil trabalhar com ela.

No entanto, primeiro devo explorar o que talvez seja a contradição mais importante de todas: aquela entre realidade e aparência no mundo em que vivemos.

---

[1] Bertell Ollman, *The Dance of the Dialectic: Steps in Marx's Method* (Champagne, University of Illinois Press, 2003).

De forma memorável, Marx nos aconselhou que o que importa é transformar o mundo, e não interpretá-lo. Mas, quando olho para o conjunto de seus escritos, vejo que ele passou a maior parte do seu tempo na Biblioteca do Museu Britânico tentando interpretar o mundo. Para mim, o motivo é muito simples e pode ser entendido pelo termo "fetichismo". Por fetichismo, Marx se referia a várias máscaras, disfarces e distorções do que realmente acontece ao nosso redor. "Se essência e aparência fossem coincidentes", escreveu ele, "a ciência não seria necessária". Temos de olhar além das aparências superficiais, se quisermos agir de maneira coerente no mundo: agir em resposta a sinais superficiais e enganadores só produz resultados desastrosos. Há muito tempo os cientistas nos ensinaram, por exemplo, que o Sol não gira em torno da Terra, como parece (no entanto, uma pesquisa recente nos Estados Unidos mostrou que cerca de 20% da população ainda acredita que ele gira!). Da mesma maneira, os médicos reconhecem que há uma grande diferença entre sintomas e causas latentes; com muito esforço, transformaram seu entendimento das diferenças entre aparência e realidade em uma arte refinada de diagnóstico médico. Eu tinha uma dor aguda no peito e estava convencido de que se tratava de um problema cardíaco, mas na verdade era uma dor reflexa provocada por um nervo pinçado no pescoço: com alguns exercícios físicos ele voltou ao lugar. Marx queria chegar às mesmas constatações quando se tratava de entender a circulação e a acumulação do capital. Segundo ele, existem aparências superficiais que escondem realidades subjacentes. Neste momento, pouco importa se concordamos ou não com esse diagnóstico (embora seja tolice não dar atenção a suas descobertas). O importante é que reconhecemos a possibilidade de estarmos quase sempre diante de sintomas, e não de causas latentes, e devemos tirar a máscara que esconde aquilo que realmente acontece por trás dessa confusão de aparências superficiais e em geral mistificadoras.

Darei alguns exemplos. Deposito US$100 numa conta poupança que rende 3% de juros compostos ao ano e, depois de vinte anos, tenho US$180,61. O dinheiro parece ter o poder mágico de se multiplicar a juros compostos. Não faço nada, mas aquilo que poupei rende. O dinheiro parece ter a capacidade mágica de botar ovos de ouro. Mas de onde vêm realmente tal incremento de dinheiro (os juros)?

Esse não é o único tipo de fetiche que existe no mundo. Os supermercados estão cheios de signos e disfarces fetichistas. Um pé de alface custa metade do que custam 250 gramas de tomates. Mas de onde vêm a alface e os tomates? Quem trabalhou para produzi-los e levá-los ao supermercado? E por que um produto custa muito mais do que outro? Mais ainda, quem tem o direito de atribuir aos produtos à venda um signo cabalístico como um $ ou um €, junto de um número, como meio quilo a $1 ou um quilo a €2? As mercadorias aparecem nos supermercados como que por magia, já com um preço marcado, para que os consumidores que têm dinheiro possam satisfazer seus desejos e necessidades, dependendo de quanto tiverem no bolso. Nós nos acostumamos a tudo isso, mas não percebemos que não temos a menor ideia de onde vem a maioria dos produtos, como foram produzidos, por quem e em quais condições, ou por que exatamente são vendidos por aquele preço e em que consiste realmente o dinheiro que usamos (em particular quando lemos que o Federal Reserve criou mais 1 trilhão de dólares num piscar de olhos!).

A contradição entre realidade e aparência gerada é, de longe, a contradição mais geral e disseminada que temos de enfrentar quando tentamos resolver as contradições mais específicas do capital. O fetiche entendido dessa maneira não é uma crença absurda, uma simples ilusão ou uma sala de espelhos (apesar de muitas vezes parecer). A questão, na verdade, é que o dinheiro pode ser usado para comprar mercadorias e que podemos viver sem muitas preocupações, a não ser a respeito de quanto dinheiro temos e quanto conseguimos comprar com ele no supermercado. E o dinheiro que depositei na poupança realmente aumenta. Mas se perguntamos "O que é o dinheiro?", a resposta costuma ser um silêncio desconcertante. Mistificações e máscaras nos cercam a cada esquina, embora algumas vezes, é claro, fiquemos chocados quando lemos que os aproximadamente mil trabalhadores mortos no desabamento de uma fábrica em Bangladesh confeccionavam as camisetas que usamos agora. Na maioria das vezes, não sabemos nada sobre as pessoas que fabricam os produtos que usamos no cotidiano.

Podemos viver perfeitamente bem em um mundo fetichista de sinais, signos e aparências superficiais sem precisar saber muita coisa sobre seu funcionamento (da mesma maneira que acionamos um interruptor sem saber nada sobre a geração de eletricidade). Em geral, só quando acontece alguma coisa excepcional – as prateleiras do supermercado aparecem vazias, os preços sobem vertiginosamente, o dinheiro que temos no bolso se desvaloriza de repente (ou a luz não acende) – é que fazemos perguntas mais amplas e mais importantes sobre por que e como as coisas acontecem "lá fora", atrás das portas e plataformas de descarga do supermercado, que podem afetar tão drasticamente a vida e o sustento diário.

Neste livro, tentarei mostrar o que está por trás do fetichismo e identificar as forças contraditórias que obstruem o motor econômico que move o capitalismo. Faço isso porque acredito que a maioria das explicações acessíveis sobre o que está acontecendo estão profundamente equivocadas: elas reproduzem o fetichismo e não ajudam a dispersar a neblina da má compreensão.

Aqui, no entanto, faço uma distinção clara entre *capitalismo* e *capital*. Esta investigação visa o capital, não o capitalismo. E o que implica tal distinção? Por capitalismo, designo qualquer formação social em que os processos de circulação e acumulação do capital são hegemônicos e dominantes no fornecimento e moldagem das bases materiais, sociais e intelectuais da vida social. O capitalismo é cheio de contradições, contudo muitas não têm nada a ver diretamente com a acumulação do capital. Essas contradições transcendem as especificidades das formações sociais capitalistas. Por exemplo, as relações de gênero, como o patriarcado, corroboram contradições que eram encontradas na Grécia e na Roma antigas, na China antiga, na Mongólia Interior ou em Ruanda. O mesmo se aplica às distinções raciais, compreendidas como qualquer reivindicação à superioridade biológica por parte de um subgrupo da população em relação aos demais (raça, portanto, não é definida em termos de fenótipo: em meados do século XIX considerava-se ampla e abertamente que as classes trabalhadora e camponesa na França eram compostas por seres biologicamente inferiores – visão perpetuada em muitos romances de Zola). A racialização e as discriminações de gênero existem há muito tempo, e não há dúvida de que a história do capitalismo tem um profundo viés de raça e gênero. Surge então a pergunta: por que não coloco as contradições de raça e gênero (junto com outras como nacionalidade, etnia e religião) como fundamentais neste estudo das contradições do capital?

A resposta resumida é que não as incluo porque, embora sejam onipresentes no capitalismo, não são específicas à forma de circulação e acumulação que constitui o motor econômico do capitalismo. Isso não significa de modo algum que não tenham impacto sobre a acumulação do capital, ou que essa acumulação não as afete ("infecte" seria uma palavra melhor) ou as use ativamente. Em várias ocasiões e lugares, o capitalismo levou a racialização, por exemplo, ao extremo (como os horrores dos genocídios e holocaustos). Visivelmente, o capitalismo contemporâneo se alimenta da violência e da discriminação por gênero, assim como da desumanização frequente dos negros. As interseções e interações entre racialização e acumulação do capital são altamente visíveis e fortemente presentes. Mas uma análise dessas interseções e interações não me diz nada de especial sobre o funcionamento do motor econômico do capital, ainda que identifique a fonte de onde tira energia.

A resposta mais ampla requer um melhor entendimento do propósito e do método que escolhi. Da mesma maneira que um biólogo pode isolar um ecossistema distintivo cuja dinâmica (e contradições!) precisa ser analisada como se estivesse isolado do resto do mundo, tento isolar a circulação e a acumulação do capital de todo o resto. Trato-o como um "sistema fechado" para identificar suas principais contradições internas. Em suma, uso o poder da abstração para construir um modelo do funcionamento do motor econômico do capitalismo. Utilizo esse modelo para explorar por que e como ocorrem crises periódicas e se, a longo prazo, há contradições que podem se revelar fatais para a perpetuação do capitalismo como o conhecemos.

Assim como o biólogo admite prontamente que forças e perturbações externas (furacões, aquecimento global, aumento do nível do mar, poluição atmosférica ou contaminação da água) muitas vezes oprimem a dinâmica "normal" da reprodução ecológica na área isolada para estudo, também eu admito neste caso: guerras, nacionalismo, disputas geográficas, desastres de vários tipos, tudo isso entra na dinâmica do capitalismo, junto com doses generosas de ódio e discriminação motivados por questões de raça, gênero, orientação sexual, religião e etnia. Bastaria um único holocausto nuclear para acabar com tudo muito antes de qualquer contradição interna potencialmente fatal do capitalismo fazer a sua parte.

Não estou dizendo, portanto, que tudo que acontece no capitalismo é motivado por contradições do capital. No entanto, quero identificar aquelas contradições internas do capital que foram responsáveis pelas crises recentes e que dão a entender que não há saída sem a destruição da vida e da subsistência de milhões de pessoas no mundo todo.

Usarei uma metáfora diferente para explicar meu método. Um imenso navio de cruzeiro, navegando pelo oceano, é um local específico e complexo onde se dão atividades, relações e interações sociais divergentes. Ali, diferentes classes, gêneros, etnias e raças vão interagir de forma amigável ou violentamente oposta, enquanto o navio segue seu rumo. Os funcionários, do capitão para baixo, serão organizados em hierarquia, e alguns extratos (por exemplo, o pessoal da limpeza) podem entrar em conflito com os supervisores ou com as pessoas a que devem servir. Talvez devêssemos descrever em detalhe o que acontece nos conveses e nas cabines, e por quê. Podem ocorrer revoluções entre os conveses. Os extremamente ricos podem se isolar nos deques superiores, jogando uma partida infinita de pôquer em que redistribuem a riqueza entre eles mesmos, sem dar a mínima para o que acontece nos andares inferiores. Mas não me interessa aqui destrinchar tudo isso. Nas entranhas do navio há um motor econômico que trabalha dia e noite para lhe fornecer energia e propulsá-lo pelo oceano. Tudo que acontece no navio depende do funcionamento contínuo do motor. Se ele quebrar ou explodir, o navio para de funcionar.

Claramente, nos últimos tempos nosso motor vem engasgando e falhando. Parece particularmente vulnerável. Tentarei descrever o porquê. Se o motor para de funcionar e o navio fica sem força e à deriva, todos estaremos num grande apuro. Teremos de consertar ou substituir o motor por um de outro modelo. Se a opção escolhida for a segunda, surge a questão de como remodelar o motor econômico e com que especificações. Para isso, será útil saber o que funcionou e o que não funcionou no motor anterior, para podermos copiar suas qualidades sem reproduzir suas falhas.

No entanto, há uma série de pontos fundamentais em que as contradições do capitalismo afetam o motor econômico do capital com uma força potencialmente nociva. Se o motor parou por causa de fatores externos (guerra nuclear, pandemia mundial que afeta todo o comércio, movimento revolucionário dos conveses superiores que ataca os maquinistas no convés inferior ou um capitão negligente que faz o navio se chocar contra as rochas), então fica claro que o motor do capital para por razões que não são suas contradições internas. Nos capítulos seguintes, darei a devida atenção aos principais pontos que poderiam levar o motor da acumulação do capital a se tornar particularmente vulnerável às influências externas. Mas não devo me aprofundar em suas consequências, pois, como disse no início, meu objetivo é isolar e analisar as contradições *internas* do capital, e não as contradições do capitalismo tomadas como um todo.

Em certos círculos, é comum tachar estudos como este de "capitalcêntricos". Além de não ver nada de errado com tais estudos – desde que, é claro, suas interpretações não ultrapassem seus próprios limites nem sigam na direção errada –, considero imperativo que tenhamos muito mais estudos capitalcêntricos sofisticados e profundos para facilitar um melhor entendimento dos problemas que a acumulação do capital tem enfrentado. De que outro modo podemos interpretar o problema persistente do desemprego em massa, a espiral descendente do desenvolvimento econômico na Europa e no Japão, os solavancos da China, da Índia e dos outros países do chamado grupo dos Brics [Brasil, Rússia, Índia e China]? Sem um manual das contradições que sustentam tais fenômenos, estamos perdidos. É certamente míope, se não perigoso e ridículo, descartar as interpretações e teorias a respeito do funcionamento do motor econômico da acumulação do capital em relação à atual conjuntura por serem "capitalcêntricas". Sem estudos desse tipo, provavelmente faremos leituras e interpretações equivocadas dos eventos ao nosso redor. É quase certo que interpretações errôneas levem a políticas errôneas, cujo resultado provável será o aprofundamento, e não o alívio, das crises de acumulação do capital e da miséria social que vem com elas. Para mim, esse é um problema sério, presente em grande parte do mundo capitalista contemporâneo: políticas errôneas baseadas em teorias errôneas estão criando dificuldades econômicas e exacerbando os transtornos sociais e a miséria resultante. Para o pretenso movimento "anticapitalista" em formação, é crucial não só compreender melhor aquilo a que deveria se opor, mas também elaborar um argumento claro que explique por que o movimento anticapitalista faz sentido em nossa época e por que é tão imperativo, se o objetivo da maior parte da humanidade é viver uma vida decente nos anos difíceis que estão por vir.

Assim, o que procuro aqui é um melhor entendimento das contradições do *capital*, e não do *capitalismo*. Quero saber como o motor econômico do *capitalismo* funciona da maneira como funciona, por que engasga e falha e, de vez em quando, parece quase parar. Também quero mostrar por que e pelo que esse motor econômico deveria ser substituído.

Parte I
As contradições fundamentais

As primeiras sete contradições são fundamentais porque o capitalismo simplesmente não funciona sem elas. Além disso, estão ligadas de tal maneira que é impossível modificar substancialmente e muito menos abolir qualquer uma delas sem modificar ou abolir as outras. Contestar o papel dominante do valor de troca no fornecimento de um valor de uso como habitação, por exemplo, implica mudar a forma e o papel do dinheiro e modificar, ou mesmo abolir, o regime de direitos de propriedade privada com o qual estamos tão acostumados. A busca por uma alternativa anticapitalista, portanto, parece uma tarefa dificílima. Mudanças simultâneas teriam de ocorrer em muitas frentes. Além do mais, dificuldades em uma frente costumam ser contidas por forte resistência em outras, evitando-se assim crises gerais. Mas as interligações entre as contradições às vezes são tóxicas. A intensificação de um tipo de contradição pode se tornar contagiosa. Quando os contágios se multiplicam e ganham força (como aconteceu em 2007-2009), segue-se uma crise geral. Isso é perigoso para o capital e cria oportunidades para uma luta anticapitalista sistêmica. Por isso é tão importante uma análise das contradições que produzem crises gerais. Se os movimentos anticapitalistas e de oposição souberem o que esperar em linhas gerais do desdobramento das contradições, terão mais condições de tirar proveito da forma como as contradições circulam e se aprofundam (tanto geográfica quanto setorialmente) durante a formação e a resolução da crise, em vez de serem surpreendidos e frustrados por elas. Se as crises são fases transitórias e disruptivas nas quais o capital se reconstitui em uma nova forma, então também são fases em que questões profundas podem ser colocadas e solucionadas pelos movimentos sociais que tentam recriar o mundo com uma imagem diferente.

Contradição 1
Valor de uso e valor de troca

Nada poderia ser mais simples. Entro em um supermercado com dinheiro no bolso e troco esse dinheiro por produtos alimentícios. Não posso comer o dinheiro, mas posso comer os produtos alimentícios, que me são úteis de uma maneira que o dinheiro não é. Pouco tempo depois, os produtos alimentícios são consumidos e desaparecem, enquanto as cédulas e as moedas são aceitas como dinheiro e continuam circulando. Parte do dinheiro aceito no supermercado é distribuída como salário aos atendentes, que a usam para comprar mais alimentos. Parte vai para os proprietários do supermercado na forma de lucro, e eles a gastam com todo tipo de coisa. Outra parte vai para os distribuidores e, por fim, para os produtores diretos dos alimentos, que também a gastam. E isso não tem fim. Em uma sociedade capitalista, milhões de transações desse tipo acontecem todos os dias. Mercadorias como alimentos, roupas e telefones celulares vêm e vão, enquanto o dinheiro continua circulando no bolso das pessoas (ou das instituições). É assim que a maioria da população mundial vive diariamente.

Todas as mercadorias que compramos numa sociedade capitalista têm um valor de uso e um valor de troca. A diferença entre essas duas formas de valor é significativa. Como costumam estar em conflito uma com a outra, elas constituem uma contradição que, de vez em quando, pode provocar uma crise. Os valores de uso são infinitamente variados (até para um mesmo item), enquanto o valor de troca (sob condições normais) é uniforme e qualitativamente idêntico (um dólar é um dólar, e mesmo quando é um euro, este tem um valor de troca conhecido em relação ao dólar).

Consideremos, como exemplo, o valor de uso e o valor de troca de uma casa. Como valor de uso, a casa fornece abrigo; é um lugar onde se pode construir um lar e uma vida afetiva; é um espaço de reprodução diária e biológica (onde cozinhamos, fazemos amor, discutimos e criamos filhos); oferece privacidade e segurança em um mundo instável. A casa também pode funcionar como símbolo de *status* ou pertencimento social a um subgrupo, como sinal de riqueza e poder, como memória histórica (tanto pessoal quanto social), como algo arquitetonicamente importante; ou pode simplesmente ser admirada e visitada por turistas como uma criação bela e elegante (a Casa da Cascata, de Frank Lloyd Wright, por exemplo). Pode ser uma oficina para um inventor ambicioso (como a famosa garagem que foi o epicentro do que viria ser o Vale do Silício). Posso usar o porão da casa para esconder uma confecção clandestina, ou abrigar imigrantes perseguidos, ou transformá-lo em base para o tráfico de escravas sexuais. Podemos fazer uma lista imensa dos usos que uma casa pode ter. Seus usos potenciais são incontáveis, aparentemente infinitos e, muitas vezes, puramente idiossincráticos.

E o valor de troca da casa? Na maior parte do mundo contemporâneo, precisamos comprá-la, arrendá-la ou alugá-la para ter o privilégio de usá-la. Precisamos gastar dinheiro com isso. A questão é: quanto valor de troca é necessário para produzir os usos da casa e como esse "quanto" afeta nossa capacidade de impor os usos particulares que queremos e dos quais precisamos? Parece uma pergunta simples, mas a resposta é bastante complicada.

Antigamente, os pioneiros construíam suas casas sem quase nenhum custo monetário: a terra era livre, eles recorriam ao próprio trabalho (ou conseguiam ajuda coletiva dos vizinhos com base na reciprocidade: você me ajuda agora com o telhado e eu ajudo você na próxima semana com as fundações) e conseguiam a maior parte da matéria-prima (madeira, adobe etc.) nos arredores. As únicas transações monetárias eram realizadas para a aquisição de machados, serras, pregos, martelos, facas, arreios e coisas desse tipo. Sistemas de construção semelhantes ainda podem ser encontrados nos assentamentos informais que constituem as famosas favelas dos países em desenvolvimento. As favelas brasileiras foram construídas dessa maneira. A promoção da "autoconstrução habitacional" feita pelo Banco Mundial a partir da década de 1970 identificou formalmente esse sistema de provisão habitacional como apropriado para populações de baixa renda em muitas partes do mundo. Os valores de troca envolvidos são relativamente limitados.

As casas também podem ser construídas "sob encomenda". O proprietário da terra paga arquitetos, construtores e pedreiros para erguer uma casa de acordo com um projeto. O valor de troca é determinado pelo custo do material, salários e pagamentos relativos aos serviços necessários à construção da casa. O valor de troca não predomina, mas pode limitar as possibilidades de criação de valores de uso (quando não há dinheiro suficiente para construir uma garagem, ou uma ala inteira de uma mansão aristocrática não é construída porque os recursos acabaram). Nas sociedades capitalistas avançadas, muitas pessoas aumentam o valor de uso de uma casa dessa maneira (construindo um anexo ou mais um andar, por exemplo).

Contudo, em grande parte do mundo capitalista avançado, a moradia é construída especulativamente, como uma mercadoria que será vendida no mercado para qualquer pessoa que precise e possa pagar por ela. Há muito tempo esse tipo de provisão habitacional é evidente nas sociedades capitalistas. Foi dessa forma que as famosas séries de casas geminadas em estilo georgiano foram construídas em Bath, Bristol, Londres e outras cidades, no fim do século XVIII. Mais tarde, essas práticas especulativas de construção foram usadas para erguer os cortiços de Nova York, as vilas operárias em cidades industriais como Filadélfia, Lille e Leeds e os conjuntos residenciais típicos dos subúrbios estadunidenses. O valor de troca é determinado pelos custos básicos de produção da casa (trabalho e matéria-prima), mas nesse caso são agregados dois outros valores: a margem de lucro do construtor, que disponibiliza o capital inicial necessário e paga os juros de qualquer empréstimo envolvido; e o custo de aquisição, aluguel ou arrendamento da terra. O valor de troca é estabelecido pelos custos reais de produção mais lucro, juros sobre empréstimos e aluguel capitalizado (preço da terra). O objetivo do produtor é obter valor de troca, não valor de uso. A criação de valor de uso para outras pessoas é um meio de atingir esse fim. No entanto, a qualidade especulativa da atividade significa que o que importa é o valor de troca *potencial*. Na verdade, o construtor pode tanto ganhar como perder dinheiro. É claro que ele tenta orquestrar as coisas, em particular a compra das habitações, para garantir que isso não aconteça. Mas há sempre um risco. O valor de troca assume o comando da provisão habitacional.

Ao perceber que a necessidade de valores de uso adequados continuava não satisfeita, uma variedade de forças sociais – de empregadores ávidos para manter sua força de trabalho domesticada e à disposição (como Cadbury) a radicais e utópicos (como Robert Owen, os fourieristas e George Peabody), passando pelo Estado em níveis local e nacional – lançou, de tempos em tempos, uma série de programas de habitação com financiamento público, filantrópico ou paternalista para suprir as necessidades das classes mais baixas a um custo mínimo. Se é amplamente aceito que todos têm direito a "moradia decente e ambiente adequado" (como declara o preâmbulo da Lei de Habitação de 1949 dos Estados Unidos), então, obviamente, as considerações de valor de uso voltam a ser prioridade em relação à luta por provisão habitacional. Essa posição política afetou muito as políticas de habitação no período social-democrático na Europa, e seus efeitos se estenderam à América do Norte e a alguns países em desenvolvimento. A participação do Estado na provisão habitacional, obviamente, aumentou e diminuiu com o passar dos anos, assim como o interesse pela habitação social. Mas as considerações do valor de troca muitas vezes ressurgem na medida em que a capacidade fiscal do Estado é colocada à prova pela necessidade de subsidiar moradias acessíveis com cofres públicos cada vez mais escassos.

Houve, então, diversas maneiras de resolver a tensão entre os valores de uso e os valores de troca na produção habitacional. Mas também houve fases em que o sistema entrou em colapso e gerou crises como a que ocorreu no mercado habitacional dos Estados Unidos, da Irlanda e da Espanha entre 2007 e 2009. Essa crise teve precedentes. A crise do sistema de crédito hipotecário, conhecido como *savings and loan crisis*, ocorrida nos Estados Unidos em 1986, o colapso do mercado imobiliário escandinavo em 1992 e o fim do *boom* econômico japonês na década de 1980, com a queda do mercado de terras na década de 1990, são alguns exemplos[1].

No sistema de mercado privado que domina atualmente grande parte do mercado capitalista, há questões adicionais que precisam ser tratadas. Para começar, uma casa é uma "mercadoria de alto custo", que será usada durante muitos anos, e não consumida instantaneamente, como um produto alimentício. Muitas pessoas podem não ter dinheiro para comprar uma casa à vista. E, se não posso comprar uma casa em dinheiro, tenho duas escolhas básicas. Posso alugá-la ou arrendá-la de um intermediário – um locador – que, para viver de aluguéis, se especializou na compra de habitações construídas especulativamente. Ou posso fazer um empréstimo, seja com amigos ou parentes, seja contraindo um financiamento hipotecário com uma instituição. No caso da hipoteca, tenho de pagar o valor de troca total da casa mais os juros mensais até o fim das prestações. A casa se torna minha depois de, digamos, uns trinta anos. Consequentemente, ela se torna uma espécie de poupança, um bem cujo valor (ou pelo menos aquela parte do valor que adquiri com os pagamentos mensais) posso receber em dinheiro a qualquer momento. Parte do valor desse patrimônio é absorvida pelos custos de manutenção (pintura, por exemplo) e pela necessidade de conserto de itens deteriorados (telhado, por exemplo). Mesmo assim, posso esperar aumentar o valor líquido do imóvel com o passar do tempo, ao liquidar a hipoteca.

No entanto, o financiamento hipotecário de uma moradia é uma transação muito peculiar. O total que se paga numa hipoteca de US$ 100 mil durante 30 anos a 5% é cerca de US$ 195 mil. Em outras palavras, o mutuário, na verdade, paga um prêmio extra de US$ 95 mil para adquirir um bem que vale US$ 100 mil. A transação praticamente não tem sentido. Por que eu faria isso? A resposta, evidentemente, é que preciso do valor de uso da casa como lugar para viver e pago US$ 95 mil para viver nela até ser seu proprietário. É o mesmo que pagar US$ 95 mil de aluguel a um locador durante 30 anos, mas nesse caso eu obtenho o valor de troca da casa toda. O imóvel torna-se uma forma de poupança, um depósito do valor de troca feito para mim mesmo.

---

[1] Para uma breve visão desse assunto, ver David Harvey, *Rebel Cities: From the Right to the City to the Urban Revolution* (Londres, Verso, 2013) [ed. bras.: *Cidades rebeldes: do direito à cidade à revolução urbana*, trad. Jeferson Camargo, São Paulo, Martins Fontes, 2014].

Mas o valor de troca da habitação não é fixo. Ele flutua com o tempo de acordo com uma variedade de forças e condições sociais. Para começar, é dependente do valor de troca das casas vizinhas. Se as casas ao meu redor estiverem em mau estado ou as pessoas "erradas" se mudarem para lá, é provável que o valor da minha casa diminua, mesmo que eu a mantenha em perfeito estado de conservação. Inversamente, "melhorias" na vizinhança (como a gentrificação, por exemplo) farão o valor da minha casa aumentar, ainda que eu mesmo não tenha investido nada. O mercado habitacional é caracterizado por aquilo que os economistas chamam de efeitos da "externalidade". Os proprietários das casas costumam tentar controlar essas externalidades, tanto individual quanto coletivamente. Proponha construir um centro de reabilitação para ex-presidiários em uma região residencial "respeitável" e veja o que acontece! O resultado é uma série de políticas do tipo "não no meu quintal", exclusões de populações e atividades indesejadas, associações de vizinhos cuja missão é quase exclusivamente voltada para manter e aumentar o valor das casas da região (boas escolas no bairro têm grande efeito, por exemplo). As pessoas tentam proteger o valor do que pouparam, mas podem perdê-lo se o Estado ou os investidores adquirem imóveis numa área de recuperação e deixam que se deteriorem, acabando assim com o valor de mercado dos imóveis restantes.

Se invisto em melhorias, devo tomar o cuidado de fazer apenas aquelas que aumentam o valor de troca da casa. Há diversos "manuais" para proprietários tratando desse assunto (montar uma cozinha de última geração agrega valor, mas colocar espelhos no teto ou um viveiro no quintal não).

A casa própria tornou-se importante para segmentos cada vez maiores da população em muitos países do mundo. Manter e aumentar o valor patrimonial de uma habitação tornaram-se objetivos políticos importantes para segmentos cada vez maiores da população e uma questão política prioritária, porque o valor de troca para os consumidores é tão importante quanto o valor de troca obtido pelos produtores.

No entanto, nos últimos 30 anos, a habitação tornou-se objeto de especulação. Compro uma casa por US$ 300 mil e 3 anos depois ela é avaliada em US$ 400 mil. Posso capitalizar o valor extra refinanciando meu imóvel por US$ 400 mil e obter US$ 100 mil de lucro, que posso usar como quiser. O aumento do valor de troca das habitações tornou-se assim um tema de grande importância. A casa tornou-se uma fonte conveniente de dinheiro, um caixa eletrônico pessoal, aumentando a demanda agregada e, obviamente, a demanda por habitação. Michael Lewis, em *A jogada do século*, explica o que aconteceu às vésperas do colapso de 2008. A babá de um de seus principais informantes tornou-se proprietária, junto com a irmã, de seis casas no Queens, em Nova York. "Depois de comprarem a primeira casa e de o valor da propriedade aumentar, os credores sugeriram que elas refinanciassem o imóvel e ficassem com US$ 250 mil em dinheiro, que elas usaram para comprar outra casa." O preço da nova propriedade também subiu e elas repetiram a experiência. "Quando terminaram, eram proprietárias de cinco casas, o mercado começou a cair e elas não tinham condições de honrar nenhum dos pagamentos"[2].

A especulação no mercado habitacional disparou. Mas especulações desse tipo sempre foram um tipo de "pirâmide de Ponzi". Compro uma casa com dinheiro emprestado e os preços sobem. Outras pessoas se sentem tentadas a comprar uma casa por causa do aumento de seu valor. Elas tomam mais dinheiro emprestado (o que é fácil de conseguir quando os credores estão com os bolsos cheios de dinheiro) para fazer bons negócios. Os preços sobem mais ainda e outras pessoas e instituições entram na jogada. O resultado é uma "bolha imobiliária" que acaba estourando. Como e por que essas bolhas se formam nos valores de ativos (como habitação), qual o tamanho delas e o que acontece quando estouram depende da configuração de diferentes forças e condições. Por ora, temos apenas de aceitar, baseados nos registros históricos (dos colapsos no mercado imobiliário de 1928, 1973, 1987 e 2008 nos Estados Unidos, por exemplo), que essas manias e bolhas simplesmente fazem parte da história do capitalismo. A China, à medida que adota os hábitos do capital, também se torna mais sujeita a *booms* e bolhas especulativas no mercado habitacional. Voltaremos a essa questão mais adiante.

No colapso mais recente do mercado imobiliário dos Estados Unidos, cerca de 4 milhões de pessoas perderam suas casas por execução de hipoteca. A busca de valor de troca impediu que elas tivessem acesso à habitação como valor de uso. Um número incontável ainda está "com a corda no pescoço" por causa dos financiamentos hipotecários: essas pessoas compraram uma casa no auge do *boom* e agora devem a uma instituição financeira mais dinheiro do que a casa vale no mercado. Proprietários não conseguem se desfazer de suas propriedades e se mudar sem uma perda substancial. No auge do *boom*, o preço das casas estava tão alto que muitas pessoas não conseguiam ter acesso a seu valor de uso sem assumir uma dívida que, no fim, não conseguiriam pagar. Depois do colapso, o peso financeiro de ter de arcar com um grupo de valores de uso teve efeitos nitidamente nocivos. Em suma, a busca desenfreada do valor de troca destruiu a capacidade de muitas pessoas de adquirir e sustentar o acesso aos valores de uso da habitação.

Houve um problema semelhante no mercado de aluguéis. Em Nova York, onde cerca de 60% da população paga aluguel, fundos de investimentos privados compraram grandes conjuntos habitacionais no auge do *boom* porque queriam ganhar dinheiro aumentando os aluguéis (apesar da regulamentação estrita). Os fundos rebaixaram deliberadamente os valores de uso correntes para justificar os planos

---

[2] Michael Lewis, *A jogada do século* (trad. Adriana Ceschin Riecher, Rio de Janeiro, Best Seller, 2011).

de reinvestimento, mas acabaram falindo com o colapso financeiro: os inquilinos ficaram com valores de uso deteriorados e aluguéis mais caros, vivendo em propriedades sob execução hipotecária cujos responsáveis não são claros (ninguém sabe de quem é a obrigação de consertar o aquecimento em um conjunto residencial que está sob execução hipotecária). Cerca de 10% dos imóveis alugados sofreram esse tipo de problema. A atividade implacável da maximização dos valores de troca diminuiu o acesso ao valor de uso das habitações para uma parte significativa da população. Além disso, é claro, o colapso do mercado habitacional desencadeou uma crise mundial da qual tem sido muito difícil se recuperar.

Podemos concluir que a provisão habitacional no capitalismo passou de uma situação em que predominava a busca de valores de uso para uma situação em que prevalecem os valores de troca. Por uma estranha inversão, o valor de uso da moradia tornou-se cada vez mais, primeiro, uma forma de poupança e, segundo, um instrumento de especulação tanto para consumidores quanto para construtores, financiadores e todos os outros (corretores de imóveis, analistas de crédito, advogados, corretores de seguro etc.) que pretendiam lucrar com as condições de *boom* do mercado habitacional. A provisão de valores de uso adequados das habitações (no sentido convencional de consumo) para a massa da população tem sido cada vez mais refém dessa concepção arraigada do valor de troca. As consequências para a provisão de moradia adequada, e a preço acessível para um segmento cada vez maior da população, têm sido desastrosas.

Por trás disso está o terreno movediço da opinião pública e das políticas públicas sobre o papel que o Estado deve desempenhar na provisão de valores de uso adequados para satisfazer as necessidades básicas da população. Na década de 1970, começou a surgir (ou a se impor) um "consenso neoliberal" de que o Estado deveria eximir-se da obrigação de provisão pública em áreas tão diversas como habitação, saúde, educação, transporte e abastecimento (água, energia e até mesmo infraestrutura). O objetivo era abrir essas áreas à acumulação de capital privado e à primazia do valor de troca. Tudo que acontece no campo da habitação tem sido afetado por tais mudanças. Por que houve essa passagem para a privatização é uma pergunta específica que não estamos preocupados em responder aqui. No entanto, acho que é importante destacar que, nos últimos quarenta anos, mudanças desse tipo têm afetado profundamente o envolvimento do Estado na provisão habitacional em boa parte do mundo capitalista – e isso tem implicações específicas para o modo como lidamos com a contradição entre valor de uso e valor de troca.

Obviamente, escolhi o caso do valor de uso e do valor de troca das habitações porque é um exemplo perfeito de como uma simples diferença – entre o valor de uso e o valor de troca de uma mercadoria no mercado – pode transformar-se em oposição e antagonismo e elevar-se a uma contradição tão absoluta que produz uma crise capaz de ir além do sistema de habitações. Presume-se que ela não tenha necessariamente de evoluir dessa forma (ou será que tem? – essa é uma pergunta crucial, à qual devemos ser capazes de responder em última análise). Mas é inquestionável que foi assim que ela evoluiu nos Estados Unidos, na Irlanda, na Espanha, na Inglaterra (até certo ponto) e em vários outros países do mundo a partir de 2000, produzindo a crise macroeconômica de 2008 (que ainda não se resolveu). E é inegável também que a crise do valor de troca negou a um número cada vez maior de pessoas um valor de uso adequado da habitação, além de um padrão de vida decente.

A mesma coisa acontece na saúde e na educação (em particular, no ensino superior), à medida que as considerações do valor de troca predominam cada vez mais sobre os aspectos do valor de uso na vida social. A história que ouvimos por toda parte, das salas de aula a praticamente todos os meios de comunicação, é que a maneira mais barata, eficiente e adequada de obter valores de uso é libertando o espírito animal do empreendedor, faminto de lucro, que o incita a participar do sistema de mercado. Por isso, muitos valores de uso que antes eram distribuídos gratuitamente pelo Estado foram privatizados e mercantilizados: moradia, educação, saúde e serviços públicos seguiram nessa direção em muitos países. O Banco Mundial insiste que essa deve ser a regra geral. Mas tal sistema funciona para os empreendedores, que costumam obter grandes lucros, e para os ricos, mas penaliza praticamente todo o resto da população, a ponto de gerar entre 4 e 6 milhões de execuções hipotecárias nos Estados Unidos (e muitas outras na Espanha e em outros países). A escolha política é entre um sistema mercantilizado, que serve muito bem aos ricos, e um sistema voltado para a produção e a provisão democrática de valores de uso para todos, sem qualquer mediação do mercado.

Vamos refletir, agora, de forma mais abstrata sobre a natureza dessa contradição. Obviamente, a troca de valores de uso entre indivíduos, organizações (como empresas e corporações) e grupos sociais é extremamente importante em qualquer ordem social complexa, caracterizada por divisões intricadas de trabalho e redes comerciais amplas. O escambo, nessas situações, tem utilidade limitada por causa do problema da "dupla coincidência de desejos e necessidades". Para que uma simples troca aconteça, você precisa ter uma mercadoria que eu quero e eu preciso ter uma mercadoria que você quer. É possível criar correntes de escambo, mas elas são limitadas e inconvenientes. Assim, uma medida que independa do valor de todas as mercadorias existentes no mercado – uma medida única de valor – torna-se não só vantajosa, mas necessária. Dessa forma, posso vender minha mercadoria por um equivalente geral de valor e usar esse equivalente para comprar o que quero ou preciso em outro lugar. O equivalente geral, obviamente, é o dinheiro. Mas isso nos leva à segunda contradição do capital. O que é o dinheiro?

Contradição 2
O valor social do trabalho e sua representação pelo dinheiro

O valor de troca requer uma medida de "quanto" as mercadorias valem umas em relação às outras. Essa medida chama-se dinheiro. O que é, então, esse "dinheiro" que usamos e reusamos diariamente sem refletir sobre ele? Ficamos preocupados quando não temos dinheiro suficiente, bolamos maneiras (algumas vezes desonestas ou ilegais) para obter mais dinheiro, mesmo quando lutamos para nos organizar e viver dentro dos parâmetros definidos pelo tanto de dinheiro que possuímos. Às vezes parece que o dinheiro é o Deus supremo do mundo das mercadorias: todos devem curvar-se diante dele, submeter-se a seus ditames e adorá-lo diante do altar de seu poder.

Sabemos muito bem quais são as funções técnicas básicas da forma capitalista do dinheiro. Ele é um meio ou instrumento de circulação (facilita a troca e resolve o problema da "não coincidência de interesses" que limita o escambo direto). Oferece uma única régua para o valor de todas as mercadorias existentes no mercado e uma maneira de armazenar valor. Mas o que representa e como prolifera o dinheiro em seus significados e funções sociais e políticas para que pareça que a cobiça por dinheiro é o que faz girar o mundo social e econômico?

Em primeiro lugar, o dinheiro é um meio pelo qual posso reivindicar uma parte do trabalho social dos outros, ou seja, reivindicar aquele trabalho orientado para a produção de bens e serviços para troca nos mercados (é isso que diferencia uma "mercadoria" de um "produto", como um tomate que planto no jardim para meu próprio consumo). Essa reivindicação não precisa ser exercida de pronto (porque o dinheiro é uma reserva de valor), mas isso tem de ser feito em determinado momento, pois do contrário o dinheiro não cumprirá seu destino e sua função.

Numa sociedade complexa, como esta que o capital construiu, dependemos do trabalho dos outros para obter todos os valores de uso que precisamos para viver.

Damos como certa a disponibilidade de muitos desses valores de uso. Acionamos o interruptor e temos eletricidade, o fogão acende ao apertarmos um botão, podemos abrir e fechar as janelas, nossos sapatos e roupas nos caem bem, o café e o chá que tomamos de manhã estão sempre ali, o pão e o ônibus, os carros, os lápis e as canetas, o caderno e os livros – tudo isso está disponível, e ainda há dentistas, médicos, quiropráticos, cabeleireiros, professores, pesquisadores, advogados e burocratas criando regras e gerando conhecimento – podemos adquirir tudo isso a um preço! Mas essas coisas e esses serviços absorvem trabalho humano tanto direta quanto indiretamente pelo trabalho acumulado no ferro que se transforma no prego que é usado na construção da casa. A maioria de nós participa em alguma medida, de forma direta ou indireta, da atividade de fornecer bens e serviços aos outros.

O valor social de todas essas atividades, de todo esse trabalho, consolida o que o dinheiro representa. "Valor" é uma relação social estabelecida entre as atividades de trabalho de milhões de pessoas em todo o mundo. Como relação social, é imaterial e indivisível (como a relação entre mim, o escritor, e você, o leitor deste texto). Mas, assim como os valores morais e éticos de maneira mais geral, esse valor imaterial tem consequências objetivas para as práticas sociais. No caso do trabalho social, o "valor" explica por que sapatos custam mais que camisetas, casas custam mais que carros e vinho custa mais que água. Essas diferenças no valor das mercadorias não têm nada a ver com seu caráter como valor de uso (à parte o fato de que todos devem ser úteis para alguém, em algum lugar) e tudo a ver com o trabalho social envolvido na produção.

Por ser imaterial e invisível, o valor requer uma representação material. Essa representação material é o dinheiro. O dinheiro é uma forma de aparência tangível, bem como um símbolo e uma representação da imaterialidade do valor social. Mas, como acontece com todas as formas de representação (como os mapas, por exemplo), há uma lacuna entre a representação e a realidade social que ela tenta representar. A representação cumpre bem a tarefa de capturar o valor relativo do trabalho social em alguns aspectos, mas é falha e até mesmo mentirosa em outros (os mapas são representações precisas de alguns aspectos do mundo que nos cerca, mas enganadores em relação a outros). Essa lacuna entre o dinheiro e o valor representado por ele constitui a segunda contradição fundamental do capital.

Podemos dizer desde já que o dinheiro é inseparável do trabalho social que constitui o valor, mas também é distinto dele. O dinheiro esconde a imaterialidade do trabalho social (valor) por trás de sua forma material. É muito fácil confundir a representação com a realidade que ele tenta representar e, na medida em que a representação é mentirosa (como sempre é, em certo sentido), acabamos acreditando em algo que é falso e atuando sobre ele. Da mesma maneira que não podemos ver o trabalho social em uma mercadoria, o dinheiro que a representa nos torna particularmente cegos para a natureza do trabalho social. Examinaremos brevemente alguns exemplos. A inseparabilidade entre o valor e sua representação é importante. Ela deriva do simples fato de que, sem o dinheiro e as transações que ele facilita, o valor não poderia existir como relação social imaterial. Em outras palavras, o valor não poderia se formar sem a ajuda da representação material (dinheiro) e das práticas sociais de troca. A relação entre dinheiro e valor é dialética e coevolutiva – os dois surgem juntos –, e não causal.

Mas essa relação também pode ser enganadora, porque a "lacuna" entre o valor social e sua representação está cheia de contradições potenciais, dependendo da forma assumida pelo dinheiro. O dinheiro-mercadoria (como ouro e prata) está entranhado em mercadorias tangíveis com qualidades físicas definidas, enquanto as moedas, as cédulas e o dinheiro fiduciário (aquelas emitidas por entidades privadas e estes, pelo Estado) e as formas mais recentes de dinheiro eletrônico não passam de símbolos. O "dinheiro de conta" dispensa o pagamento feito com dinheiro real no momento da venda ou da compra, em benefício do pagamento do saldo líquido no fim de certo período. Para empresas que compram e vendem, a quantidade de saldos líquidos de múltiplas transações monetárias costuma ser bem menor que o total de transações, porque compras e vendas se compensam. Na verdade, apenas o saldo líquido residual é pago. Os bancos, por exemplo, compensam cheques uns dos outros; hoje isso é feito eletronicamente, mas costumava ser feito à mão, em câmaras de compensação (cinco vezes ao dia em Nova York), depois cada banco enviava seus contínuos para depositar os cheques nos guichês do banco emissor. No fim do dia ou do período de compensação, as transferências líquidas entre os bancos eram quase zeradas, mesmo que houvesse muitas transações. Isso porque os cheques emitidos por um banco eram contrabalançados pelos cheques depositados pelos outros. Desse modo, o dinheiro de conta reduz consideravelmente a quantidade necessária de dinheiro "real". Esse tipo de moeda também consolida uma grande variedade de instrumentos de crédito e empréstimos usados para promover tanto a produção quanto o consumo (no mercado habitacional, por exemplo, os construtores tomam empréstimos para construir moradias especulativamente, e os consumidores usam financiamentos hipotecários para comprar essas moradias). Em si, as moedas de crédito (que alguns teóricos consideram radicalmente diferentes de outros tipos de moeda) constituem um mundo extremamente complicado.

Surge de tudo isso um uso peculiar e aparentemente tautológico do dinheiro. O dinheiro, que supostamente mede valor, torna-se um tipo de mercadoria: o *capital-dinheiro*. Seu valor de uso consiste em ser empregado para produzir mais valor (lucro ou mais-valor). Seu valor de troca é o pagamento de juros, que, com efeito, atribui um valor àquilo que mede o valor (proposição altamente tautológica!). É isso que faz do dinheiro como medida algo tão estranho e especial. Enquanto outros padrões de medida, como quilos e polegadas, não podem ser comprados e vendidos em si (só posso comprar quilos de batatas, nunca quilos propriamente ditos), o dinheiro pode ser comprado e vendido como capital monetário (posso comprar o uso de US$100 por um período).

A maneira mais simples de criar uma representação para o valor é escolher uma mercadoria como valor que representa todo o resto. Por diversas razões, os metais preciosos, em particular o ouro e a prata, surgiram historicamente como os mais apropriados para desempenhar esse papel. As razões por que foram escolhidos são importantes. Em primeiro lugar, esses metais eram relativamente escassos e sua oferta acumulada é praticamente constante. Não posso ir até o quintal e extrair da terra uma porção de ouro ou prata sempre que quiser. A oferta de metais preciosos é relativamente inelástica, por isso eles mantêm seu valor relativo diante de outras mercadorias ao longo do tempo (ainda que surtos de atividade produtiva, como a corrida do ouro na Califórnia, tenham criado alguns problemas). A maior parte do ouro do mundo já foi extraída e está sobre a superfície. Em segundo lugar, esses metais não oxidam nem se deterioram (como aconteceria se escolhêssemos framboesas ou batatas como dinheiro-mercadoria), o que quer dizer que mantêm suas características físicas no decorrer de uma transação de mercado e, sobretudo, funcionam de maneira relativamente segura como reserva de valor a longo prazo. Em terceiro lugar, as propriedades físicas desses metais são conhecidas, e suas qualidades podem ser avaliadas com precisão, de modo que sua medida é facilmente calibrada, ao contrário, por exemplo, das garrafas de vodca (nesse caso, o gosto do consumidor poderia variar), que foram usadas como dinheiro na Rússia quando o sistema monetário entrou em colapso na década de 1990 e o comércio se reduziu a um sistema de escambo multilateral[1]. As propriedades físicas e materiais desses elementos do mundo natural são usadas para lastrear e representar a imaterialidade do valor como trabalho social.

Mas é difícil usar diariamente dinheiro-mercadoria para trocar mercadorias de baixo valor. Desse modo, moedas, fichas e, por fim, pedaços de papel e dinheiro eletrônico tornaram-se muito mais praticáveis nos mercados do mundo todo. Imagine como seria ter de pagar uma xícara de café na rua com o peso exato de ouro ou prata! Embora o dinheiro-mercadoria tenha fornecido uma base material sólida para a representação do trabalho social (as cédulas britânicas ainda prometem "pagar ao portador", embora há muito tempo tenham deixado de ser livremente conversíveis em outo e prata), ele foi rapidamente substituído por formas de dinheiro muito mais práticas e flexíveis. Mas isso gerou outra excentricidade: o dinheiro que

---

[1] Essa história fascinante é contada em Paul Seabright (org.), *The Vanishing Rouble: Barter Networks and Non-Monetary Transactions in Post-Soviet Societies* (Londres, Cambridge University Press, 2000).

originalmente era necessário para dar forma física à imaterialidade do trabalho social passou a ser representado por símbolos, representações e, por fim, números em contas informatizadas.

Quando o dinheiro-mercadoria é representado por números, isso introduz um paradoxo sério e potencialmente equivocado no sistema monetário. Enquanto o ouro e a prata são relativamente escassos e necessitam de oferta constante, a representação do dinheiro como números permite que a quantidade de dinheiro disponível se expanda sem nenhum limite técnico. Por isso é que vemos o Federal Reserve injetando, num piscar de olhos, trilhões de dólares na economia com táticas como a flexibilização quantitativa. Parece não haver limites para tais possibilidades, exceto aqueles impostos pelas regulamentações e políticas de Estado. Quando a base metálica do dinheiro global foi totalmente abandonada na década de 1970, a criação e a acumulação de dinheiro se tornaram atividades potencialmente ilimitadas. Além disso, o advento do dinheiro de conta e, sobretudo, do dinheiro de crédito (a começar pelo simples uso de vales) pôs grande parte da criação do dinheiro nas mãos de indivíduos e bancos, tirando-a das mãos das instituições estatais. Isso exigiu medidas reguladoras e intervenções por parte do aparelho estatal numa tentativa desesperada de administrar o sistema monetário. Episódios de inflação assombrosos e lendários, como o ocorrido na República de Weimar na década de 1920, destacaram o papel-chave do Estado para manter a confiança nas qualidades e no significado do papel-moeda emitido por ele. Voltaremos a essa questão quando analisarmos a terceira contradição fundamental.

Todas essas peculiaridades surgem, em parte, porque as três funções básicas do dinheiro têm requisitos muito diferentes no que se refere a sua realização efetiva. O dinheiro-mercadoria é bom para armazenar valor, mas imperfeito quando se trata de fazer circular as mercadorias no mercado. Moedas e papel-moeda são ótimos como meios ou instrumentos de pagamento, mas não são tão seguros como reserva de valor a longo prazo. O dinheiro fiduciário emitido pelo Estado com circulação compulsória (porque os impostos têm de ser pagos nessa moeda) está sujeito aos caprichos políticos das autoridades que o emitem (por exemplo, dívidas podem desaparecer pela simples emissão de dinheiro). Essas diferentes funções não são totalmente coerentes entre si, mas também não são independentes. Se o dinheiro armazenasse valor apenas por um breve período, ele seria inútil como meio de circulação. Por outro lado, se estamos falando do dinheiro apenas como meio de circulação, então o dinheiro falso poderia funcionar tão bem quanto o dinheiro "real" de uma moeda de prata. É por isso que o ouro e a prata, excelentes como medida e reserva de valor, precisam ser representados na forma de cédulas e títulos de crédito para que a circulação de mercadorias continue fluindo. Assim, o que temos no fim são representações de representações do trabalho social como a base da forma-dinheiro! Há, por assim dizer, um duplo fetiche (um duplo conjunto de máscaras por trás do qual se esconde a sociabilidade do trabalho humano).

Com a ajuda do dinheiro, as mercadorias podem ser etiquetadas no mercado com um preço de venda. Esse preço pode ou não ser realizado, conforme as condições de oferta e procura. Mas essas etiquetas contêm outra série de contradições. O preço realizado de fato em uma venda individual depende de condições particulares de oferta e procura em determinado tempo e lugar. Não há correspondência imediata entre esse preço singular e a generalidade do valor. Apenas em condições competitivas, de funcionamento perfeito, podemos prever a convergência de todos esses preços de mercado, singulares e realizados, em torno de um preço médio que representa a generalidade do valor. Note-se, porém, que é somente pelo fato de divergirem do valor que os preços podem oscilar e fornecer uma representação mais firme do que poderia ser o valor. No entanto, o processo do mercado oferece muitas oportunidades e tentações para perturbar essa convergência. Todo capitalista quer vender a preço de monopólio e evitar competição. Daí a notoriedade das marcas e práticas de venda baseadas na promoção de logotipos que permitem a empresas como a Nike cobrarem preços de monopólio que garantem uma discrepância permanente em relação aos padrões unificados de valor na produção de calçados esportivos. Essa divergência quantitativa entre preços e valores representa um problema. Os capitalistas respondem necessariamente aos preços, e não aos valores, porque, no mercado, veem apenas preços e não têm como identificar valores. Na medida em que há uma discrepância quantitativa entre preços e valores, os capitalistas são levados a responder a representações equivocadas, e não a valores subjacentes.

Além disso, não há nada que me impeça de colocar essa etiqueta chamada "preço" em qualquer coisa, seja ela produto do trabalho social ou não. Posso colar a etiqueta num pedaço de terra e ganhar dinheiro arrendando-o. Como os lobistas da K Street, em Washington, posso comprar legalmente influência no Congresso ou cruzar a linha e vender consciência, honra e reputação a quem pagar mais. Há uma divergência quantitativa e qualitativa entre os preços de mercado e os valores sociais. Posso ganhar uma fortuna com tráfico de mulheres, venda de drogas ou comércio clandestino de armas (três das atividades mais lucrativas do capitalismo contemporâneo). Ou pior (se é que isso é possível!), posso usar dinheiro para fazer mais dinheiro, como se fosse capital quando não é. Os signos monetários divergem do que deveria ser a lógica do trabalho social. Posso criar fundos de capital fictício – capital monetário empregado em atividades que não criam nenhum valor, mesmo que sejam altamente lucrativas em termos de dinheiro e rendimento de juros. A dívida pública para promover guerras sempre foi financiada pela circulação de capital fictício – as pessoas emprestam para o

Estado e são pagas com os juros extraídos da arrecadação fiscal, ainda que o Estado esteja destruindo, e não criando, valor.

Temos aqui outro paradoxo. O dinheiro que supostamente deveria representar o valor social do trabalho criativo toma uma forma – capital fictício – que circula para, no fim, encher o bolso dos financistas e dos portadores de títulos por meio da extração de riquezas a partir de atividades não produtivas (que não produzem valor). Se o leitor não acredita em mim, que dê uma olhada na história recente do mercado habitacional para entender o que estou querendo dizer. A especulação sobre o valor dos imóveis não é uma atividade produtiva; contudo, uma enorme quantidade de capital fictício convergiu para o mercado habitacional até 2007-2008, porque a taxa de retorno dos investimentos era alta. O crédito fácil significou elevação do preço dos imóveis, e a alta rotatividade significou abundância de oportunidades para lucrar com taxas e comissões exorbitantes sobre as transações. O empacotamento de hipotecas (uma forma de capital fictício) em obrigações de dívida colateralizadas [*collateralized debt obligations*, CDOs] criou um instrumento de dívida (uma forma ainda mais fictícia de capital) que poderia ser comercializado no mundo inteiro. Esses instrumentos de capital fictício, dos quais muitos se mostraram sem nenhum valor, foram vendidos em todo o mundo a investidores incautos como se fossem investimentos certificados como "tão seguros quanto casas" por agências de classificação. Era uma situação de fluxo exagerado do capital fictício. E ainda hoje estamos pagando por esse excesso.

As contradições em torno da forma-dinheiro, portanto, são múltiplas. As representações, como dissemos, mentem até sobre aquilo que representam. No caso do ouro e da prata como representações do valor social, tomamos as circunstâncias particulares de produção desses metais preciosos como medida geral do valor fixado em todas as mercadorias. Com efeito, tomamos um valor de uso particular (o metal ouro) e o usamos para representar o valor de troca em geral. Acima de tudo, tomamos algo inerentemente social e o representamos de tal maneira que ele pode ser apropriado como forma de poder social por pessoas privadas. Essa última contradição tem consequências profundas e, em certos aspectos, devastadoras para as contradições do capital.

Para começar, o fato de o dinheiro permitir que o poder social seja apropriado e usado exclusivamente por pessoas privadas coloca o dinheiro no centro de uma ampla variedade de comportamentos nocivos – inevitavelmente a ganância e a cobiça do poder monetário tornam-se características centrais no corpo político do capitalismo. Todos os tipos de crenças e comportamentos fetichistas se concentram nisso. O desejo de dinheiro como forma de poder social torna-se um fim em si mesmo, distorcendo a boa relação de oferta e procura do dinheiro, que seria necessário apenas para facilitar as trocas, frustrando assim a suposta racionalidade dos mercados capitalistas.

Se a ganância é ou não um comportamento humano inato é algo que pode ser discutido (Marx, por exemplo, não acreditava que o fosse). O certo é que o advento da forma-dinheiro e a possibilidade de sua apropriação privada criaram um espaço para a proliferação de comportamentos humanos nada nobres ou virtuosos. O acúmulo de riquezas e poder (acúmulo que foi ritualmente eliminado no famoso sistema *potlatch* das sociedades pré-capitalistas) era não apenas tolerado, mas também acolhido e tratado com admiração. Esse fato levou o economista britânico John Maynard Keynes a escrever, no ano de 1930, em "Possibilidades econômicas para os nossos netos":

> Quando o acúmulo de riquezas não tiver mais grande importância social, haverá grandes mudanças no código de costumes. Poderemos nos libertar de muitos dos princípios pseudomorais que nos atormentaram duzentos anos, pelos quais elevamos à posição de mais altas virtudes algumas das mais detestáveis qualidades humanas. Poderemos atrever-nos a avaliar o motivo do dinheiro por seu verdadeiro valor. O amor ao dinheiro como posse – diferente do amor ao dinheiro como meio para os prazeres e realidades da vida – será reconhecido pelo que é: uma morbidez um tanto asquerosa, uma dessas propensões semicriminosas e semipatológicas que, com um estremecimento, confiamos aos especialistas em doenças mentais. Finalmente, então, seremos livres para rejeitar todos os tipos de costumes sociais e práticas econômicas – que afetam a distribuição de riquezas, penalidades e recompensas econômicas, que preservamos a todo custo, por mais desagradáveis e injustas que sejam em si, porque são extremamente úteis na promoção do acúmulo de capital.[2]

Qual deve ser a resposta crítica então? Na medida em que a circulação de capital fictício especulativo leva inevitavelmente a colapsos que custam caro à sociedade capitalista em geral (e, de maneira ainda mais trágica, às populações mais vulneráveis da sociedade), um ataque geral aos excessos especulativos e às formas monetárias (amplamente fictícias) que evoluíram para promovê-los deve ser necessariamente o foco da luta política. Na medida em que essas formas especulativas têm sustentado um imenso crescimento na desigualdade social e na distribuição de riquezas e poder, de modo que uma oligarquia emergente – o infame 1% (que, na verdade, é o mais infame ainda 0,1%) – agora controla efetivamente as alavancas de toda a riqueza e todo o poder do mundo, então isso também define linhas claras de lutas de classes cruciais para o futuro bem-estar da massa da humanidade.

Mas isso é apenas a ponta visível do *iceberg*. O dinheiro, vale repetir, é inseparável do valor, assim como o valor de troca é inseparável do dinheiro. Os três estão for-

---

[2] John Maynard Keynes, *Essays in Persuasion* (Nova York, Classic House, 2009), p. 199.

temente entrelaçados. Se o valor de troca perde força e desaparece como o meio que norteia a produção e distribuição dos valores de uso na sociedade, a necessidade de dinheiro e todas as patologias cobiçosas associadas a seu uso (como capital) e a sua posse (como fonte suprema do poder social) também desaparecerão. Ainda que seja necessário articular o objetivo utópico de uma ordem social sem valor de troca, o passo intermediário para criar formas quase monetárias que facilitem a troca, mas impeçam o acúmulo privado de riqueza e poder social, é imperativo. Isso pode ser feito em princípio. Keynes, em seu influente *Teoria geral do emprego, do juro e da moeda*, por exemplo, menciona "o estranho e injustificadamente negligenciado profeta Silvio Gesell", que há muito tempo propôs a criação de formas de quase moeda que perdem o valor se não forem usadas. É preciso retificar a desigualdade fundamental entre as mercadorias (valores de uso) que se desgastam e uma forma-dinheiro (valor de troca) que não se desgasta. "Somente o dinheiro que se torna obsoleto como um jornal, apodrece como batatas ou evapora como éter é capaz de passar no teste como instrumento de troca de batatas, jornais, ferro e éter", escreveu Gesell[3]. Hoje, graças ao dinheiro eletrônico, isso é viável de maneiras que antes eram impossíveis. Pode-se estabelecer uma data de validade para as contas correntes, de modo que o dinheiro não utilizado (como milhas aéreas acumuladas) expira depois de determinado período. Isso corta o elo entre o dinheiro como meio de circulação e o dinheiro como medida e, ainda mais significativamente, como reserva de valor (e, por isso, um meio primordial para o acúmulo de riquezas e poder).

É óbvio que uma iniciativa desse tipo exigiria ajustes que abrangem amplamente outras facetas da economia. Se o dinheiro se deteriora, é impossível poupá-lo para necessidades futuras. Os investimentos em fundos de pensão, por exemplo, desapareceriam. Mas essa perspectiva não é tão assustadora quanto parece. Para começar, investimentos em fundos de pensão também são vulneráveis à perda de valor (por financiamento insuficiente, má gestão, inflação ou queda nas bolsas de valores). Muitos pensionistas têm descoberto que o valor dos fundos de pensão, em termos monetários, é contingente e nada seguro. A previdência social, por outro lado, é uma forma de pensão que, em princípio, não deveria depender da poupança para o futuro. Os trabalhadores de hoje sustentam os que os antecederam. Seria muito melhor organizar as rendas futuras dessa maneira do que poupar e esperar que os investimentos sejam compensadores. Uma renda mínima garan-

---

[3] Silvio Gesell, *The Natural Economic Order* (1916), p. 121. Disponível em: <http://www.archive.org/details/TheNaturalEconomicOrder>. Para uma análise mais profunda das ideias de Gesell, ver John Maynard Keynes, *Teoria geral do emprego, do juro e da moeda* (trad. Mário R. da Cruz, São Paulo, Nova Cultural, 1996), p. 325, e Charles Eisenstein, *Sacred Economics: Money, Gift and Society in the Age of Transition* (Berkeley, Evolver, 2011).

tida para todos (ou acesso mínimo a um fundo comum de valores de uso gerido coletivamente) acabaria totalmente com a necessidade de uma forma-dinheiro que permitiria poupanças privadas para garantir uma segurança econômica futura.

O foco teria de ser no que realmente importa, ou seja, na criação contínua de valores de uso pelo trabalho social e na erradicação do valor de troca como principal meio de organização da produção de valores de uso. Marx, por exemplo, acreditava que reformas no sistema monetário não garantiriam por si sós a dissolução do poder do capital e que era ilusório acreditar que uma reformulação das formas monetárias produziria uma mudança revolucionária. Para mim, Marx estava certo nesse aspecto. Mas acredito que sua análise também explicita que a evolução de uma alternativa ao capital exigiria como condição necessária, mas não suficiente, uma reconfiguração radical do modo como a troca é organizada e a dissolução do poder do dinheiro não só em relação à vida social, mas também, como indica Keynes, em relação a nossas concepções mentais e morais do mundo. Imaginar uma economia sem dinheiro é uma forma de avaliar como seria uma alternativa ao capitalismo. Essa possibilidade, dadas as potencialidades do dinheiro eletrônico ou até mesmo dos substitutos do dinheiro, pode não estar muito distante. O advento de novas formas de moeda virtual, como o bitcoin, sugere que o próprio capital está a caminho de inventar novas formas monetárias. Seria sábio e oportuno, portanto, se a esquerda direcionasse as ambições políticas e o pensamento político para esse objetivo final.

Uma política monetária alternativa torna-se imperativa quando consideramos um problema imediato especialmente perigoso. A forma que o dinheiro assumiu hoje atingiu a condição de duplo fetiche – uma representação abstrata (puro número guardado na tela de um computador) de uma representação concreta (como o ouro e a prata) da imaterialidade do trabalho social. Quando o dinheiro assume a forma de puro número, sua quantidade potencial torna-se ilimitada. Isso nutre a ilusão de que o crescimento ilimitado e infinito do capital em sua forma-dinheiro não é só possível, como também desejável. Contra isso, até mesmo um exame informal das condições relativas ao desenvolvimento do trabalho social e ao aumento de valor mostra que o crescimento exponencial sem fim é impossível. Essa oposição, como veremos adiante, está na raiz de uma das três contradições mais perigosas do capital: a do crescimento exponencial.

Quando o dinheiro era limitado porque era lastreado, ainda que debilmente, na disponibilidade material e na relativa escassez da mercadoria-dinheiro, havia uma restrição material na criação infinita do dinheiro. O abandono da base metálica das moedas correntes no mundo todo, no início da década de 1970, criou um novo mundo de contradições possíveis. O dinheiro podia ser emitido *ad infinitum* por qualquer um que tivesse autorização para isso. A oferta monetária passou para as mãos de instituições humanas falíveis, como os bancos centrais, e o perigo era a aceleração da inflação. Não é por acaso que depois de um breve período de inflação crescente no fim da década de 1970 nos Estados Unidos, em particular, os presidentes dos bancos centrais de todo o mundo (liderados por Paul Volcker, do Federal Reserve) adotaram a política única de contenção da inflação a qualquer custo, abandonando a responsabilidade que tinham pelo emprego e pelo desemprego. Quando o Banco Central Europeu foi criado para gerenciar o euro, sua única responsabilidade era controlar a inflação. O fato de que essa política tenha se revelado desastrosa, quando a crise da dívida soberana atingiu diversos países europeus a partir de 2012, mostra uma incapacidade crônica, dentro das instituições criadas pelo capital, para regular seus próprios excessos e entender a lógica contraditória embutida na forma monetária que é necessariamente assumida hoje pelo capital. Não é surpresa, portanto, que a crise de 2007-2008 tenha assumido, em primeira instância, a forma financeira.

Contradição 3
Propriedade privada e Estado capitalista

As mercadorias não chegam sozinhas ao mercado. Agentes individuais – compradores e vendedores – trabalham juntos para trocar mercadorias por dinheiro e vice-versa. Para que isso ocorra, tanto compradores quanto vendedores precisam ter direitos exclusivos de disposição e apropriação das mercadorias e do dinheiro com que lidam. O valor de troca e o dinheiro pressupõem conjuntamente a existência de direitos individuais de propriedade privada tanto sobre as mercadorias quanto sobre o dinheiro.

Para esclarecer as coisas, devo fazer primeiro uma distinção entre apropriação individual e propriedade privada. Todos nós, como seres vivos, nos apropriamos de coisas à medida que as usamos ativamente. Aproprio-me dos alimentos quando os como, aproprio-me de uma bicicleta quando a uso, aproprio-me do computador enquanto escrevo. O uso que faço dos muitos processos e coisas que estão a minha disposição impede que outras pessoas os usem ao mesmo tempo. No entanto, existem coisas cujo uso não é exclusivo. Assistir a um programa na TV não impede que outros façam a mesma coisa. E há outros bens ("bens públicos") que costumam ser considerados de uso comum, embora com limitações em geral. Uso a rua, assim como muitas outras pessoas, mas a quantidade de pessoas que cabe em uma rua é limitada, e há ali certas atividades que, por costume ou por lei, são proibidas (por exemplo, defecar nas ruas de Nova York). Para muitos processos e coisas, no entanto, existe uma relação exclusiva entre o(s) usuário(s) e o que está sendo usado. Isso não é o mesmo que propriedade privada.

A propriedade privada estabelece o direito de posse exclusiva de uma coisa ou processo, quer seja usado ativamente, quer não. Nas raízes da troca de mercadorias reside o pressuposto de que ativamente não quero ou não preciso da mercadoria que ofereço para troca. Na verdade, a própria definição de mercadoria é esta: algo produzido para o uso de outra pessoa. Os direitos de propriedade privada conferem o direito de vender (alienar) aquilo que se possui. Surge então uma diferença entre os chamados direitos de usufruto (que correspondem ao uso ativo) e direitos de propriedade exclusivos e permanentes. Essa diferença costuma ser fonte de confusão, principalmente na história do capitalismo. Populações indígenas geralmente funcionam na base dos direitos de usufruto da terra, por exemplo (como no caso da agricultura itinerante). As potências coloniais costumavam impor direitos exclusivos de propriedade, o que gerou muitos conflitos. Populações que se deslocavam de um lugar para outro, acompanhando rebanhos ou trocando uma terra esgotada por outras mais férteis, viram-se impedidas de repente de se locomover por causa de cercas e arames farpados. Foram proibidas muitas vezes de usar terras que tradicionalmente consideravam livres para o uso porque agora alguém a possuía perpetuamente, mesmo que não a usasse. Os povos indígenas da América do Norte sofreram muito com isso. Na África contemporânea, os direitos das pessoas a recursos consuetudinários e coletivos estão sendo convertidos atabalhoadamente em um regime de direitos de propriedade exclusivos e permanentes por acordos – que muitos consideram fraudulentos – entre chefes de aldeias (normalmente depositários da terra em nome do povo) e interesses estrangeiros, por exemplo. Isso constitui o que geralmente se conhece por um grande "assenhoramento de terras" pelo capital e por Estados estrangeiros com o intuito de controlar a terra e os recursos africanos.

Os direitos de propriedade privada pressupõem um elo social entre o que é possuído e uma pessoa, definida como sujeito jurídico, que é dona e tem o direito de dispor daquilo de que é dona. Por uma maravilhosa prestidigitação no raciocínio jurídico, a propriedade passou a ser conferida não só a indivíduos como eu e você, mas também a empresas e outras instituições que, de acordo com a lei, são definidas como pessoas jurídicas (embora, como muitos gostam de lembrar, corporações não possam ser presas quando cometem um crime, como acontece com as pessoas físicas). A existência desse elo social é reconhecida em quase todas as constituições burguesas e conecta os ideais da propriedade privada individual com as noções de direitos humanos individuais, os "direitos do homem" e as doutrinas e proteções legais desses direitos individuais. O elo social entre direitos humanos individuais e propriedade privada está no centro de quase todas as teorias contratuais do governo.

Os direitos de propriedade privada, em princípio, são mantidos perpetuamente. Não expiram nem se dissipam por falta de uso. Podem passar de uma geração para outra por herança. O resultado é uma conexão interna entre direitos de propriedade privada e formas de dinheiro não oxidáveis. Apenas estas últimas podem durar eternamente. Mas a evolução das cédulas de papel e do dinheiro fiduciário, cujo valor relativo é sujeito a degradação (por inflação, por exemplo), solapa a conexão inicialmente segura entre perpetuidade e estabilidade das formas-dinheiro da propriedade privada. Além disso, sob a doutrina da *res nullius*, defendida por John Locke, apenas a propriedade privada da terra que produz valor (ou seja, que envolve aplicação de trabalho social produtivo para a produção de mercadorias) é considerada legítima. A ausência de produção de valor (e de mais-valor) justificava não só a espoliação total, por parte da Grã-Bretanha, dos direitos dos irlandeses à terra, mas também a espoliação e a erradicação das populações indígenas "improdutivas" nas Américas e, hoje, em grande parte da África para abrir caminho para os colonizadores "produtivos". A versão contemporânea dessa doutrina nas sociedades capitalistas avançadas é a do domínio eminente, pelo qual a apropriação da propriedade privada de terras para lhes dar melhores condições de uso é legalmente justificada. A propriedade privada tanto de terras quanto de dinheiro, portanto, só é contingentemente perpétua.

A imposição dos direitos de propriedade privada depende da existência de poderes estatais e sistemas legais (usualmente vinculados a acordos de tributação) que codificam, definem e impõem as obrigações contratuais associadas tanto aos direitos de propriedade privada quanto aos direitos dos sujeitos jurídicos. Há provas suficientes de que o poder coercitivo do Estado teve um papel importante na abertura de espaços para o florescimento do capital muito antes de os regimes de propriedade privada se tornarem dominantes. Isso é verdadeiro tanto durante a transição do feudalismo para o capitalismo na Europa como depois, quando os chineses estabeleceram zonas econômicas especiais para a atividade capitalista no sul da China, a partir de 1980. No entanto, entre os direitos de usufruto e os de propriedade privada há uma abundância de direitos de propriedade comum ou consuetudinários, em geral confinados a uma dada coletividade (como a uma comunidade rural, ou, mais amplamente, a todo um regime cultural). Esses direitos não são necessariamente acessíveis a todos, mas pressupõem formas de governo compartilhadas e cooperativas entre os membros da entidade política. O fim dos direitos de usufruto e o infame processo de cercamento dos bens comuns levaram à predominância de um sistema de direitos de propriedade privada individualizada, respaldado pelo poder estatal, como *a* base para as relações de troca e comércio. Essa é a forma consistente com a acumulação e a circulação do capital.

Para ser propriedade privada, no entanto, um objeto ou processo tem de ser claramente delimitado, nomeável e identificável (no caso da terra, isso é feito através do mapeamento cadastral e do registro de propriedade). Mas nem tudo é suscetível dessa condição. É quase impossível imaginar o ar e a atmosfera sendo divididos em itens de propriedade privada que podem ser comprados e vendidos. No entanto, é impressionante que o capital tenha avançado tanto a ponto de estender o alcance do regime de direitos de propriedade privada individualizada ao coração dos processos biológicos e outros aspectos do mundo natural e do mundo social para estabelecer os direitos de propriedade. Há uma luta feroz sobre os direitos de propriedade do conhecimento dos processos naturais, por exemplo. O campo dos direitos de propriedade intelectual, em particular, é repleto de controvérsias e conflitos. O conhecimento deveria ficar universalmente à disposição de todos ou ser considerado uma propriedade privada?

Na base daquilo que é o capital encontra-se um regime de direitos de propriedade privada individualizada. Trata-se de uma condição e uma construção necessárias, no sentido de que nem o valor de troca nem o dinheiro poderiam ser funcionais sem essa infraestrutura legal. Mas tal regime de direitos é caracterizado por contradições. Como no caso do dinheiro, as contradições não são singulares, mas múltiplas, e em parte por causa da maneira como as contradições entre o valor de uso e o valor de troca, e entre o dinheiro e o trabalho social que ele representa, invadem o regime de direitos de propriedade privada individualizada.

A primeira linha de contradição, e a mais óbvia, é entre o exercício supostamente "livre" dos direitos de propriedade privada individualizada e o exercício coletivo do poder coercitivo e regulador do Estado para definir, codificar e dar forma legal a esses direitos e aos vínculos sociais que os unem tão estreitamente. As definições legais do indivíduo e, consequentemente, uma cultura do individualismo surgem com a proliferação das relações de troca, o advento das formas monetárias e a evolução do Estado capitalista. No entanto, todos concordam, exceto os libertários mais raivosos e os anarquistas mais extremados, que é necessário certo arremedo de poder estatal para sustentar os direitos de propriedade individualizada e as estruturas de lei que, segundo teóricos como Friedrich Hayek, garantem o máximo de liberdade individual não coercitiva. Mas esses direitos têm de ser impostos, e é nesse ponto que o Estado, com seu monopólio sobre o uso legítimo da força e da violência, é chamado para reprimir e policiar qualquer transgressão contra o regime de direitos de propriedade privada. O Estado capitalista deve usar o monopólio adquirido sobre os meios de violência para proteger e preservar o regime de direitos de propriedade privada individualizada como um regime que se articula através do funcionamento livre do mercado. O poder centralizado do Estado é usado para proteger um sistema de propriedade privada descentralizado. No entanto, a extensão do estatuto de pessoa jurídica individual a empresas e instituições poderosas obviamente corrompe o sonho utópico burguês de um mundo perfeito de liberdade individual e pessoal para todos, baseado na propriedade democraticamente distribuída.

Há muitos problemas na esfera da troca mercantil que incitam o Estado a ir além do simples papel de "vigia noturno", de guardião da propriedade privada e dos direitos individuais. Para começar, há os problemas da provisão de bens públicos e coletivos (como rodovias, portos e enseadas, água, limpeza urbana, educação e saúde pública). O âmbito das infraestruturas físicas e sociais é vasto, e o Estado, inevitavelmente, deve se envolver ou com a produção direta ou com a contratação e regulamentação do fornecimento desses bens. Além disso, a função do aparelho estatal em si deve ser não só administrar, mas também assegurar as instituições que tem de proteger (daí a criação de forças e poderes militares e policiais, além do financiamento dessas atividades por meio de tributação).

Acima de tudo, o Estado tem de encontrar uma maneira de governar populações diversas, muitas vezes rebeldes e indóceis. O fato de muitos Estados capitalistas fazerem isso pela instituição de procedimentos e mecanismos democráticos de governamentalidade, com o intuito de provocar um consenso em vez de recorrer à coerção e à força, levou alguns a sugerir, erroneamente, acredito, um vínculo inerente entre a democratização e a acumulação de capital. No entanto, é inegável que algumas formas de democracia burguesa se provaram muito mais eficazes e eficientes como forma de governo dentro do capitalismo em geral. Mas esse resultado não foi necessariamente uma consequência da ascensão do capital à posição dominante de motor econômico de uma formação social: ele deve sua dinâmica a forças políticas mais amplas e tentativas muito antigas de encontrar formas coletivas de governo que resolvam efetivamente a tensão entre a arbitrariedade policial do poder autocrático do Estado e o desejo popular de liberdade e autonomia individuais.

Chegamos então ao problema generalizado de o que fazer com as falhas do mercado. Elas surgem em razão dos chamados efeitos de externalidade, definidos como custos reais que (por algum motivo) não são registrados no mercado. O campo mais óbvio dessas externalidades é a poluição: empresas e indivíduos não pagam pelos efeitos nocivos de suas ações sobre a qualidade do ar, da água e da terra. Há outros tipos de efeitos de externalidade, tanto positivos quanto negativos, que normalmente exigem ações coletivas, e não mais individuais – o valor de troca da habitação, por exemplo, está vinculado aos efeitos de externalidade, uma vez que o investimento, ou a falta dele, em uma casa da vizinhança tem efeito (positivo ou negativo) sobre o valor das casas adjacentes. O zoneamento do uso do solo é uma das formas de intervenção do Estado criadas para lidar com problemas desse tipo.

A maioria das pessoas aceita a legitimidade do Estado ou outras formas de ação coletiva para controlar e regular atividades que geram fortes efeitos de externalidade negativos. Em todas essas instâncias, o Estado tem necessariamente de invadir o exercício das liberdades individuais e dos direitos de propriedade privada. A contradição entre o valor de uso e o valor de troca transborda e tem efeitos profundos sobre a relação entre o poder estatal centralizado e o livre exercício dos direitos de propriedade privada individualizada descentralizados. A única pergunta interessante aqui é até onde vai o Estado e até que ponto essa invasão pode se basear na coerção, e não na construção, de um consenso (processo que, infelizmente, implica o cultivo do nacionalismo). Em todo caso, o Estado precisa ter um monopólio sobre o uso legalizado da violência para exercer algumas funções.

Esse monopólio se torna explícito também no fato de que o Estado, em suas encarnações pré-capitalista e capitalista, é preeminentemente uma máquina de guerra envolvida em rivalidades geopolíticas e planos estratégicos geoeconômicos no cenário mundial. No quadro de um sistema global interestatal emergente e em contínua evolução, o Estado capitalista procura vantagens e alianças diplomáticas, comerciais e econômicas para garantir sua própria riqueza e seu próprio poder (ou, mais exatamente, a riqueza, o *status* e o poder de seus líderes e, pelo menos, de alguns segmentos da população), melhorando a capacidade dos detentores dos direitos de propriedade de acumular mais e mais riquezas no território onde residem. Ao fazer isso, a guerra – classicamente definida como diplomacia por outros meios – torna-se uma ferramenta crucial de posicionamento geopolítico e geoeconômico, em que o acúmulo de riquezas, o poder competitivo e a influência nos limites territoriais do Estado são o objetivo típico.

Mas para travar guerras e se envolver nesse tipo de manobra o Estado precisa de recursos econômicos adequados. A monetização de suas atividades bélicas está na raiz da construção do que os historiadores econômicos chamam de "Estado fiscal-militar" do século XV em diante. No centro desse Estado encontra-se a construção do que chamo de "nexo Estado-finanças". No caso da Grã-Bretanha, esse nexo é mais claramente simbolizado pela aliança entre o aparelho estatal e os capitalistas comerciais de Londres. Estes fundaram efetivamente os poderes bélicos do Estado ao assegurar a dívida pública em troca do direito exclusivo de monopolizar e administrar o sistema monetário por intermédio da criação do Banco da Inglaterra, em 1694, o primeiro banco central do mundo, que depois se tornou um modelo seguido pelo o resto do mundo capitalista.

Isso faz sobressair uma relação importante entre o Estado e o dinheiro. Silvio Gesell, acredito, está certo quando diz:

> O dinheiro requer o Estado, sem o Estado o dinheiro não é possível; com efeito, pode-se dizer que a fundação do Estado remonta à introdução do dinheiro. O dinheiro é o cimento mais natural e mais poderoso das nações [...]. O fato de o dinheiro ser indispensável, e o controle estatal do dinheiro também ser indispensável, dá ao Estado um poder ilimitado sobre o dinheiro. Exposta a esse poder ilimitado, a cobertura metálica do dinheiro é uma palha ao vento. O material-dinheiro protege tão pouco o dinheiro do abuso de poder do Estado quanto o papel em que é escrita a Constituição a protege da usurpação arbitrária do poder. Apenas o Estado, a vontade dos que estão no poder (autocratas e representantes), pode proteger o dinheiro contra incompetentes, caloteiros e especuladores – desde que os que estão no poder sejam capazes de usar esse poder de maneira propositada. Até hoje, infelizmente, eles nunca tiveram essa capacidade.[1]

---

[1] Silvio Gesell, *The Natural Economic Order*, cit., p. 81.

No entanto, surpreendentemente, Gesell sugere que "a segurança do papel-moeda é maior do que a da moeda metálica". Isso porque "o papel-moeda é assegurado por todos os interesses e ideais que unem as pessoas a um Estado. O papel-moeda de um Estado só pode se desvalorizar com o próprio Estado". O Estado, definido em geral por seu monopólio sobre o uso legítimo da violência, adquire outra função importante: deve ter poder de monopólio sobre o dinheiro e a moeda corrente.

Há duas ressalvas a esse argumento. Primeiro, esse poder de monopólio é genérico para o Estado, e não particular. O sistema monetário global tem caráter hierárquico. O dólar estadunidense funciona como moeda de reserva para o sistema monetário global desde 1945 e os Estados Unidos têm direitos exclusivos de senhoriagem (criação) desse dinheiro. Os poderes monetários de outros Estados são circunscritos, porque as dívidas internacionais são dadas em dólares estadunidenses e têm de ser pagas na mesma moeda. Um Estado individual não pode monetizar suas dívidas imprimindo sua própria moeda, porque o efeito imediato é a desvalorização da moeda nacional em relação ao dólar. Outras moedas podem ser usadas para o comércio global, como a libra esterlina (que costumava ser a moeda de reserva global), o euro e o iene e, talvez no futuro, o yuan chinês. Mas até agora essas moedas não ameaçaram a posição do dólar estadunidense, e as eventuais propostas de substituição do dólar por uma cesta básica de moedas (do tipo proposto originalmente por Keynes em Bretton Woods, em 1944) foram todas rejeitadas pelos Estados Unidos. Afinal de contas, o país obtém benefícios consideráveis ao controlar a moeda de reserva global. O poder imperial dos Estados Unidos tem sido exercido de forma direta ou indireta pela diplomacia do dólar. A hegemonia do país no sistema mundial é amplamente sustentada pelo controle que exerce sobre a moeda mundial e pela capacidade que tem de imprimir dinheiro para financiar, por exemplo, seus excessivos gastos militares. Em face disso, outros Estados individuais podem renunciar ao papel que têm em relação a suas moedas. O Equador, por exemplo, usa dólares estadunidenses. Quando surgiu o euro, os Estados individuais entregaram o poder de monopólio que tinham sobre suas moedas a um conjunto de instituições supranacionais (o Banco Central Europeu), dominado pela Alemanha e, em menor grau, pela França.

A segunda ressalva é que esse direito de monopólio do Estado sobre a moeda pode ser terceirizado, por assim dizer, a capitalistas comerciais e banqueiros mediante licenças de operação de bancos centrais nominalmente independentes de controle democrático direto ou de controle político do Estado. Foi o que aconteceu com o Banco da Inglaterra, o Federal Reserve dos Estados Unidos e o Banco Central Europeu. Essas instituições se instalam no interstício entre o Estado e os bancos privados. São instituições que, junto com os departamentos do Tesouro, formam o nexo Estado-finanças que há tanto tempo funciona como o "sistema nervoso central" da regulação e da promoção do capital. O nexo Estado-finanças tem todas as características de uma instituição feudal, pois em geral suas operações são ocultas e envoltas em mistério. Ele funciona mais como o Vaticano ou o Kremlin do que como uma instituição aberta e transparente. Só assume forma humana em momentos de dificuldade – por exemplo, quando Hank Paulson (secretário do Tesouro dos Estados Unidos) e Ben Bernanke (presidente do Federal Reserve) usaram os meios de comunicação para ditar a política nacional, logo depois da quebra do Lehman Brothers em setembro de 2008, ocasião em que o Executivo e o Congresso pareciam paralisados e dominados pelo medo. "Quando o sistema financeiro e o nexo Estado-finanças fracassam, como aconteceu em 1929 e em 2008, então todo o mundo reconhece que há uma ameaça para a sobrevivência do capital e do capitalismo, e ninguém mede esforços e todo tipo de compromisso é estabelecido para ressuscitá-lo."[2]

Mas a relação entre o Estado capitalista e a propriedade privada nem sempre é harmoniosa. Na medida em que o Estado adota alguma forma de democracia para neutralizar as formas de Estado absolutista e autocrático, que podem ser arbitrariamente hostis ou não receptivas a certos requisitos do capital, com relação, por exemplo, à liberdade de circulação, ele se abre também para vários tipos de influência populista. Se, como às vezes acontece, ele cai nas mãos de organizações sindicais e partidos políticos de esquerda, seus poderes são empregados para refrear os poderes do capital enquanto propriedade privada. O capital, portanto, não pode mais funcionar livremente em muitos domínios da economia (mercado de trabalho, processos de trabalho, distribuições de renda e afins). Ele se vê forçado a operar dentro do quadro de uma verdadeira selva reguladora, que cerceia suas liberdades. De tempos em tempos, no entanto, a contradição entre Estado e propriedade privada é elevada à condição de contradição absoluta, contrapondo público a privado, Estado a mercado. Dessa contradição podem eclodir batalhas ideológicas e políticas ferozes.

Mas devo esclarecer o seguinte: não estou tentando elaborar uma teoria geral do que é o Estado capitalista. Estou apenas chamando a atenção para aspectos e funções específicas do Estado, que tem de funcionar de determinada maneira para dar suporte à reprodução do capital. Dados seu poder de tributação e sua suscetibilidade a influências e interesses políticos, os poderes estatais podem ser politicamente redirecionados para fins econômicos de maneiras que ultrapassam os interesses e a atividade empresarial privada. Durante períodos de controle político social-democrata (do tipo que se estabeleceu na Grã-Bretanha depois da Segunda

---

[2] David Harvey, *O enigma do capital e as crises do capitalismo* (trad. João Alexandre Peschanski, São Paulo, Boitempo, 2011), p. 54.

Guerra Mundial, bem como em alguns países europeus), e sob várias formas de governamentalidade *dirigista* (como na França com De Gaulle, Singapura com Lee Kuan-Yew e outros Estados asiáticos, entre eles a China), instituições estatais podem ser criadas e organizadas como agentes econômicos que ou assumem o controle do alto comando da economia ou orientam as decisões de investimentos. O planejamento do governo em várias escalas (macroeconômica, urbana, regional, local) às vezes ocupa o centro do palco e compete com as atividades privadas e empresariais, mas com frequência associa-se a elas. Boa parte da acumulação do capital, portanto, permeia o Estado de formas que não se direcionam necessariamente para a maximização dos lucros, mas têm fins sociais e geopolíticos. Mesmo em Estados mais fiéis aos princípios de privatização e neoliberalização, o complexo militar-industrial é separado do resto da economia como uma fonte lucrativa onde os interesses privados terceirizados saciam livremente sua sede.

No outro extremo do espectro político, a maneira como as finanças do Estado são organizadas é vista pelos libertários como algo profundamente contraditório com a autonomia e as liberdades individuais, pois entrega o monopólio do dinheiro e do crédito a um conjunto de instituições não eleitas e antidemocráticas, comandado pelos presidentes do bancos centrais. Como argumenta um crítico como Thomas Greco:

> A politização do dinheiro, do sistema bancário e das finanças (que atualmente prevalece no mundo) permitiu a concentração de poder e riqueza nas mãos de poucos – uma situação que tem sido extremamente nociva para as sociedades, as culturas, as economias, o governo democrático e o meio ambiente. Os governos nacionais se arrogaram um poder aquisitivo praticamente ilimitado, que lhes permite canalizar riquezas para clientes favorecidos, travar guerras em escala gigantesca e subverter as instituições democráticas e a vontade popular. O estabelecimento de um sistema bancário privado privilegiado conseguiu monopolizar o crédito de todo mundo, permitindo que poucos explorem muitos por meio da parcialidade da alocação de crédito, cobrando usura (disfarçada de "juros") e taxas cada vez mais exorbitantes e recompensando políticos por promoverem seus interesses.[3]

O argumento libertário, que não é implausível, é que a partir do século XVII isso subverteu a possibilidade de uma democracia burguesa genuína, caracterizada pela máxima liberdade individual. Além disso, esse sistema impõe o crescimento exponencial, incita "a destruição ambiental e destrói o tecido social enquanto aumenta a concentração de poder e riqueza. Cria instabilidades econômicas e

---

[3] Thomas Greco, *The End of Money and the Future of Civilization* (White River Junction, Chelsea Green, 2009).

políticas que se manifestam nos ciclos recorrentes de depressão e inflação, conflitos nacionais e internacionais e deslocamento social"[4]. Por isso, tanto a direita quanto a esquerda estadunidenses tendem a ser contrárias a instituições como o Federal Reserve e o Fundo Monetário Internacional (FMI).

Nos últimos anos, a balança da contradição entre, de um lado, os interesses privados e as liberdades individuais e, de outro, o poder estatal pendeu decisivamente para os centros antidemocráticos, autocráticos e despóticos do aparelho estatal, onde têm o apoio da centralização e da militarização cada vez maiores do controle social. Isso não significa que os poderes descentralizados dos detentores da propriedade individual se dissolveram ou correm perigo. Na verdade, esses poderes aumentam à medida que o capital é protegido contra todas as formas de oposição social: por exemplo, do trabalho ou dos ambientalistas. De todo modo, a descentralização costuma ser uma ótima estratégia para manter o controle centralizado. Nos últimos anos, os chineses aplicaram conscientemente esse princípio de maneira bastante eficaz. Em nenhum outro lugar isso é mais evidente do que na organização estatal do poder monetário nos mercados de *commodities*.

Como nos capítulos anteriores citei várias vezes como exemplo o mercado habitacional e a crise no mercado imobiliário, devo explicar rapidamente como as coisas funcionam nesse contexto. Os direitos de propriedade privada sustentam a casa própria, e os estados capitalistas apoiaram por diversos meios (desde os subsídios ativos até a propaganda e a retórica do sonho da casa própria), de maneira sistemática e crescente, a expansão da casa própria a mais setores da população. O objetivo desse apoio é, em parte, garantir o crescimento contínuo do mercado imobiliário como terreno de acumulação ativa e lucrativa de capital, mas ele também tem uma função ideológica crucial, consolidando o apoio popular e populista à estratégia de fornecer valores de uso por meio dos mecanismos de valor de troca: em outras palavras, o apoio à via capitalista. O apoio ativo do governo à aquisição da casa própria nos Estados Unidos, por razões políticas e econômicas, cumpriu, portanto, um papel importante na promoção da crise das hipotecas de risco, responsável pela quebra de algumas das principais instituições privadas de investimento, mas também levou instituições semipúblicas (como Fannie Mae e Freddie Mac) à margem da falência, da qual tiveram de ser resgatadas por uma nacionalização temporária.

Então qual estratégia política deve ser adotada em relação à contradição entre Estado e propriedade privada? O argumento de tentar simplesmente restabelecer o equilíbrio e reforçar as liberdades individuais (como muitos parecem defender,

---

[4] Idem.

tanto à direita quanto à esquerda do espectro político) não basta, em parte porque a balança pendeu radicalmente para o poder estatal arbitrário, mas em parte também porque se perdeu a fé no Estado como agente potencialmente benévolo. O retorno do Estado ao papel de puro "vigia noturno" só serviria para desencadear os poderes daquilo que já é um capital muito desregulado, permitindo que aja como quiser, sem nenhuma restrição social ou de longo prazo.

A única estratégia política viável é a que resolve a contradição entre os interesses privados e individuais, de um lado, e os interesses e poderes estatais, de outro, substituindo-a por outra coisa. É nesse contexto que parece fazer muito sentido a preocupação atual da esquerda com o restabelecimento e a recuperação dos "bens comuns". A absorção dos direitos de propriedade privada em um projeto abrangente de gestão coletiva dos bens comuns e a dissolução dos poderes estatais autocráticos e despóticos em estruturas democráticas de gestão coletiva são os únicos objetivos válidos de longo prazo.

Esses objetivos fazem sentido quando aplicados ao dinheiro e ao crédito. A recuperação do dinheiro e do crédito como bens comuns regulados democraticamente é imperativa para reverter a tendência à autocracia e ao despotismo monetário. Dissociar do aparelho estatal as atividades de criação do dinheiro é imperativo para fortalecer e democratizar as liberdades e autonomias coletivas. Como o poder do Estado capitalista repousa em parte sobre os pilares gêmeos do monopólio sobre o uso legítimo da violência e do monopólio sobre as questões monetárias e a moeda corrente, a ruptura deste segundo acabaria implicando uma dissolução (e não um "esmagamento") do poder estatal capitalista. Uma vez que o Estado é destituído de seu poder sobre os recursos monetários, sua capacidade de recorrer à violência militarizada contra uma população indócil também é anulada. Embora essa ideia pareça absurda, parte dela se concretizou quando o poder dos portadores de títulos foi utilizado em países como Grécia, Itália e Espanha para impor políticas estatais ao povo. Se substituirmos o poder dos portadores de títulos pelo poder do povo, essa tendência mais do que visível poderia ser revertida com a mesma facilidade.

Como observamos, o poder do Estado é genérico, e não particular. Por isso a política teria de dissolver todas as instituições monetárias internacionais (como o FMI) criadas para dar suporte ao imperialismo do dólar estadunidense e que hoje servem para manter sua hegemonia financeira no sistema mundial. O aparelho disciplinar que destrói a vida cotidiana dos gregos, bem como a de muitos outros que sofreram as intervenções do FMI (em geral combinado com outros poderes estatais multilaterais, como o Banco Central Europeu e a Comissão Europeia, no caso da Grécia), também precisaria ser extinto para dar lugar a práticas e instituições de gestão coletiva da riqueza comum da população. Essa solução pode parecer abstrata e utópica em relação às práticas correntes, mas é vital que a política alternativa tenha em mente esse tipo de visão e ambição de longo prazo. Agendas radicais, sejam revolucionárias ou reformistas, devem ser formuladas para impedir que a civilização se afogue na contradição entre uma propriedade privada insensível e desregulada e poderes estatal-policiais cada vez mais autocráticos e militarizados, que se dedicam a dar apoio ao capital, e não ao bem-estar das pessoas.

Contradição 4
Apropriação privada e riqueza comum

A riqueza comum criada pelo trabalho social aparece em uma variedade infinita de valores de uso, desde facas e garfos até desmatamentos, cidades inteiras, o avião em que viajamos, os carros que dirigimos, a comida que ingerimos, as casas em que vivemos e as roupas que usamos. A apropriação e a acumulação privada dessa riqueza comum e o trabalho social nela cristalizado ocorrem de duas maneiras muito diferentes. Em primeiro lugar, há uma vasta gama do que poderíamos chamar hoje de atividades ilegais, como roubo, assalto, fraude, corrupção, usura, predação, violência e coerção, além de uma série de práticas suspeitas e duvidosas no mercado, como monopolização, manipulação, controle de mercado, fixação de preços, esquemas Ponzi etc. Em segundo lugar, as pessoas acumulam riqueza por meio de trocas legalmente sancionadas, sob condições não coercitivas de comércio e em mercados de funcionamento livre. Teóricos da circulação e da acumulação do capital costumam não considerar as atividades do primeiro tipo por julgá-las excrescências externas ao funcionamento "normal" e legítimo do mercado capitalista. Constroem seus modelos de circulação e acumulação do capital baseados no pressuposto de que apenas o segundo tipo de apropriação privada e acúmulo de riqueza social é legítimo e relevante.

Acredito que está na hora de subvertermos essa ficção conveniente, mas profundamente equivocada, promovida pelos manuais de economia e reconhecer a relação simbiótica entre essas duas formas de apropriação tanto do trabalho social como dos produtos desse trabalho. Defendo esse argumento baseado, em parte, na simples razão empírica de que é estupidez tentar entender o mundo do capital sem levar em conta os cartéis de drogas, os traficantes de armas e as várias máfias e outras formas criminosas de organização que desempenham um papel tão significativo no mercado mundial. É impossível deixar de lado, como simples excrescências acidentais, a vasta gama de práticas predatórias tão facilmente identificáveis na quebra recente do mercado habitacional nos Estados Unidos (além das recentes revelações de fraude sistemática no sistema bancário, como falsificação de avaliações de ativos, lavagem de dinheiro, esquemas Ponzi, manipulação das taxas de juros etc.).

Mas, além dessas razões empíricas óbvias, há fundamentos teóricos sólidos para acreditarmos que, no centro daquilo que define fundamentalmente o capital, existe uma economia baseada na espoliação. A espoliação direta do valor que o trabalho social produz no local de produção é apenas um fio (embora essencial) da trama de espoliação que nutre e sustenta a apropriação e a acumulação de grande parcela da riqueza comum por "pessoas" privadas (ou seja, entidades legais, inclusive corporações).

Em princípio, os banqueiros não se importam, por exemplo, que seus lucros e bônus exagerados tenham origem em empréstimos a proprietários de terras que extraem aluguéis exorbitantes de inquilinos oprimidos, em comerciantes que enfiam a faca em seus clientes, em operadoras de cartões de crédito e companhias telefônicas que enganam os consumidores, em caixas hipotecárias que executam ilegalmente um imóvel ou fabricantes que exploram impiedosamente seus trabalhadores. Embora os teóricos da esquerda política, inspirados no que entendem da economia política de Marx, privilegiem a última dessas três formas de apropriação como mais fundamental do que as outras, a evolução histórica do capital revela uma imensa flexibilidade em sua capacidade de apropriação da riqueza comum. Os altos salários obtidos pelos trabalhadores graças à luta de classes podem facilmente ser tomados pelos proprietários de terras, pelas operadoras de cartão de crédito e pelos comerciantes, para não falar dos coletores de impostos. Os banqueiros inventam até seus próprios jogos de escamoteação, e lucram imensamente com eles; mesmo quando são pegos, são os bancos (isto é, os acionistas) que são sacrificados, não os banqueiros (só na Islândia os banqueiros vão presos).

No centro do processo de apropriação privada da riqueza comum reside o modo contraditório como o dinheiro, conforme vimos, representa e simboliza o trabalho social (valor). O fato de que o dinheiro, em oposição ao valor social que ele representa, seja inerentemente apropriável por pessoas privadas significa que o dinheiro (dado que funciona muito bem como reserva de valor e medida de valor) pode ser acumulado sem limite por pessoas privadas. E na medida em que o dinheiro armazena poder social, sua acumulação e centralização por um grupo de indivíduos são decisivas tanto para a construção social da ganância pessoal quanto para a formação de um poder de classe capitalista mais ou menos coerente.

Reconhecendo o perigo para o mundo social, as sociedades pré-capitalistas trataram de erguer barreiras contra a apropriação privada temerária e o uso da riqueza comum, ao mesmo tempo que resistiram à mercantilização e à monetização de tudo. Essas sociedades perceberam corretamente que a monetização impedia outras maneiras de constituir as comunidades, e o resultado, como disse Marx, é que "o próprio dinheiro é a comunidade"[1]. Ainda vivemos as consequências dessa transição. O fato de as sociedades mais antigas terem perdido a batalha não pode nos impedir de considerar caminhos para refrear essa apropriação privada da riqueza comum, pois ela continua representando um grande perigo em termos de apropriações e investimentos temerários, indiferente às consequências ambientais ou sociais, e ameaça as condições da própria reprodução do capital.

Embora tudo isso seja evidente por si só, algo ainda mais sinistro está em jogo no cálculo monetário, algo que imprime sua marca na política e nas práticas de acumulação por espoliação como uma característica fundamental do que define o capital. Na análise do funcionamento do dinheiro, vimos que a distinção entre valor e preço abre uma lacuna entre a realidade do trabalho social e a capacidade de pendurar uma etiqueta fictícia de preço em qualquer coisa, independentemente de se tratar ou não de um produto do trabalho social. Tanto terras não cultivadas quanto a consciência podem ser vendidas por dinheiro! A lacuna entre valores e preços, portanto, é um problema não só quantitativo (os preços podem subir ou baixar como resposta a um desequilíbrio entre oferta e procura), mas também qualitativo (é possível atribuir preços a coisas tão imateriais quanto honra, lealdade e fidelidade). Essa lacuna se tornou um abismo, à medida que o capital se expandia em alcance e profundidade com o passar do tempo.

De todos os teóricos, o socialista Karl Polanyi, historiador da economia e antropólogo de origem húngara que trabalhou nos Estados Unidos no auge da perseguição macarthista, talvez tenha entendido com mais clareza a natureza desse fenômeno e os "riscos à sociedade" que representava. Seu influente livro *A grande transformação* foi publicado pela primeira vez em 1944 e é um marco até hoje. Mercados de trabalho, terra e dinheiro são, segundo ele, essenciais para o funcionamento do capital e a produção de valor.

> Todavia, o trabalho, a terra e o dinheiro obviamente *não são* mercadorias. [...] Trabalho é apenas um outro nome para atividade humana que acompanha a própria vida que, por sua vez, não é produzida para venda, mas por razões inteiramente diversas, e essa atividade não pode ser destacada do resto da vida, não pode ser armazenada ou mobilizada. Terra é apenas outro nome para a natureza, que não é produzida pelo homem.

---

[1] Karl Marx, *Grundrisse: manuscritos econômicos de 1857-1858 – Esboços da crítica da economia política* (trad. Mario Duayer e Nélio Schneider, São Paulo/Rio de Janeiro, Boitempo/Editora da UFRJ, 2011), p. 166.

Finalmente, o dinheiro é apenas um símbolo do poder de compra e, como regra, ele não é produzido mas adquire vida através do mecanismo dos bancos e das finanças estatais. Nenhum deles é produzido para a venda. A descrição do trabalho, da terra e do dinheiro como mercadorias é inteiramente fictícia.[2]

Na visão de Polanyi, respaldar sem restrições a ficção de que terra, trabalho e dinheiro são mercadorias resultaria "no desmoronamento da sociedade".

Ao dispor da força de trabalho de um homem, o sistema disporia também, incidentalmente, da entidade física, psicológica e moral do "homem" ligado a essa etiqueta. Despojados da cobertura protetora das instituições culturais, os seres humanos sucumbiriam sob os efeitos do abandono social; morreriam vítimas de um agudo transtorno social, através do vício, da perversão, do crime e da fome. A natureza seria reduzida a seus elementos mínimos, conspurcadas as paisagens e os arredores, poluídos os rios, a segurança militar ameaçada e destruído o poder de produzir alimentos e matérias-primas. Finalmente [...] as faltas e os excessos de dinheiro seriam tão desastrosos para os negócios como as enchentes e as secas nas sociedades primitivas. [...] Nenhuma sociedade suportaria os efeitos de um tal sistema de grosseiras ficções, mesmo por um período muito curto, a menos que a sua substância humana natural, assim como a sua organização de negócios, fosse protegida contra os assaltos desse moinho satânico.[3]

Na medida em que, nas últimas décadas, as políticas neoliberais desmantelaram grande parte das proteções criadas com tanto esmero durante décadas de luta, estamos cada vez mais expostos a alguns dos piores aspectos desse "moinho satânico" que o capital, por si só, inevitavelmente cria. Além de vermos ao redor provas abundantes de muitos dos colapsos que Polanyi temia, uma forte sensação de alienação universal surge de maneira cada vez mais ameaçadora à medida que uma parcela cada vez maior da humanidade se afasta indignada da barbárie que sustenta a civilização criada pelo próprio capital. Isso constitui, como argumentarei à guisa de conclusão, uma das três contradições mais perigosas, talvez até fatais, para a perpetuação do capital e do capitalismo.

A forma como historicamente se deu a mercantilização do trabalho, da terra e do dinheiro é em si uma história longa e dolorosa, como mostra Marx ao falar da chamada "acumulação primitiva" em *O capital*. A transformação do trabalho, da terra e do dinheiro em mercadorias baseou-se em violência, traição, roubo, fraude

---

[2] Karl Polanyi, *A grande transformação: as origens de nossa época* (trad. Fanny Wrabel, 2. ed., Rio de Janeiro, Campus, 2000), p. 93.
[3] Ibidem, p. 94.

e coisas do tipo. Terras comuns foram cercadas, divididas e postas à venda como propriedade privada. O ouro e a prata que constituíram as primeiras mercadorias-dinheiro foram roubados das Américas. Os trabalhadores foram obrigados a abandonar a terra e receberam o título de trabalhadores assalariados "livres", podendo ser explorados livremente pelo capital, quando não diretamente contratados ou escravizados. Essas formas de espoliação foram fundamentais para a criação do capital. Mas é importantíssimo notar que elas nunca desapareceram. Não só foram centrais para os aspectos mais vis do colonialismo, como até hoje as políticas de espoliação (administradas em grande parte por uma aliança terrível entre o poder corporativo e o poder estatal) do acesso à terra, à água e aos recursos naturais geram movimentos maciços de inquietação global. O chamado "assenhoramento de terras" em toda a África, América Latina e boa parte da Ásia (como as espoliações em massa que vêm ocorrendo na China) é apenas o sintoma mais óbvio de uma política descontrolada de acumulação por espoliação como nem Polanyi teria imaginado. Nos Estados Unidos, as táticas de domínio eminente – junto com a onda brutal de execuções que levou a perdas inestimáveis não só de valores de uso (milhões de pessoas ficaram desabrigadas), mas também de economias conquistadas com muito esforço e valores atrelados ao mercado habitacional, sem falar da perda de direitos e benefícios de pensão, assistência médica e educação – indicam que a economia política da espoliação total continua sã e salva no coração do mundo capitalista. A ironia é que essas formas de espoliação são cada vez mais aplicadas sob o disfarce virtuoso de uma política da austeridade necessária para recuperar a suposta saúde de um capitalismo doente.

Isolar a natureza "e com ela formar um mercado foi talvez o empreendimento mais fantástico dos nossos ancestrais", observa Polanyi, enquanto "separar o trabalho das outras atividades da vida e sujeitá-lo às leis do mercado foi o mesmo que aniquilar todas as formas orgânicas da existência e substituí-las por um tipo diferente de organização, uma organização atomista e individualista"[4]. Essa última consequência foi crucial para o funcionamento da estrutura das contradições que examinamos aqui. Claramente, a unidade contraditória entre Estado e propriedade privada que constitui a terceira contradição fundamental do capital é significativa *não* como ferramenta fundamental para facilitar a acumulação por espoliação, mas como uma legitimação *post facto* e uma racionalização institucional dos resultados da violência da espoliação. Uma vez que a terra, o trabalho e o dinheiro foram coisificados, pulverizados e arrancados de seu enraizamento nos fluxos mais amplos da vida cultural e da matéria viva, eles puderam ser reunificados sob a proteção dos

---

[4] Ibidem, p. 214 e 198.

direitos e das leis constitucionais, baseados nos princípios do direito individual à propriedade privada garantidos pelo Estado.

A terra, por exemplo, não é uma mercadoria produzida pelo trabalho social. Mas a atividade central do movimento de cercamento na Grã-Bretanha e das práticas de colonização em todo o mundo era dividi-la, privatizá-la e transformá-la em mercadoria para que o mercado de terras pudesse se tornar o campo primário da acumulação do capital e da extração de riquezas para uma classe rentista cada vez mais poderosa. Os chamados recursos "naturais" também podem ser comprados, mesmo que não sejam um produto do trabalho social. Mas a mercantilização da natureza tem certos limites, porque algumas coisas (como a atmosfera e os agitados oceanos) não podem ser facilmente cercadas e privatizadas. Se os peixes tirados do oceano podem facilmente ser mercantilizados, as águas em que nadam representam um problema muito diferente. No entanto, é possível criar mercados em torno dos direitos de usufruto, por exemplo, da poluição do ar e dos oceanos, ou dos direitos exclusivos de arrendamento da pesca em determinadas zonas (apenas barcos de arrasto espanhóis pescam na parte do sul do Oceano Atlântico reivindicada pela Argentina como sua).

O cercamento e a divisão da terra, do trabalho (pela extensão da divisão social e detalhada do trabalho) e do poder monetário (em especial dinheiro fictício e capital monetário creditício) como mercadorias foram cruciais para essa transição ao sistema de direitos de propriedade privada que confere base legal para as operações do capital. A contradição entre Estado e propriedade privada, portanto, substitui uma concepção viva e fluida da relação com a natureza pela ideia de que a natureza deve ser interpretada como "um imenso posto de gasolina", como Heidegger lamentou certa vez[5]. Ela também deslocou todos os pressupostos culturais vinculados aos regimes de propriedade comum e aos direitos consuetudinários mais característicos dos modos anteriores de produção (devo ressaltar que isso não justifica certo sentimento nostálgico pela ordem social na qual esses direitos e práticas se inseriam). Substituiu os variados modos de ser e de viver no mundo por uma doutrina de "direitos humanos" universais, evidentes e individualizados, voltados à produção de valor, que esconde por trás de uma doutrina legal universalista e naturalizada o rastro de violência que acompanhou a espoliação das populações indígenas. Até hoje, no entanto, é mais provável que dissidentes e opositores – vistos cada vez mais como terroristas – sejam mais propensos a ser encarcerados em prisões do que a viver a miniutopia dos bairros burgueses.

Nesse mundo construído, certas verdades se sobressaem como evidentes. A principal é que tudo que existe no planeta deve, em princípio e sempre que tecni-

---

[5] Martin Heidegger, *Discourse on Thinking* (Nova York, Harper, 1966), p. 50.

camente possível, ser submetido a mercantilização, monetização e privatização. Já tivemos oportunidade de comentar que habitação, educação, assistência médica e serviços públicos penderam nessa direção; agora podemos acrescentar a esse grupo as atividades bélicas e até as governamentais, na medida em que esses setores são cada vez mais terceirizados. Os abençoados com poder monetário podem comprar (ou roubar) quase tudo, excluindo a massa da população que não tem poder monetário, malícia subversiva ou influência política/militar para competir. Mas o fato de hoje ser possível comprar desde direitos de propriedade até sequências genéticas, créditos de carbono e derivativos climáticos deveria ser motivo de reflexão, considerando-se os alertas de Polanyi. O problema, no entanto, é que isso aparenta estar tão entranhado na ordem burguesa "natural" e inabalável das coisas que parece não só compreensível, mas também inevitável que essa situação rotineira seja capaz de dominar a vida social em esferas da atividade cultural e social nas quais isso não deveria acontecer. Em todos os lugares, o valor de troca é o mestre e o de uso, o escravo. É nesse contexto que se torna imperativa a revolta da massa da população contra o acesso inadequado a valores de uso fundamentais.

Esse imperativo se une à crítica sistêmica e à revolta contra a política continuada de apropriação e acumulação por espoliação, baseada numa relação confusa e contraditória com as doutrinas jurídicas universais dos direitos de propriedade privada que deveriam regular as relações entre Estado e indivíduo de tal maneira que espoliações coercitivas, roubos, assaltos e trapaças não tenham lugar. A constitucionalidade e a legalidade do capital, aparentemente, baseiam-se em uma mentira ou, na melhor das hipóteses, em ficções confusas, se nos guiarmos pelos eventos ocorridos nos últimos anos no mercado financeiro e habitacional. No entanto, não temos ainda uma percepção comum sobre qual seria exatamente a natureza dessa mentira. O resultado é que reduzimos o problema da acumulação pela espoliação à incapacidade de aplicar, pôr em prática e regulamentar de maneira satisfatória os comportamentos do mercado.

Ainda podemos fazer duas observações a partir dessa formulação. Em primeiro lugar, o que garante que os indivíduos que saqueiam e abusam da riqueza comum agirão coletivamente para garantir a reprodução dessa riqueza comum? Pessoas ou empresas que agem por interesses imediatistas costumam minar, se não destruir, as condições de sua própria reprodução. Fazendeiros esgotam a terra e empregadores fazem seus funcionários trabalharem até a morte, ou a tal exaustão que perdem a eficiência. Essa dificuldade é particularmente grave no terreno da degradação do meio ambiente, como sugere o exemplo do derramamento de óleo da British Petroleum no Golfo do México em 2010. Em segundo lugar, que incentivo as pessoas têm para obedecer às regras do bom comportamento no mercado se os lucros ligados a ele são baixos e a taxa de retorno da ilegalidade, da depredação, do roubo e da trapaça é altíssima, mesmo se levarmos em conta as multas gigantescas aplicadas por mau procedimento? As vultosas multas que foram impostas nos últimos anos a instituições financeiras como HSBC, Wells Fargo, CitiBank, JPMorgan e outras, e as provas de fraude contínua no campo financeiro, sugerem que esse também é um problema permanente para a reprodução da riqueza comum.

Somente quando entendermos com clareza que as mediações "objetivas", porém totalmente fictícias, da monetização, da mercantilização e da privatização de não mercadorias como a terra, o trabalho e o capital (todas forjadas e muitas vezes sustentadas por meios ilegais e coercitivos) estão na raiz da hipocrisia da constitucionalidade capitalista é que veremos como a constitucionalidade (e seus códigos legais) pode incorporar a ilegalidade em sua base. O fato de que essas ficções e esses fetichismos favoreçam sistematicamente alguns indivíduos em detrimento de outros, e desse modo constituem a base da construção do poder de classe capitalista, não é mais puramente acidental: é a razão de ser fundamental de todo o edifício político e econômico construído pelo capital. A relação interna entre o poder de classe capitalista e essas ficções e fetichismos não é mais evidente do que na mercantilização, monetização e privatização da força de trabalho – todas cruciais. É sobre isso que falaremos agora.

Contradição 5
Capital e trabalho

O fato de alguns seres humanos se apropriarem da força de trabalho de outros e a explorarem é característica antiga da organização humana. O exercício do poder para essa finalidade levou à construção de diferentes relações sociais, desde escravidão, servidão e tráfico de mulheres (e às vezes crianças), vistas como meros bens móveis submetidos à vontade de adoradores para realizar a obra de Deus ou deuses nas sociedades teocráticas, até a submissão de súditos leais que vão para a guerra ou constroem pirâmides, por exemplo, em nome de um líder, patriarca, monarca ou senhor local. Também é antiga a prática da racialização, etnicização, generização das relações sociais de dominação, apropriação e exploração de seres humanos supostamente inferiores cultural, religiosa ou biologicamente – e, obviamente, todas elas podiam ser monetizadas e mercantilizadas. Escravos podiam ser comprados e vendidos, dotes (avaliados em mercadorias essenciais, como gado ou dinheiro) estavam ligados ao tráfico de mulheres, e exércitos mercenários dispensavam aqueles que se importavam com as crenças religiosas ou com as lealdades pessoais. Além disso, o endividamento crescente (servidão por dívida ou forma paralela de parceria rural) era, e continua sendo, uma das maneiras mais traiçoeiras pelas quais os detentores do poder financeiro, político e social se apropriam do trabalho ou dos produtos do trabalho.

Mas aquilo que é negociado como mercadoria pelo capital, e distingue esse modo de produção, é a força de trabalho. O trabalhador dispõe e vende essa mercadoria para o capitalista em um mercado de trabalho supostamente "livre". O comércio da prestação de serviços antecede o advento do capitalismo, é claro, e é bem possível que esse tipo de atividade continue existindo muito depois de o capital deixar de existir como modo viável de produção e consumo. Mas o capital entendeu que poderia criar a base para sua própria reprodução – com a esperança de que fosse permanente – pelo uso sistemático e contínuo da força de trabalho para produzir um mais-valor sobre aquilo que o trabalhador precisava para sobreviver com dado padrão de vida. Esse excedente está na raiz do lucro monetário.

É interessante nesse sistema que ele não parece se basear em trapaça, roubo ou espoliação, porque o trabalhador pode receber um valor de mercado "justo" (o "salário padrão"), ao mesmo tempo que trabalha para gerar o mais-valor que o capital precisa para sobreviver. Essa "justiça" se baseia na ideia de que os trabalhadores têm direito de propriedade privada individualizada sobre a força de trabalho que fornecem para o capital na forma de mercadoria (uma mercadoria cujo valor de uso para o capital é ser capaz de produzir valor e mais-valor) e são "livres" para vender essa força de trabalho para quem quiserem. É mais conveniente para o capital, é claro, que os trabalhadores sejam "liberados" de qualquer acesso à terra ou qualquer meio de produção. Desse modo, não lhes resta opção exceto vender a própria força de trabalho para sobreviver. Quando essa estrutura se põe em funcionamento, os capitalistas garantem que os trabalhadores produzam mais em valores de mercadoria do que o valor de mercado de sua força de trabalho. Em suma, para que o capital seja criado e reproduzido, os trabalhadores devem criar mais valor do que recebem. O capital então embolsa como lucro esse valor criado e pode acumulá-lo cada vez mais como concentração de poder financeiro.

A mercantilização da força de trabalho é a única maneira de resolver uma contradição aparentemente insolúvel na circulação do capital. Em um sistema de mercado de funcionamento adequado, sem espaço para coerção, trapaça e roubo, as trocas deveriam se basear no princípio da igualdade – trocamos valores de uso uns pelos outros e o valor desses valores de uso deve ser mais ou menos o mesmo. Isso contradiz a suposição de que haverá mais valor para todos os capitalistas, porque, num sistema capitalista de funcionamento adequado, todos os capitalistas devem obter lucro. Então de onde vem o valor extra que garante o lucro, se em princípio o sistema de mercado depende da igualdade de trocas? É preciso que haja uma mercadoria capaz de criar mais valor do que ela mesma tem. Essa mercadoria é a força de trabalho, e é dela que o capital depende para se reproduzir.

A consequência é que o trabalho social – trabalho que fazemos para os outros – é transformado em trabalho social *alienado*. Trabalho e mão de obra são organizados exclusivamente em torno da produção de valores de troca de mercadorias que geram o retorno monetário sobre o qual o capital constrói seus poderes sociais de dominação de classe. Os trabalhadores, em suma, são colocados numa posição em que não podem fazer nada, exceto reproduzir pelo trabalho as condições de sua própria dominação. Para eles, esse é o sentido de liberdade sob o domínio do capital.

Embora a relação entre trabalhador e capitalista seja sempre uma relação contratual individual (em virtude do caráter de propriedade privada da força de trabalho), não é difícil entender que, tanto no mercado de trabalho quanto no processo de trabalho, haverá uma relação geral de classes entre o capital e o trabalho que inevitavelmente – como todas as relações de propriedade privada – envolverá o Estado e a lei como árbitros, reguladores ou executores. Isso acontece em virtude da contradição sistêmica entre direitos de propriedade privada individual e poder estatal. Nada impede que os trabalhadores, individual ou coletivamente, se organizem e lutem por condições melhores, e nada impede que os capitalistas se esforcem, também individual ou coletivamente, para pagar aos trabalhadores menos do que o valor justo de mercado ou reduzir o valor da força de trabalho (fazendo cortes na cesta básica de produtos considerados necessários para a sobrevivência do trabalhador ou baixando os custos da cesta básica vigente). Tanto o capital quanto o trabalho estão no direito de lutar por essas questões e, como disse Marx em uma frase bem conhecida, "entre direitos iguais, quem decide é a força"[1].

Quanto mais bem-sucedida for a luta do capital contra o trabalho, maiores serão seus lucros. Quanto maior for o êxito dos trabalhadores, maiores serão seu padrão de vida e suas opções no mercado de trabalho. Estabelecendo um paralelo, podemos dizer que o capitalista luta em geral para aumentar a intensidade, a produtividade e/ou o tempo de trabalho dedicado ao processo de trabalho, enquanto os trabalhadores lutam para diminuir tanto as horas e a intensidade da atividade laboral quanto os danos físicos nela implícitos. O poder regulador do Estado – por exemplo, uma legislação para limitar a jornada de trabalho ou a exposição a condições de trabalho e materiais perigosos – com frequência está envolvido nessas relações.

As formas e a efetividade da relação contraditória entre capital e trabalho têm sido muito estudadas e há muito tempo têm um papel fundamental na definição da necessidade de lutas políticas revolucionárias e reformistas. Felizmente posso ser breve aqui, porque presumo que a maioria de meus leitores esteja familiarizada com o assunto. Para alguns analistas de esquerda (marxistas em particular), a contradição entre capital e trabalho é a primeira contradição do capital. Por isso, ela costuma ser considerada o sustentáculo de todas as lutas políticas significativas e a sementeira de todas as organizações e movimentos revolucionários anticapitalistas. Também é citada por alguns como a única fonte básica de todas as formas de crise. Certamente houve épocas e lugares em que a chamada teoria da crise por "esmagamento de lucros" parecia fazer sentido. Quando os trabalhadores ganham poder em relação ao capital, podem fazer pressão por um aumento salarial a ponto de reduzir os lucros do capital. Nessas condições, a resposta típica do capital é entrar em greve, recusar-se a investir ou reinvestir e deliberadamente criar desemprego para disciplinar o trabalho. Um argumento desse tipo seria apropriado para a situação que América do

---

[1] Karl Marx, *O capital: crítica da economia política*, Livro I: *O processo de produção do capital* (trad. Rubens Enderle, São Paulo, Boitempo, 2013), p. 309.

Norte, Grã-Bretanha e Europa viram do fim dos anos 1960 até os anos 1970[2]. Mas o capital também costuma passar por dificuldades quando domina o trabalho com muita facilidade, como mostram os desdobramentos da crise de 2008.

Contudo, a contradição entre capital e trabalho não pode ser a única explicação para as crises, seja em termos analíticos, seja, em última análise, em termos políticos. Ela está entranhada na relação com as outras contradições do capital (mesmo que seja, por exemplo, a contradição entre valor de uso e valor de troca) e depende dela. Sob essa óptica, tanto a natureza quanto a concepção da tarefa política em qualquer movimento anticapitalista precisam mudar, porque as restrições circundantes – como as vastas concentrações de poder monetário que o capital acumula para concretizar sua agenda e garantir seus interesses – costumam limitar as condições de possibilidade de transformação radical na relação entre capital e trabalho no ambiente de trabalho. Mesmo que a derradeira supressão da contradição entre capital e trabalho e o esforço para estabelecer as condições para um trabalho não alienado (em oposição ao alienado) sejam a essência e a finalidade de uma ambição política alternativa, esses objetivos não podem ser realizados se não se enfrentar outras contradições com as quais estão associados, como entre a forma-dinheiro e a capacidade privada de apropriação da riqueza social.

A consideração da contradição entre capital e trabalho certamente aponta para a ambição política de suplantar a dominação do capital sobre o trabalho, tanto no mercado de trabalho como no ambiente de trabalho, por intermédio de formas de organização em que trabalhadores associados coletivamente controlam seu tempo, seus processos de trabalho e seu produto. O trabalho social para os outros não desaparece, mas o trabalho social alienado sim. A longa história de tentativas de criar uma alternativa desse tipo (por cooperativas de trabalhadores, autogestão, controle de funcionários e, mais recentemente, economias solidárias) sugere que o sucesso dessa estratégia será sempre limitado, pelas razões que já citamos. Alternativas organizadas pelo Estado, derivadas da nacionalização dos meios de produção e do planejamento centralizado, também são problemáticas, quando não equivocadamente utópicas. A dificuldade de pôr em prática com êxito qualquer uma dessas estratégias deriva, acredito, da maneira como a contradição entre capital e trabalho está ligada e incorporada a outras contradições do capital. Se o objetivo dessas formas não capitalistas de organização do trabalho é ainda a produção de valores de troca, por exemplo, e se a capacidade das pessoas privadas de se apropriar do poder social do trabalho permanece incontrolada, então os trabalhadores associados, as economias solidárias e os regimes de produção planificada fracassam ou se tornam

---

[2] Andrew Glyn e Robert Sutcliffe, *British Capitalism: Workers and the Profit Squeeze* (Harmondsworth, Penguin, 1972).

cúmplices de sua própria autoexploração. O esforço para estabelecer as condições para o trabalho não alienado se frustra.

Existem também alguns equívocos na interpretação do complexo terreno em que se desenrola a contradição entre capital e trabalho. A tendência do pensamento de esquerda é privilegiar o mercado e o ambiente de trabalho como os principais domínios afins da luta de classes. Esses são, portanto, os espaços privilegiados para a construção de alternativas às formas capitalistas de organização. É aí que supostamente a vanguarda proletária se configura para abrir caminho para uma revolução socialista. Como veremos em breve, quando examinarmos a unidade contraditória entre produção e realização na circulação do capital, há outros terrenos de luta que podem ter igual importância ou ser, talvez, até mais consistentes.

Por exemplo, a classe trabalhadora nos Estados Unidos gasta em geral cerca de um terço de sua renda com moradia. A provisão habitacional, como vimos, costuma ser movida por operações de valor de troca cada vez mais especulativas e é uma atividade para extração de renda (tanto da terra quanto dos imóveis), juros (basicamente na forma de prestações hipotecárias) e impostos sobre as propriedades, bem como de lucro sobre o capital industrial empregado na construção de moradias. Também é um mercado caracterizado por muita atividade predatória (como taxas e encargos legais). Os trabalhadores, que podem ter obtido ganhos salariais significativos com lutas travadas no mercado de trabalho e nos pontos de produção, talvez precisem sacrificar quase todos esses ganhos para adquirir uma moradia como valor de uso sob condições do mercado habitacional orientadas pela especulação e depois de confrontos inevitáveis com práticas predatórias. O que o trabalhador adquire no domínio da produção é roubado de volta por proprietários, comerciantes (como companhias telefônicas), banqueiros (através das tarifas de cartão de crédito, por exemplo), advogados e corretores, e boa parte do que resta vai para o pagamento de impostos. Assim como acontece com a habitação, a privatização e a provisão mercantilizada de saúde, educação, água e saneamento básico, além de outros serviços, diminuem a renda discricionária dos trabalhadores e recuperam valor para o capital.

Mas a história não acaba aqui. Todas essas práticas formam um espaço coletivo em que a política de acumulação por espoliação torna-se um meio primário de extração de renda e riqueza das populações vulneráveis, entre elas as classes trabalhadoras (seja lá como forem definidas). A subtração de privilégios adquiridos (como o direito a aposentadoria, assistência médica, educação gratuita e serviços adequados que amparam um salário social satisfatório) tornou-se, no neoliberalismo, uma forma descarada de espoliação racionalizada que agora é reforçada por uma política de austeridade adotada em nome da retidão fiscal. A organização contra essa forma de acumulação por espoliação (a formação de um movimento antiausteridade, por exemplo) e a reivindicação de preços mais baixos e maior eficácia em habitação, educação, saúde e serviços sociais, portanto, são tão importantes para a luta de classes como a luta contra a exploração no mercado e no ambiente de trabalho. Mas a esquerda, obcecada pela figura do operário como portador da consciência de classe e símbolo da ambição socialista, não consegue incorporar esse outro mundo das práticas de classe a sua forma de pensar e suas estratégias políticas.

Aqui também aparecem com mais clareza as interações complexas entre as contradições do *capital* e as do *capitalismo*. Adiante devo tratar dessa questão de maneira mais detalhada, mas seria tolice e taticamente insensato concluir qualquer discussão sobre a contradição entre capital e trabalho sem salientar não só sua profunda relação com outras contradições do capital, como também seu claro entrelaçamento com as contradições do *capitalismo*, principalmente aquelas associadas à discriminação em virtude de raça e gênero, entre outras. A segmentação e a segregação do mercado de trabalho e habitação, baseadas em linhas raciais, étnicas ou de outro tipo, por exemplo, são características notoriamente dominantes em todas as formações sociais capitalistas.

Embora a contradição entre capital e trabalho seja inquestionavelmente uma contradição fundamental e central do capital, ela não é – mesmo do ponto de vista apenas do *capital* – uma contradição primária à qual, em certo sentido, todas as outras são subordinadas. Do ponto de vista do *capitalismo*, essa contradição central e fundamental do motor econômico constituído pelo capital tem, claramente, um papel fundamental, mas suas manifestações tangíveis passam pelo filtro de outras formas de distinção social, como raça, etnia, gênero e religião, de modo que a atual política de luta no capitalismo torna-se uma questão muito mais complicada do que seria do ponto de vista apenas da relação entre trabalho e capital.

Não digo isso para diminuir a importância da contradição entre capital e trabalho dentro da panóplia de contradições do capital, porque ela é de fato uma contradição-chave, de caráter e importância singulares. Afinal, é no ambiente de trabalho e pelo mercado de trabalho que a força do capital afeta diretamente o corpo dos trabalhadores, bem como aqueles cuja vida e bem-estar dependem dos trabalhadores. Para muitas pessoas, a natureza alienante e reluzente dessa experiência (o tratamento muitas vezes selvagem no processo de trabalho e a experiência de fome intensa no lar dos trabalhadores) é sempre uma fonte primordial de alienação de massa e, consequentemente, um gatilho para explosões de fúria revolucionária. Mas acredito que a ênfase excessiva e o tratamento que recebe como algo que opera autônoma e independentemente das outras contradições do capital tem sido prejudicial a uma busca revolucionária genuína de uma alternativa ao capital e, com isso, ao capitalismo.

Contradição 6
Capital como processo ou como coisa?

No passado, os físicos debatiam interminavelmente se a melhor maneira de conceituar a luz seria em termos de partículas ou de ondas. No século XVII, Isaac Newton desenvolveu uma teoria corpuscular da luz, ao mesmo tempo que Christiaan Huygens defendia a teoria das ondas. As opiniões posteriores variaram entre um e outro, até que Niels Bohr, o pai da mecânica quântica, resolveu a famosa "dualidade onda-partícula" recorrendo a um princípio de complementaridade. Por essa interpretação, a luz é tanto partícula quanto onda. Precisamos das duas descrições para entendê-la, mas não precisamos usar as duas ao mesmo tempo. Alguns físicos, no entanto, consideravam que essa dualidade era simultânea, e não complementar. E houve uma discussão considerável sobre a dualidade ser inerente na natureza ou refletir as limitações do observador. Qualquer que seja o caso, está claro que, hoje, dualidades desse tipo são aceitas como fundamentais para a construção de teorias em muitas áreas das ciências naturais. A dualidade mente-cérebro, para citar outro exemplo, está enraizada no pensamento da neurociência contemporânea. Não se pode dizer, portanto, que as ciências naturais são inerentemente hostis a certo tipo de raciocínio dialético ou imunes à ideia de contradição (embora, devo acrescentar, a natureza de seu raciocínio dialético seja muito diferente da versão rígida e embrutecedora de dialética defendida por Engels e, depois, Stalin). É uma pena que a economia convencional, que aspira à condição de ciência, não tenha seguido o exemplo!

O capital deve ser visto como um processo ou como uma coisa? Em minha opinião, deve ser visto como ambos, e defendo uma interpretação simultânea, e não complementar, do funcionamento dessa dualidade, mesmo que, para propósitos de exposição, muitas vezes uma perspectiva deva prevalecer sobre a outra. A unidade do capital que circula continuamente como processo e fluxo, de um lado, e as diferentes formas materiais que ele assume (principalmente dinheiro, atividades produtivas e mercadorias), de outro, formam uma unidade contraditória. O enfoque de nossa investigação, portanto, tem de ser a natureza dessa contradição e o modo pelo qual ela pode ser um lugar de criatividade e mudança, bem como de instabilidades e crises.

Consideremos um modelo de fluxo simples do modo de proceder de um capitalista honesto e bem-comportado, respeitador das leis que um Estado capitalista perfeitamente regulado impõe ao comportamento no mercado. O capitalista começa o dia com uma quantia de dinheiro (não importa se próprio ou emprestado). Ele usa esse dinheiro para comprar meios de produção (uso de terra e todos os recursos nela existentes, bem como insumos parcialmente finalizados, energia, maquinário etc.). Também contrata trabalhadores no mercado de trabalho por um período determinado (digamos, oito horas por dia, cinco dias por semana, em troca de um salário semanal). A aquisição desses meios de produção e da força de trabalho precede o momento da produção. A força de trabalho, no entanto, geralmente é remunerada depois de realizada a produção, ao passo que os meios de produção costumam receber antes de iniciada a produção (a não ser quando são pagos a crédito). Claramente, a produtividade dos trabalhadores depende da tecnologia (máquinas, por exemplo), da forma de organização (divisão do trabalho no processo de trabalho e formas de cooperação, por exemplo) e da intensidade/eficácia do processo de trabalho conforme projetado pelo capitalista. O resultado desse processo de produção é uma nova mercadoria (coisas sobretudo, mas às vezes processos, como meios de transporte e serviços), que é colocada no mercado e vendida para os consumidores a um preço que deve render ao capitalista uma quantia de dinheiro equivalente à que ele dispunha inicialmente mais um adicional que constitui o lucro.

O lucro, afinal de contas, é o motivo por que o capitalista enfrenta todas as dificuldades desse processo. No dia seguinte, ele repete todo o processo para continuar ganhando a vida. Mas, no terceiro dia, usa uma parte do lucro obtido no dia anterior para aumentar a produção. Essa expansão se dá por uma série de razões, entre elas cobiça e ganância por um maior poder financeiro, mas também por medo de que novos concorrentes capitalistas o expulsem do mercado, caso uma parte dos lucros dos dias anteriores não seja reinvestida em expansão.

Há versões ilegais desse processo. O dinheiro inicial pode ser obtido por roubo e violência. O acesso a terras e recursos pode ser obtido por coerção, e os insumos podem ser roubados, ao invés de comprados honestamente no mercado aberto. As condições contratuais impostas aos trabalhadores podem violar legalmente as normas estabelecidas, e violações de todos os tipos, como falta de pagamento de salário, cumprimento forçado de horas extras e descontos por suposta má conduta, podem ser comuns. As condições de trabalho podem se tornar insuportáveis ou até nocivas (exposição a substâncias tóxicas, aumento forçado da intensidade de trabalho além da capacidade humana). Pode haver trapaça no mercado, como falsificação, monopólio de preços e venda de mercadorias com defeito ou até perigosas. O reconhecimento de que tudo isso pode acontecer leva a intervenções e políticas de Estado, como leis reguladoras de segurança e saúde no trabalho, medidas de proteção ao consumidor e outras (tais medidas de proteção perderam força sob os regimes neoliberais, personificados por Ronald Reagan e Margaret Thatcher e predominantes há pelo menos trinta anos).

Para onde se olhe no mundo capitalista, há provas tangíveis de ilegalidade generalizada. Aparentemente, a definição do que é normal na circulação legal do capital é fortemente influenciada, e talvez até definida, pelo campo da ilegalidade. Essa dualidade legal-ilegal, portanto, tem um papel importante no funcionamento do capital. Claramente, é necessário que haja o envolvimento do poder estatal para conter os comportamentos individuais. Um capitalismo sem Estado é impensável (ver Contradição 3). Mas a forma como o Estado intervém depende de controles de classe e influência sobre o aparelho estatal. As ilegalidades praticadas por Wall Street só aconteceram porque houve uma mistura de negligência e cumplicidade por parte do aparelho estatal.

Mas o ponto fundamental aqui é a definição do capital como processo, como fluxo contínuo de valor que atravessa vários momentos e várias transições de uma forma material para outra. Em dado momento, o capital assume a forma de dinheiro; em outro, é um conjunto de meios de produção (inclusive terra e recursos) ou uma massa de trabalhadores atravessando os portões de uma fábrica. Dentro da fábrica, o capital está na mão de obra concreta e na confecção de uma mercadoria na qual se cristaliza o valor latente e ainda não realizado (trabalho social) e o mais-valor. Quando a mercadoria é vendida, o capital retorna a sua forma-dinheiro. Nesse fluxo contínuo, o processo e as coisas mantêm uma relação de dependência.

A dualidade processo-coisa não é exclusiva do capital. Eu diria que se trata de uma condição universal de existência na natureza e, como os seres humanos fazem parte da natureza, trata-se também de uma condição universal da atividade social e da vida social em todos os modos de produção. Vivo minha vida como um processo, embora tenha qualidades de coisa pelas quais o Estado define o que sou (nome e número!). Mas o capital enfrenta e mobiliza essa dualidade de uma maneira particular, e é nisso que devemos atentar. O capital existe como fluxo contínuo de valor que passa pelos diferentes estados físicos que identificamos (além de outros que devem ser considerados). A continuidade do fluxo é condição primária da existência do capital. Este deve circular continuamente, do contrário morre. A velocidade de sua circulação também é importante. Se consigo fazer meu capital circular mais rápido do que você faz circular o seu, tenho uma vantagem competitiva. Assim, existe uma pressão competitiva considerável para acelerar a rotatividade do capital. A tendência à aceleração é facilmente identificável na história do capital. A lista de inovações tecnológicas e organizacionais criadas para aumentar a velocidade de circulação e reduzir as barreiras impostas pela distância física é longa.

Mas isso pressupõe que as transições de um momento para o outro não são problemáticas, o que não é verdade. Tenho dinheiro e quero fabricar aço, então preciso ter imediatamente à mão todo o material (força de trabalho e meios de produção) para criar aço. Mas o minério de ferro e o carvão estão debaixo da terra e é demorado extraí-los. Não há trabalhadores suficientes nas redondezas que queiram me vender sua força de trabalho. Preciso construir um alto-forno, o que também leva tempo. Enquanto isso, o dinheiro-capital que reservei para a produção de aço continua inativo e não produz nenhum valor. A transição do dinheiro para as mercadorias necessárias à produção é obstruída por todos esses tipos de barreiras, e o tempo perdido é capital que se desvaloriza ou se perde. Somente quando todas essas barreiras são transpostas é que o capital pode finalmente fluir para a produção efetiva.

Na produção também surgem todos os tipos de problemas e barreiras. A produção do aço é demorada, e a intensidade do processo de trabalho afeta o tempo necessário à produção. Embora se possa recorrer a diferentes inovações organizacionais e tecnológicas para diminuir o tempo de trabalho, existem barreiras físicas à redução desse tempo a zero. Além do mais, os trabalhadores não são robôs. Eles podem largar as ferramentas ou diminuir o ritmo de trabalho. Para a continuidade do processo, é preciso que haja controle e colaboração com a força de trabalho.

O aço precisa ser vendido depois de produzido, e mais uma vez a mercadoria pode ficar parada algum tempo no mercado até aparecer um comprador. Se todos os possíveis compradores tiverem aço suficiente alguns anos, o produto pode ficar parado e o capital-mercadoria se torna capital morto por falta de circulação. O produtor tem interesse pessoal em assegurar e acelerar o ciclo do consumo. Uma das maneiras de fazer isso é produzir um aço que enferruje rápido e precise ser logo substituído. Diminuir o ciclo do consumo é mais fácil no caso de telefones celulares e dispositivos eletrônicos. A obsolescência programada, a inovação, o modismo e coisas assim estão profundamente enraizados na cultura capitalista.

Todo tipo de estratégia e atalho surge à medida que o capital busca transcender ou ultrapassar as barreiras de circulação, aplainar e acelerar o tempo de rotação. Os produtores, por exemplo, podem não querer esperar que a mercadoria seja vendida: é mais fácil passá-la com desconto aos comerciantes (o que dá oportunidade a estes últimos de obter sua parte do mais-valor). Os comerciantes (atacadistas e varejistas) assumem tanto os custos quanto os riscos de venda do produto ao consumidor final. Ao buscar eficiência e economia de escala (enquanto exploram a mão de obra que empregam), podem conectar os produtores aos consumidores finais a um custo menor do que se os produtores diretos assumissem eles mesmos a comercialização. Isso facilita o fluxo e oferece um mercado mais seguro aos produtores. Em compensação, os comerciantes podem acabar exercendo uma pressão considerável sobre os produtores diretos para forçá-los a aceitar taxas mais baixas de retorno (como faz o Walmart). Alternativamente, os produtores podem buscar crédito sobre os produtos não vendidos. Mas aqui entra em jogo o poder autônomo de banqueiros, financistas e lojas de desconto como fator ativo na circulação e acumulação do capital. As estratégias sociais para manter a continuidade do fluxo do capital são uma faca de dois gumes: embora alcancem seu propósito imediato de facilitar o processo de circulação, podem criar blocos de poder entre comerciantes (por exemplo, Walmart) e financistas (por exemplo, Goldman Sachs) mais preocupados em perseguir seus próprios interesses do que servir aos interesses do capital em geral.

Há problemas mais puramente físicos que exacerbam a tensão entre a fixidez e o movimento na circulação do capital, sobretudo na categoria dos investimentos de longo prazo no capital fixo. Para que o capital circule livremente no tempo e no espaço, as infraestruturas físicas e os ambientes construídos devem ser fixos no espaço (ancorados na terra sob a forma de ruas, estradas, torres de comunicação e cabos de fibra óptica, aeroportos e portos, fábricas, escritórios, casas, escolas, hospitais etc.). Outras formas mais móveis de capital fixo (navios, caminhões, aviões e locomotivas, além de maquinário e equipamento de escritório, e até facas e garfos, pratos e utensílios de cozinha que usamos no dia a dia) têm uma vida longa. A massa formada por tudo isso – quando observamos uma paisagem urbana como São Paulo, Xangai ou Manhattan – é simplesmente gigantesca, em boa parte imóvel, e a parte móvel não pode ser substituída durante sua vida útil sem perda de valor. Um dos paradoxos da acumulação de capital é que, com o tempo, a simples massa desse capital de vida longa – e muitas vezes fisicamente imóvel, tanto para a produção quanto para o consumo – aumenta em relação ao capital que está em fluxo constante. O capital corre o eterno risco de se tornar mais esclerosado com o passar do tempo por causa da quantidade cada vez maior de capital fixo necessário.

O capital fixo e o capital circulante se contradizem mutuamente, mas um não pode existir sem o outro. O fluxo daquela parte do capital que facilita a circulação tem de ser desacelerado se o movimento do capital circulante tiver de ser acelerado. Mas o valor do capital fixo imóvel (como um terminal de carga portuário) só pode ser realizado por seu uso. Um terminal de carga portuário que não recebe navios é inútil, e o capital investido nele está perdido. Por outro lado, as mercadorias não poderiam chegar ao mercado sem navios e terminais de carga. O capital fixo constitui um mundo de coisas que dão apoio ao processo de circulação do capital, enquanto o processo de circulação fornece os meios pelos quais o valor investido no capital fixo é recuperado.

Dessa contradição básica entre fixidez e movimento surge outra camada de dificuldades. Quando as manobras sociais destinadas a facilitar o fluxo de capital (por exemplo, as atividades dos capitalistas comerciais, ou dos financistas, que são ainda mais poderosas) combinam-se com os problemas físicos da fixidez na terra, abre-se espaço para os bens de raiz capturarem uma parte do excedente. Essa fração definida do capital extrai rendas e configura investimentos na terra, mesmo que sua impiedosa especulação esteja relacionada à terra, aos recursos naturais ou ao valor da propriedade.

Na década de 1930, Keynes vislumbrou com felicidade o que chamou de "eutanásia do *rentier* [rentista]"[1]. Essa ambição política, que Keynes aplicou a todos os donos do capital, obviamente não se realizou. A terra, por exemplo, tornou-se ainda mais importante como forma de capital fictício cujos títulos de propriedade (ou partes de renda futura) podem ser negociados internacionalmente. O conceito de "terra" inclui hoje todas as infraestruturas e modificações humanas acumuladas desde épocas passadas (por exemplo, os túneis de metrô construídos há mais de um século em Londres e Nova York), bem como investimentos recentes ainda não amortizados. O potencial domínio do rentista e dos interesses dos proprietários de terra sobre a atividade econômica tornou-se uma ameaça ainda maior, sobretudo porque é amparado pelo poder das instituições financeiras, que desfrutam do rendimento obtido com preços e aluguéis cada vez mais altos da terra e dos imóveis. Os *booms* e as quedas no preço da moradia, sobre os quais já comentamos, são exemplos típicos. O que é interessante é que essas práticas não desapareceram. Elas se transformaram nos espantosos "assenhoramentos de terras" que ocorrem em todo o mundo (desde as regiões ricas em recursos do nordeste da Índia até a África e boa parte da América Latina), enquanto instituições e indivíduos tentam garantir seu futuro financeiro pela propriedade de terra e de todos os recursos inseridos nela (tanto os "naturais" como os criados pelo homem). Isso sugere a chegada de um regime de escassez de terra e de recursos (uma condição amplamente autorrealizável, baseada no monopólio e no poder especulativo como os que as empresas petrolíferas exercem há muito tempo).

A classe dos rentistas sustenta seu poder no controle da fixidez, ao mesmo tempo que usa os poderes financeiros do movimento para mascatear seus produtos internacionalmente. Como isso aconteceu no mercado habitacional nos últimos tempos é um caso paradigmático. Os direitos de propriedade referentes às casas em

---

[1] John Maynard Keynes, *A teoria geral do emprego, do juro e da moeda* (trad. Mário R. da Cruz, São Paulo, Nova Cultural, 1996), p. 344.

Nevada foram comercializados no mundo todo para investidores que foram pegos de surpresa e perderam milhões, enquanto Wall Street e outros predadores financeiros gozavam de seus bônus e ganhos adquiridos ilicitamente.

A pergunta, portanto, é: quando e por que a tensão entre fixidez e movimento, e entre processo e coisa, transforma-se em uma contradição absoluta, particularmente sob a forma de um poder excessivo da classe rentista, produzindo crises? Claramente, essa contradição é foco de crises e estresses locais. Se as mercadorias não fluem, as coisas que facilitam o fluxo tornam-se inúteis e têm de ser abandonadas, e a renda extraída de aluguéis começa a cair. A longa e dolorosa história da desindustrialização deixou cidades inteiras sem atividade (como Detroit), que por isso viraram um poço de valor perdido; por outro lado, cidades como Shenzhen ou Daca tornaram-se centros de atividade que, para prosperar, exigem investimentos maciços em capital fixo, além de extração de aluguel e *booms* no mercado habitacional. A história do capital está cheia de casos de *booms* e *crashes* em que há forte implicação da contradição entre capital fixo e capital circulante, entre fixidez e movimento. Esse é o mundo em que o capital como força de destruição criativa é mais visível na paisagem física que habitamos. Nem sempre é fácil discernir o equilíbrio entre a criatividade e a destruição, mas os custos que populações inteiras são obrigadas a pagar em consequência de desindustrializações, oscilações de valor de imóveis e renda de terra, desinvestimentos e construção especulativa emanam todos da perpétua tensão subjacente entre fixidez e movimento – tensão que, periodicamente e em localizações geográficas específicas, eleva-se a contradição absoluta e, por isso, gera uma séria crise.

Sendo assim, que tipo de ambição política alternativa podemos derivar dessa análise? Uma meta óbvia e imediata é a abolição da capacidade do bem de raiz de extrair renda da fixidez comandada por ele. É preciso controlar a capacidade dos rentistas de negociar livremente, em todo o planeta, títulos legais sobre terras e outros bens imobiliários como aconteceu recentemente, quando hipotecas embutidas em obrigações de dívida colateralizadas foram negociadas em todo o mundo. A terra, os recursos e o ambiente construído, já amortizado, deveriam ser categorizados e administrados como propriedade comum das populações que os usam e dependem deles. As pessoas, como um todo, não ganham nada com a elevação do preço da terra e dos imóveis que caracteriza os tempos recentes. O vínculo entre especulação financeira e investimento em infraestrutura física e outras formas de capital físico também deve ser extinto, para que considerações financeiras não ditem mais a produção e o uso de infraestruturas físicas. Por fim, os aspectos relacionados ao valor de uso da provisão de infraestrutura devem vir em primeiro lugar. Isso não deixa outra opção à ordem social a não ser explorar o campo da prática do planejamento racional por parte das coletividades políticas a fim de garantir que possam ser produzidos e mantidos os valores de uso físicos necessários. Dessa maneira, é possível orquestrar as relações sempre complexas entre processos e coisas e entre fixidez e movimento para o bem comum, em vez de mobilizá-las para a acumulação infinita de capital.

Contradição 7
A unidade contraditória entre produção e realização

À medida que flui, o capital passa por dois controles importantes, nos quais é registrado seu desempenho no que diz respeito ao aumento quantitativo que está na raiz do lucro. No processo de trabalho ou em seu equivalente, o valor é agregado pelo trabalho. Mas esse valor agregado permanece latente, efetivando-se apenas quando é realizado mediante venda no mercado. A circulação contínua do capital depende da passagem bem-sucedida (o sucesso é medido como taxa de lucro) por dois momentos: primeiro, a produção no processo de trabalho; segundo, a realização no mercado. No entanto, a unidade que necessariamente prevalece entre esses dois momentos, dentro do processo de circulação do capital, é contraditória. Qual é, então, a principal forma dessa contradição?

No primeiro volume de sua análise épica do capital, Marx desconsidera todos os problemas da realização no mercado para estudar como se produz o mais-valor que sustenta o lucro. Mantidas todas as condições (o que, obviamente, nunca acontece), espera-se que o capital tenha um forte incentivo para pagar o mínimo possível aos trabalhadores, fazê-los trabalhar o máximo de horas, com a maior intensidade possível, fazê-los arcar com a maior parte possível dos custos de sua própria reprodução (mediante atividades e tarefas domésticas) e mantê-los tão dóceis e disciplinados quanto possível (por coerção, se necessário) no processo de trabalho. Para isso, é extremamente conveniente (se não essencial) que o capital tenha à disposição uma vasta reserva de mão de obra treinada e ociosa – o que Marx chamou de "exército industrial de reserva" –, para manter sob controle as aspirações dos que se encontram empregados. Quando esse mais-trabalho não existe, o capital precisa criá-lo (daí o significado das duas forças análogas do desemprego induzido tecnologicamente e do acesso a novos excedentes de trabalho, como ocorreu na China nos últimos trinta anos). Também é importante que o capital evite, se possível, toda e qualquer forma de organização coletiva dos trabalhadores e mantenha sob controle, por qualquer meio possível, todo desejo de influenciar politicamente o aparelho estatal.

O resultado dessas práticas do capital, como teorizou Marx no Livro I de *O capital*, seria, de um lado, a produção de uma riqueza cada vez maior para o capital e, de outro, o empobrecimento, a degradação e a perda crescentes de dignidade e poder das classes trabalhadoras, que são, na verdade, as que produzem a riqueza.

No Livro II de *O capital* – volume pouco lido, mesmo por exímios estudiosos de esquerda –, Marx estuda as condições de realização, supondo que não há problemas na produção. Apresenta uma série de conclusões teóricas incômodas, embora preliminares (o volume não foi acabado). Se o capital faz tudo que deveria fazer, de acordo com a análise do Livro I, para garantir a produção e a apropriação de mais-valor, então a demanda agregada da força de trabalho no mercado tende a se restringir, talvez até a sistematicamente diminuir. Além disso, se os custos da reprodução social dos trabalhadores forem jogados de volta para a família, os trabalhadores não comprarão bens e serviços no mercado. A ironia é que quanto mais os trabalhadores assumem o custo de se reproduzir, menos incentivo têm para trabalhar para o capital. Além do mais, um amplo exército de reserva de desempregados não é uma fonte crescente de demanda agregada (exceto quando é respaldada por generosos subsídios do Estado), do mesmo modo que salários decrescentes (entre eles a diminuição da contribuição do Estado ao salário social) não constituem a base para um mercado em expansão.

Temos aqui uma séria contradição:

> Os trabalhadores, como compradores de mercadorias, são importantes para o mercado. Mas como vendedores de sua mercadoria – a força de trabalho –, a sociedade capitalista tem a tendência de reduzi-los ao mínimo do preço. Contradição adicional: as épocas em que a produção capitalista desenvolve todas as suas potencialidades mostram-se regularmente como épocas de superprodução, porquanto as potências produtivas jamais podem ser empregadas a ponto de, com isso, um valor maior poder não só ser produzido como realizado; mas a venda das mercadorias, a realização do capital-mercadoria e, assim, também a do mais-valor, está limitada não pelas necessidades de consumo da sociedade em geral, mas pelas necessidades de consumo de uma sociedade cuja grande maioria é sempre pobre e tem de permanecer pobre.[1]

---

[1] Karl Marx, *O capital: crítica da economia política*, Livro II: *O processo de circulação do capital* (trad. Rubens Enderle, São Paulo, Boitempo, 2014), p. 412. A passagem paralela no Livro I, cit., pode ser encontrada na página 721 da edição da Boitempo.

A falta de uma demanda efetiva agregada no mercado (em oposição à demanda social da população pobre por valores de uso necessários) cria uma séria barreira à continuidade do acúmulo de capital. E leva a uma queda dos lucros. O poder de consumo da classe trabalhadora é um componente significativo dessa demanda efetiva.

O capitalismo como formação social está eternamente preso nessa contradição. Ele pode maximizar as condições de *produção* do mais-valor, e assim ameaçar a capacidade de *realizar* o mais-valor no mercado, ou então manter a demanda efetiva forte no mercado, dando autonomia aos trabalhadores, e assim ameaçar a capacidade de criar mais-valor na produção. Em outras palavras, se a economia vai bem de acordo com as prescrições do Livro I de *O capital*, provavelmente irá mal do ponto de vista do Livro II, e vice-versa. Entre 1945 e meados da década de 1970, o capital, nos países capitalistas avançados, tendeu a uma postura de gestão de demanda consistente com as prescrições do Livro II (enfatizando as condições para a realização de valor), mas enfrentou cada vez mais problemas na produção de mais-valor (ligados em particular a um movimento de trabalhadores bem organizado e politicamente forte). Na segunda metade da década de 1970, depois de uma batalha feroz com o trabalho, adotou uma postura pelo lado da oferta, mais consistente com o Livro I. Isso enfatizou o cultivo das condições para a produção de mais-valor (mediante a redução dos salários reais, a sujeição das organizações trabalhistas e, de modo geral, o desempoderamento dos trabalhadores). De meados da década de 1970 em diante, a contrarrevolução neoliberal – como é conhecida hoje – resolveu os problemas prementes da produção de mais-valor, mas criou problemas de realização nos mercados.

Essa história geral, obviamente, é uma simplificação grosseira, mas dá um exemplo claro de como a unidade contraditória entre produção e realização se manifesta historicamente. Esse exemplo também deixa claro que os processos de formação e resolução de crises estão ligados entre si pelo modo como as crises passam da produção à realização e depois voltam à produção. Curiosamente, na teoria e na política econômicas houve mudanças semelhantes. Por exemplo, a gestão keynesiana da demanda (amplamente consistente com a análise do Livro II de *O capital*) dominou o pensamento econômico na década de 1960, ao passo que as teorias monetaristas pelo lado da oferta (em geral consistentes com a análise do primeiro volume) foram predominantes mais ou menos a partir da década de 1980. Acho importante situar a história dessas ideias e políticas públicas nos termos de uma unidade subjacente contraditória entre produção e realização como é apresentada pelos dois primeiros volumes de *O capital*.

No entanto, a contradição entre produção e realização pode ser amenizada de diversas maneiras. Para começar, em face da queda dos salários, pode-se aumentar a demanda mediante a expansão da quantidade total da força de trabalho (como aconteceu quando a China começou a mobilizar seu mais-trabalho latente a partir de 1980), o consumo ostensivo da burguesia ou a existência e a expansão de camadas da população que não estão envolvidas na produção, mas possuem um poder de compra considerável (altos funcionários do Estado, militares, advogados, médicos, educadores etc.). Há uma maneira ainda mais significativa de combater essa contradição: o recurso ao crédito. Não há nada a princípio que impeça o fornecimento de crédito para sustentar, em igual medida, a produção e a realização de valores e mais-valores. O exemplo mais claro disso é quando os financistas concedem empréstimos a construtores para que ergam conjuntos residenciais com fins especulativos e, ao mesmo tempo, dão financiamentos hipotecários aos consumidores para que comprem essas residências. O problema, é claro, é que essa prática pode facilmente produzir bolhas especulativas do tipo que levou à crise de 2007-2009, sobretudo no mercado habitacional dos Estados Unidos, mas também da Espanha e da Irlanda. A longa história de *booms*, bolhas e *crashes* no ramo da construção atesta a importância de fenômenos desse tipo na história do capital.

Mas as intervenções do sistema de crédito também foram construtivas em alguns aspectos e tiveram um papel positivo na sustentação da acumulação de capital em épocas difíceis. Como consequência, a contradição entre produção e realização retornou à contradição entre dinheiro e formas de valor. A contradição entre produção e realização é internalizada no sistema de crédito, que, por um lado, empreende uma atividade especulativa insana (do tipo que provocou a bolha no mercado habitacional) e, por outro, resolve muitas das dificuldades para se manter um fluxo de capital uniforme e contínuo através da unidade contraditória entre produção e realização. As restrições no sistema de crédito exacerbam a contradição latente entre produção e realização, enquanto o desencadeamento e a desregulamentação do sistema de crédito fomentam a atividade especulativa irrestrita, em particular com relação aos valores patrimoniais. Enquanto houver contradição entre valor de uso e valor de troca e entre o dinheiro e o trabalho social que o dinheiro representa, o problema subjacente nunca será resolvido. As crises financeiras e comerciais surgem frequentemente fora das interconexões entre essas diferentes contradições.

Há uma série de contradições secundárias ligadas à relação entre produção e realização. Embora seja inquestionável que o valor agregado surge no ato de produção, e que a quantidade de valor agregado depende da exploração do trabalho humano no processo de trabalho, a continuidade do fluxo possibilita que o valor e o mais-valor sejam realizados em pontos diferentes do processo de circulação. O produtor capitalista que organiza a produção de valor e mais-valor não necessariamente realiza esse valor. Se introduzirmos as figuras do capitalista mercantil, dos banqueiros e financistas, dos proprietários de terras e imóveis e dos coletores de impostos, veremos que há vários pontos diferentes em que o valor e o mais-

-valor podem ser realizados. Essa realização pode assumir duas formas básicas. Os capitalistas mercantis e os financistas, por exemplo, ao pressionar fortemente os produtores capitalistas, podem reduzir ao mínimo o retorno dos produtores diretos e acumular a maior parte do lucro. É assim que o Walmart e a Apple operam na China, por exemplo. Nesse caso, a realização não ocorre apenas em um setor diferente; ela ocorre também em outro país do outro lado do oceano (criando uma importante transferência geográfica de riquezas).

Outra via para sanar a contradição entre produção e realização é subtrair dos trabalhadores qualquer participação no excedente que adquiriram para si, cobrando preços exorbitantes ou impondo aluguéis, taxas e encargos às classes trabalhadoras para diminuir significativamente sua renda e seu padrão de vida discricionários. Isso também pode ocorrer pela manipulação da renda social, de modo que os ganhos obtidos com aposentadoria, assistência médica, educação e serviços básicos podem ser reduzidos como parte de um programa político de acumulação por espoliação. É isso que pretende o atual apelo generalizado a uma política de austeridade do Estado. O capital pode perder ou ceder às demandas dos trabalhadores no ponto da produção, mas recuperar o que perdeu ou cedeu (e muito mais) pelas extrações excessivas no espaço de vida. Os aluguéis caros e o alto custo da moradia, os juros excessivos cobrados por operadoras de cartão de crédito, bancos e companhia telefônicas, a privatização dos sistemas de saúde e educação, a cobrança de taxas e multas aos usuários, tudo isso onera as populações vulneráveis, mesmo quando tais custos não são inflados por uma série de práticas predatórias, impostos arbitrários e regressivos, taxas legais abusivas etc.

Além disso, essas atividades não são passivas, mas ativas. A expulsão (ou a tentativa de expulsão) de populações pobres e vulneráveis de terras e locais valorizados por gentrificação, deslocamentos e, muitas vezes, remoções violentas é uma prática antiga na história do capitalismo, vivenciada por moradores das favelas do Rio de Janeiro, antigos moradores dos barracos de Seul, desalojados por procedimentos de domínio eminente nos Estados Unidos e moradores de favelas na África do Sul. A produção significa aqui produção de espaço, e a realização assume a forma de ganhos de capital com renda da terra e valores imobiliários, geralmente dando poder a construtores e rentistas, em oposição a outras facções do capital.

A unidade contraditória entre produção e realização, portanto, aplica-se tanto ao destino dos trabalhadores quanto ao capital. A conclusão lógica – que de modo geral a esquerda tende a deixar de lado ou ignorar – é que existe necessariamente uma unidade contraditória no conflito e na luta de classes entre a esfera da vida e a do trabalho.

A ambição política que deveria derivar dessa contradição seria a de inverter a relação entre produção e realização. A realização deveria ser substituída pela descoberta e pela afirmação dos valores de uso dos quais a população em geral precisa, e a produção, portanto, deveria ser orquestrada para satisfazer essas necessidades sociais. Essa inversão talvez seja difícil de fazer da noite para o dia, mas a desmercantilização gradual da satisfação de necessidades básicas é um projeto de longo prazo factível, que se adequa claramente à ideia de que o motor básico da atividade econômica deveriam ser os valores de uso, e não a busca perpétua de aumento dos valores de troca. Se essa exigência parece impossível, vale lembrar que, a partir da década de 1960, os Estados social-democratas europeus (em particular da Escandinávia) reorientaram suas economias para a gestão pela demanda como meio de estabilizar o capitalismo. Desse modo, realizaram em parte – ainda que sem muita empolgação – a inversão da relação entre produção e realização imprescindível à passagem para uma economia anticapitalista.

Parte II
As contradições mutáveis

As contradições fundamentais do capital não existem isoladas umas das outras. Elas se interligam de diversas maneiras para fornecer uma arquitetura básica para a acumulação de capital. A contradição entre valor de uso e valor de troca (1) depende da existência do dinheiro, que se encontra em relação contraditória com o valor enquanto trabalho social (2). O valor de troca e sua medida (o dinheiro) presume certa relação jurídica entre aqueles que estão envolvidos na troca: daí o fato de os indivíduos terem direitos de propriedade privada adquiridos e um quadro de leis ou costumes para proteger esses direitos. Isso fundamenta uma contradição entre a propriedade privada individualizada e a coletividade do Estado capitalista (3). O Estado tem o monopólio sobre o uso legítimo da violência, bem como sobre a emissão da moeda fiduciária, meio básico de troca. Há uma ligação profunda entre a perpetuidade da forma dinheiro e a perpetuidade dos direitos de propriedade privada (as duas coisas implicam-se mutuamente). Pessoas físicas podem se apropriar, legal e livremente, dos frutos do trabalho social (bens comuns) pela troca (4). Isso constitui a base monetária para a formação do poder da classe capitalista. Mas o capital só pode se reproduzir sistematicamente pela mercantilização da força de trabalho, a qual resolve o problema de como criar a desigualdade de lucros em um sistema de troca mercantil baseado na igualdade. Essa solução implica converter o trabalho social – trabalho que fazemos para os outros – em trabalho social alienado – trabalho dedicado exclusivamente para a produção e reprodução do capital. O resultado é uma contradição fundamental entre capital e trabalho (5). Postas em movimento, essas contradições definem um processo contínuo de circulação do capital que assume diferentes formas materiais, o que, por sua vez, implica uma tensão cada vez maior entre fixidez e movimento na paisagem do capital (6). Na circulação do capital há necessariamente uma unidade contraditória entre produção e realização do capital (7).

Essas contradições definem um terreno político no qual podemos delimitar uma alternativa para o mundo criado pelo capital. A orientação política deve se voltar para os valores de uso, e não para os valores de troca, para uma forma-dinheiro que iniba tanto o acúmulo privado de riquezas e poder como a dissolução do elo entre Estado e propriedade privada em regimes múltiplos e sobrepostos, com direitos de propriedade comum geridos coletivamente. A capacidade das pessoas privadas de se apropriar da riqueza comum tem de ser controlada, e a base monetária para o poder de classe tem de ser destruída. A contradição entre capital e trabalho precisa ser deslocada pelo fortalecimento do poder dos trabalhadores associados de se envolver no trabalho inalienado e determinar seu próprio processo de trabalho enquanto produzem valores de uso necessários para terceiros. A relação entre fixidez e movimento (que não pode ser abolida, uma vez que é condição universal da existência humana) deve ser gerida de modo a neutralizar os poderes do rentista e facilitar a satisfação contínua e segura das necessidades básicas de todos. Por fim, em vez de uma produção pela produção que leva a um mundo de consumo maníaco e alienado, a produção deveria se organizar racionalmente a fim de fornecer os valores de uso necessários para todos terem um nível de vida adequado. A realização deveria ser convertida numa demanda baseada em carências e necessidades, à qual corresponde a produção.

Essas são orientações gerais ao pensamento político de longo prazo sobre como se deveria constituir uma alternativa ao capital. É preciso avaliar estratégias e propostas específicas contra o pano de fundo dessas orientações.

As contradições fundamentais são características constantes do capital em qualquer época ou lugar. O único aspecto constante dessas contradições que consideraremos a seguir é o fato de serem instáveis e mudarem o tempo todo. Isso contribui para um entendimento da economia política que se afasta radicalmente do modelo das ciências naturais, donde podemos assumir que os princípios elucidados são verdadeiros para qualquer época e lugar. Como afirma Brian Arthur em The Nature of Technology *[A natureza da tecnologia], um livro penetrante e instrutivo, os meios pelos quais se expressam as "leis básicas" (ou, em meu modo de dizer, as "contradições fundamentais") "mudam com o tempo, e os padrões formados por elas mudam e assumem novas formas com o passar do tempo. Desse modo, cada novo padrão, cada novo conjunto de arranjos, proporciona uma nova estrutura para a economia, fazendo desaparecer a estrutura antiga, mas os componentes básicos que a formam – as leis básicas – permanecem sempre os mesmos"*[1].

No caso das contradições mutáveis, é preciso descrever a natureza básica da contradição antes de fornecer uma avaliação geral de sua nova forma. Entendendo parte de sua trajetória evolutiva, é possível dizer alguma coisa sobre perspectivas e possibilidades

---

[1] W. Brian Arthur, *The Nature of Technology: What It Is and How It Evolves* (Nova York, Free Press, 2009, p. 202).

futuras. Essa evolução não é predeterminada, tampouco aleatória ou acidental. Mas como o ritmo da mudança evolutiva tende a ser relativamente lento – coisa de décadas, e não de anos (embora haja indícios de que ele esteja se acelerando) –, é possível dizer algo tanto sobre as perspectivas futuras quanto sobre os dilemas atuais.

Capturar o sentido do movimento é politicamente vital, pois a instabilidade e o movimento oferecem oportunidades políticas, ao mesmo tempo que apresentam problemas críticos. Ideias e estratégias políticas que fazem sentido em determinado lugar e momento não necessariamente se aplicam a outro lugar e momento. Muitos movimentos políticos fracassaram porque recorreram a ideias e ambições ultrapassadas. Não podemos formular nossas estratégias políticas atuais e estabelecer nossas ambições políticas contemporâneas para que se encaixem em ideias defuntas de um teórico político que faleceu tempos atrás. Isso não significa que não temos nada a aprender com um estudo do passado, ou que não há vantagem nenhuma na busca por inspiração em tradições e memórias antigas. Ao contrário, isso implica a obrigação de escrever a poesia do nosso próprio futuro contra o pano de fundo das contradições em rápida evolução do capital de hoje.

Contradição 8
Tecnologia, trabalho e descartabilidade humana

A principal contradição que a concepção marxista tradicional de socialismo/comunismo deveria resolver é aquela entre o aumento inacreditável nas forças produtivas (amplamente entendidas como capacidades e potencialidades tecnológicas) e a incapacidade do capital de utilizar essa produtividade para o bem-estar comum, em razão de seu comprometimento com as relações de classe vigentes e seus mecanismos associados de reprodução, dominação e controle de classes. Abandonado a si mesmo – prossegue o argumento –, o capital está fadado a produzir uma estrutura de classe oligárquica e plutocrática cada vez mais vulnerável, sob a qual a massa da população mundial deve se virar para ganhar a vida ou morrer de fome. Frustrado com essa desigualdade crescente em meio à abundância, surgirá das massas um movimento revolucionário anticapitalista, conscientemente organizado (conduzido, nos termos leninistas, por um partido de vanguarda), capaz de derrubar o domínio de classe e reorganizar a economia global, proporcionando a toda a população do planeta os benefícios prometidos pela maravilhosa produtividade do capital.

Embora haja bem mais do que um pingo de verdade nessa análise (parecemos bastante adiantados hoje na produção de uma plutocracia global, por exemplo), acompanhado de mais do que uma lufada de fervor revolucionário com esperanças no mecanismo de transição, sempre tive a sensação de que essa fórmula é simplista demais, ou até fundamentalmente falha. Está claro que os aumentos drásticos de produtividade do capital são apenas um dos polos de um movimento contraditório que está sempre ameaçado de explodir em uma crise. O que não está claro, no entanto, é qual seria sua antítese correta. Vamos tratar aqui dessa questão.

A tecnologia pode ser definida como o uso de processos e coisas naturais na fabricação de produtos para propósitos humanos. Em sua base, a tecnologia define uma relação específica, dinâmica e contraditória, com a natureza. Retornaremos a essa importantíssima contradição em outro capítulo (Contradição 16). O que nos interessa aqui é reconhecer sua existência, fluidez e dinamismo. O propósito imediato e distintivo do *capital* (em oposição, digamos, às Forças Armadas, ao aparelho estatal e a várias outras instituições da sociedade civil) é o *lucro*, que se traduz socialmente na acumulação perpétua do capital e na reprodução do poder da classe capitalista. Esse é o objetivo do consumo do capital. Para alcançá-lo, os capitalistas adaptam e reformulam o *hardware* da tecnologia (máquinas e computadores), o *software* (programas usados pelas máquinas) e suas formas de organização (estruturas de comando e controle sobre o uso do trabalho, em particular). O propósito imediato do capital é aumentar a produtividade, a eficiência e as taxas de lucro, bem como criar novas linhas de produtos, se possível ainda mais lucrativas.

Ao considerar a trajetória das mudanças tecnológicas, é fundamental nos lembrarmos de que o *software* e as formas organizacionais são tão importantes quanto o *hardware*. As formas organizacionais, como as estruturas de controle da empresa moderna, o sistema de crédito, os sistemas de entrega *just-in-time*, além do *software* incorporado na robótica, na administração de dados, na inteligência artificial e nas transações bancárias eletrônicas, são tão cruciais para a lucratividade quanto o *hardware* representado pelas máquinas. Se tomarmos um exemplo atual, a computação em nuvem é a forma organizacional, o Word é o *software* e o Mac em que escrevo é o *hardware*. Esses três elementos – *hardware*, *software* e forma organizacional – estão combinados na tecnologia computacional. De acordo com essa definição, o dinheiro, as transações bancárias, o sistema de crédito e o mercado são tecnologias. Tal definição pode parecer excessivamente ampla, mas acredito que seja essencial mantê-la assim.

A tecnologia do capital foi submetida de início a transformações internas por causa da concorrência entre produtores individuais (essa, pelo menos, era a teoria). As empresas capitalistas, em competição umas com as outras, procuravam aumentar sua eficácia individual e produtividade para obter lucros maiores em relação às concorrentes. As que conseguiram prosperaram, enquanto as outras ficaram para trás. Mas vantagens competitivas (lucros maiores) de formas organizacionais melhores (como máquinas ou controles mais rígidos de estoque) não duravam. Empresas concorrentes podiam adotar novos métodos (a menos, é claro, que a tecnologia fosse patenteada ou protegida pelo poder do monopólio). O resultado foram inovações progressivas nas tecnologias de diferentes setores.

Digo isso em tom cético, porque a história do capital tem uma queda não pela concorrência, mas pelo monopólio, e isso não é muito favorável à inovação. Ao contrário, vemos que há entre os capitalistas uma forte preferência geral e coletiva – uma cultura, por assim dizer – por eficácia e produtividade crescentes de todos os empreendimentos, com ou sem a força motriz da concorrência. Se o objetivo fosse melhorar a produtividade geral, inovações em determinado ponto da cadeia produtiva (por exemplo, a produção de tecidos de algodão em teares mecânicos) exigiriam inovações em todos os pontos dela (por exemplo, descaroçadores de algodão). Mas a reorganização de todo um setor da atividade econômica sobre uma nova base tecnológica levava tempo – e ainda leva. Por último, mas não menos importante, os capitalistas individuais e as grandes empresas acabaram reconhecendo a importância da inovação dos produtos como uma forma de ganhar lucros de monopólio, ainda que por um tempo determinado, e uma renda monopólica, quando protegidos por uma lei de patentes.

O capital não foi e não é o único agente envolvido na busca de vantagens tecnológicas. Diferentes ramos do aparelho estatal sempre se envolveram profundamente nessa busca. O mais notável, obviamente, é o exército na busca de melhores armas e formas de organização. A guerra e as ameaças de guerra (corrida armamentista) estão fortemente ligadas às ondas de inovação tecnológica. No início da história do capitalismo, essa fonte de inovação teve provavelmente um papel importante. Mas várias outras áreas da administração estatal, relacionadas à arrecadação e ao pagamento de impostos, à definição de direitos sobre bens imóveis e formas legais de contrato, além do desenvolvimento de tecnologias de governança, gestão financeira, mapeamento, vigilância, policiamento e outros procedimentos de controle da população, também se envolveram de forma significativa no desenvolvimento de novas formas de tecnologia, talvez até mais do que empresas e corporações capitalistas. É enorme a colaboração em pesquisa e desenvolvimento entre Estado e setores privados, no que diz respeito a tecnologias militares, médicas, sanitárias e energéticas. E são inúmeros os benefícios das inovações da esfera pública para as práticas do capital, e vice-versa.

As mudanças tecnológicas do capitalismo, para as quais contribui e das quais se alimenta com voracidade, derivam, em suma, da atividade de vários agentes e instituições. Essas inovações criam um amplo domínio de possibilidades mutáveis para sustentar ou aumentar a lucratividade do capital.

O caráter dos processos de mudança tecnológica mudou ao longo do tempo. A tecnologia se tornou um campo especial de negócios. Isso sucedeu claramente no século XIX, com o advento da indústria de máquinas-ferramentas. Tecnologias genéricas, como as máquinas a vapor e seus derivados, desenvolveram-se de maneiras que poderiam se aplicar a múltiplas indústrias. O que importava era a lucratividade dos fabricantes de máquinas a vapor, e não tanto a das diferentes indústrias que empregavam a energia a vapor (por exemplo, transporte, fábricas de algodão e mineradoras), embora a lucratividade dos primeiros não fosse obtida sem a lucratividade das segundas. A busca de máquinas a vapor novas e melhores, bem como de aplicações para sua força e energia, rapidamente ganhou impulso.

A busca de tecnologias genéricas que pudessem ser aplicadas a quase tudo passou a ser importante – como aconteceu nos últimos anos com computadores, sistemas *just-in-time* e teorias da organização. Surgiu um vasto campo empresarial de invenção e inovação que atendia a todos, fornecendo novas tecnologias de consumo, produção, circulação, governança, poder militar, vigilância e administração. A inovação tecnológica se tornou um grande negócio, não necessariamente "grande" no sentido de uma corporação consolidada (embora haja exemplos abundantes desse tipo nos setores energético, farmacêutico e de agronegócio), mas "grande" no sentido de múltiplas empresas, muitas delas de risco e *startups* que exploram a inovação pela inovação. A cultura capitalista se tornou obcecada pelo poder da inovação. A inovação tecnológica se tornou um objeto de fetiche do desejo capitalista.

A partir de meados do século XIX, essa pulsão fetichista por novas formas de tecnologia a qualquer preço promoveu a fusão entre ciência e tecnologia. Depois disso, ambas evoluíram num abraço dialético. Se, por um lado, o desenvolvimento científico sempre dependeu de novas tecnologias, como o telescópio e o microscópio, por outro, a incorporação do conhecimento científico a novas tecnologias tornou-se o cerne da atividade empresarial da inovação tecnológica.

Esse grande setor empresarial se revelou cada vez mais competente para impor inovações tecnológicas, às vezes muito onerosas, a consumidores relutantes, auxiliado com frequência por regulações estatais que tendiam a favorecer grandes empresas, em detrimento de pequenos negócios, uma vez que os custos da conformidade regulatória costumam diminuir com a escala da operação. As regulações da União Europeia, por exemplo, obrigaram pequenos comerciantes e restaurantes a utilizar máquinas eletrônicas em suas transações para fazer o registro fiscal e contábil, deixando-os em desvantagem em relação às cadeias de lojas. A difusão de novas tecnologias ocorre por uma combinação de consentimento e coerção. O desenvolvimento de tecnologias militares, por outro lado, tornou-se nada menos que uma fraude, pela qual um vasto complexo militar-industrial se alimenta dos cofres públicos enquanto promove a inovação pela inovação.

O caminho da evolução tecnológica não foi aleatório ou acidental. Como afirma Brian Arthur em *The Nature of Technology*, as novas tecnologias se tornaram essenciais "para a construção de outras novas tecnologias":

> Desse modo, com o lento passar do tempo, muitas tecnologias se formaram a partir de umas poucas tecnologias e assumiram formas mais complexas, empregando como componentes tecnologias mais simples. A coleção geral de tecnologias supera a si mesma partindo do pouco para o muito e do simples para o complexo. Podemos dizer que a tecnologia se cria a partir de si mesma.

Arthur chama esse processo de "evolução combinatória", o que, para mim, é uma excelente denominação. As novas tecnologias, no entanto, são "criadas mentalmente antes de ser construídas fisicamente", e quando observamos os processos mentais e conceituais envolvidos, vemos a evolução tecnológica como resolução mental de problemas posta em prática. Um problema surge e é identificado, uma solução se faz necessária e invariavelmente combina em uma nova configuração soluções dadas a outros problemas. A nova configuração costuma ter efeitos secundários que se propagam a outros campos, porque cria o que Arthur chama de "nichos de oportunidade", em que uma inovação originária de um campo pode ser aplicada a outro[1].

O desenvolvimento espontâneo de centros de inovação (algumas regiões ou cidades têm índices notáveis de inovação) ocorre porque, como há muito tempo observaram Jane Jacobs e outros analistas, é mais provável que a coincidência fortuita de diferentes habilidades e conhecimentos, do tipo que Arthur considera necessário para a inovação, surja de uma economia aparentemente caótica, caracterizada por uma multiplicidade de pequenas empresas e divisões de trabalho[2]. Historicamente, esses ambientes têm uma probabilidade muito maior de gerar novas combinações tecnológicas do que cidades cuja vida econômica gira em torno de uma única empresa. Mais recentemente, no entanto, a organização deliberada de universidades, institutos, grupos de discussão e unidades militares de pesquisa e desenvolvimento em determinada área se tornou um modelo básico de negócio pelo qual o Estado capitalista e as empresas capitalistas fomentam a inovação em busca de vantagens competitivas.

Mas é estranho que a exposição de Arthur, que de modo geral é bastante esclarecedora sobre a lógica da evolução tecnológica, fuja de qualquer discussão crítica a respeito do conjunto de propósitos humanos aos quais as tecnologias supostamente devem servir. Ele se entusiasma, por exemplo, com o *design* sofisticado do avião de combate F-35 Lightning II, mas não menciona sua relação com a guerra e o "propósito humano" de dominação geopolítica. Para Arthur, o avião apresenta simplesmente um conjunto particular de complicados desafios tecnológicos que devem ser resolvidos.

De maneira semelhante, ele não critica a forma capitalista específica que a economia assume, e certamente não questiona o esforço intencional do capital para maximizar os lucros, facilitar a acumulação infindável de capital e reproduzir o poder da classe capitalista. No entanto, sua teoria a respeito da evolução tecnológica relativamente autônoma tem profundas implicações para a compreensão do funcionamento do motor econômico do capital. Ela lança luz sobre as contradições

---

[1] W. Brian Arthur, *The Nature of Technology*, cit., p. 22 e segs.
[2] Jane Jacobs, *The Economy of Cities* (Nova York, Vintage, 1969).

geradas pelas mudanças tecnológicas para a perpetuação e a reprodução do capital. Há algumas transições importantes em andamento.

A passagem de um modelo mecânico para um modelo orgânico da economia tem implicações para a teoria econômica. "A ordem, o isolamento e o equilíbrio como modos de organizar explicações estão dando lugar à abertura, à indeterminação e ao surgimento de novidades incessantes."[3] Aqui, Arthur faz eco à arguta observação de Alfred North Whitehead de que a própria natureza (e a natureza humana não é exceção) consiste em uma busca perpétua pela novidade[4]. Consequentemente, continua Arthur:

> as tecnologias estão adquirindo propriedades que associamos aos organismos vivos. À medida que sentem e reagem ao seu entorno, à medida que se auto-organizam, auto-configuram, autorregeneram e tornam-se "cognitivas", assemelham-se cada vez mais a organismos vivos. Quanto mais sofisticadas e "de ponta", mais biológicas elas se tornam. Estamos começando a notar que a tecnologia é tanto um metabolismo quanto um mecanismo.

Essa passagem de uma metáfora mecânica para uma metáfora orgânica (ou química) é significativa. A "nova economia" vista por Arthur parece mais natural do que a racionalidade mecânica sobreposta ao mundo desde a época do Esclarecimento. Trata-se de nada menos do que uma regressão (talvez "recuperação" seja um termo melhor) a formas mais antigas de compreensão da relação entre tecnologia e natureza. Mas essa regressão não é conservadora ou nostálgica, e evita o sentimentalismo e o misticismo do pensamento cultural da chamada "Nova Era". Os "novos princípios" que devem entrar na economia, sugere Arthur, são formas orgânicas e processuais de pensar e teorizar. Ironicamente (e Arthur sem dúvida ficaria chocado se ouvisse isto), essa forma de economia política foi proposta por Marx, pioneiramente, nos *Grundrisse*! Só dessa maneira, sugere Arthur, seremos capazes de apreender as "qualidades da tecnologia moderna, sua conectividade, sua capacidade de adaptação, sua tendência à evolução, sua qualidade orgânica. Sua vitalidade desordenada"[5].

As implicações dessa análise da tecnologia para o modo como entendemos o caráter evolutivo do capital como motor econômico são profundas:

> A chegada de novas tecnologias não perturba apenas o *status quo* pela descoberta de novas combinações que são versões melhores de bens e métodos que utilizamos. Ela

---

[3] W. Brian Arthur, *The Nature of Technology*, cit., p. 211.
[4] Alfred North Whitehead, *Process and Reality* (Nova York, Free Press, 1969), p. 33.
[5] W. Brian Arthur, *The Nature of Technology*, cit., p. 213; Karl Marx, *Grundrisse*, cit.

também põe em marcha uma série de adaptações tecnológicas e de novos problemas, e assim cria novos nichos de oportunidade que exigem novas combinações, que por sua vez introduzem novas tecnologias e novos problemas [...] A economia, portanto, está continuamente aberta para a mudança – uma novidade incessante. Ela se dá continuamente num processo de autocriação. Está sempre insatisfeita [...] A economia está continuamente construindo a si mesma.[6]

Novas configurações tecnológicas substituem as antigas e, ao fazê-lo, iniciam fases daquilo que o economista Joseph Schumpeter chamou, de forma memorável, de "vendavais de destruição criativa"[7]. Modos de viver, ser e pensar são drasticamente modificados para abarcar o novo em detrimento do velho. Um bom exemplo é a história recente da desindustrialização e de sua associação com configurações tecnológicas excepcionais. A mudança tecnológica nunca é gratuita ou indolor, e o custo e a dor que produzem não são uniformemente repartidos. Devemos sempre nos perguntar: quem ganha com a criação e quem arca com o impacto da destruição?

Qual é então o papel das necessidades e exigências do capital nesse processo? Curiosamente, Arthur ignora as especificidades dessa questão em seu estudo, muito eficaz em outros aspectos. Eu diria que, na história e na lógica do capital, há cinco imperativos tecnológicos dominantes, mas sobrepostos. Vamos considerá-los brevemente.

1. Organização da cooperação e das divisões de trabalho a fim de maximizar a eficácia, a lucratividade e a acumulação. Desde os primórdios no exemplo da fábrica de alfinetes de Adam Smith, essa organização cresceu com o tempo até abarcar boa parte do que hoje cobrem a teoria da gestão e da organização e a articulação das técnicas de gestão corporativa otimizadora. A complexidade e a fluidez crescentes de que fala Arthur são muito evidentes aqui, e as tecnologias envolvidas estão em fluxo perpétuo, enfatizando cada vez mais o *software* e as formas organizacionais assumidas nos últimos tempos pelo capital. A combinação entre comando e controle, de um lado, e coordenação de mercado, de outro, é instável, mas eficaz.

2. Necessidade de facilitar a aceleração da circulação do capital em todas as suas fases e, concomitantemente, necessidade de "destruição do espaço pelo tempo", o que tem gerado uma variedade impressionante de revoluções tecnológicas. Encurtar o tempo de circulação do capital na produção e no mercado e encurtar o

---

[6] W. Brian Arthur, *The Nature of Technology*, cit., p. 91.
[7] Joseph Schumpeter, *Capitalism, Socialism and Democracy* (Londres, Routledge, 1942), p. 82-3 [ed. bras.: *Capitalismo, socialismo e democracia*, trad. Sérgio Góes de Paula, Rio de Janeiro, Zahar, 1984].

tempo de vida dos produtos de consumo (culminando na passagem da produção de coisas duráveis para a produção de espetáculos efêmeros) são imperativos na história do capital, amplamente reforçados pela competição. É aqui que a relação da tecnologia com a produção da natureza é mais evidente: criam-se ovelhas para gerar cordeirinhos com um ano, em vez de três, e a procriação de porcos ocorre em ritmo acelerado. A velocidade crescente dos meios de transporte e comunicação diminui o atrito e a barreira da distância geográfica, tornando a espacialidade e a temporalidade do capital uma característica da ordem social mais dinâmica do que fixa. O capital cria literalmente seu espaço e seu tempo, além de sua natureza distinta. A mobilidade das diferentes formas do capital (produção, mercadorias, dinheiro) e da força de trabalho também é perpetuamente submetida à transformação revolucionária. Voltaremos a falar desse assunto mais adiante (ver Contradição 12).

As transformações revolucionárias nos meios de comunicação são paralelas às transformações ocorridas nos transportes e, nos últimos tempos, ganharam um ritmo inacreditável. A informação instantânea e o acesso a notícias se tornaram uma força notável, que afeta as políticas públicas e a própria política. O controle dos meios de comunicação se tornou um aspecto vital para a reprodução de poder da classe capitalista, e as novas tecnologias midiáticas (em especial as redes sociais) são uma grande oportunidade, e também uma armadilha, para a dinâmica da luta de classes, como vimos nitidamente nas revoltas no Cairo, em Istambul e em outras cidades ao redor do mundo.

3. Tecnologias de produção e disseminação do conhecimento, para armazenamento e recuperação de dados e informação, são fundamentais para a sobrevivência e perpetuação do capital. Não só fornecem tendências de preço e outras informações que orientam decisões de investimento e atividades de mercado, como também preservam e promovem concepções mentais do mundo que facilitam a atividade produtiva, guiam as escolhas dos consumidores e estimulam a criação de novas tecnologias.

Os bancos de memória do capital são indispensáveis, e já são vastos. Seu crescimento exponencial se equipara àquele das sofisticadas tecnologias necessárias para manejá-los, processá-los e atuar sobre eles. Há muito tempo as informações básicas contidas em registros de terras, contratos, sentenças jurídicas, registros escolares, prontuários médicos etc. são fundamentais para o funcionamento do capital. Além disso, informações desse tipo fornecem dados brutos que podem servir para a construção de um modelo de economia nacional funcional (mas fictício em muitos aspectos). Esses dados (desemprego, déficit comercial, oscilações do mercado de ações, índices de crescimento, atividade industrial, utilização da capacidade etc.) permitem que se avalie a saúde da economia nacional, fornecendo uma base para que empresas e órgãos estatais tomem decisões estratégicas (para o bem e para o mal). Às vezes organismos como o Banco Mundial ou o FMI parecem se afogar no oceano de dados que produzem, e uma infinidade de "especialistas" aparece para nos ajudar a compreender as tendências. A introdução de novas tecnologias de processamento de informações, como as transações digitais em Wall Street (e o uso recente de nanotecnologias), tem influenciado imensamente o modo de funcionamento do capital.

4. As finanças e o dinheiro são um domínio crucial para o funcionamento do capital (ver Contradição 2). Lucros e perdas só podem ser calculados com exatidão em termos monetários, e a maioria das decisões econômicas é tomada nesses termos. Embora as tecnologias do dinheiro tenham permanecido razoavelmente constantes durante longos períodos, não há dúvida de que a inovação nesse domínio se acelerou a partir da década de 1930. Nos últimos anos, as inovações no sistema financeiro e bancário mostraram uma tendência de crescimento exponencial depois do advento da informatização, do dinheiro eletrônico e das transações eletrônicas, além da proliferação de toda uma nova gama de veículos de investimento. A tendência de criação de capitais fictícios de livre circulação cresceu de forma considerável, junto com todos os tipos de práticas predatórias no sistema de crédito que têm contribuído para a onda de acumulação por espoliação e especulação com os valores patrimoniais. Em nenhum outro campo vemos uma interação tão estreita entre as novas possibilidades de *hardware*, a criação de novas formas de organização (fundos de participação privada, *hedge funds* e uma série de complexas agências estatais reguladoras) e, é claro, uma incidência impressionante de desenvolvimento de *softwares*. As tecnologias do sistema monetário e financeiro mundial são uma grande fonte de tensão e, ao mesmo tempo, um campo de atividade capitalista insuperável em termos de importância e "vitalidade desordenada".

5. Por fim, temos a questão do controle do trabalho e da mão de obra. Esse é um campo crucial para o capital e, por isso, tratarei do assunto em detalhes mais adiante.

As tecnologias tinham de evoluir da forma como evoluíram? Está claro que certas decisões liberaram a inovação tecnológica das restrições que impediram o desenvolvimento de novas tecnologias em outras épocas e lugares (a incapacidade da China de aplicar as descobertas tecnológicas é o exemplo mais flagrante). Há também exemplos de resistência às novas configurações tecnológicas por razões éticas e morais, desde a luta dos ludistas contra a introdução de máquinas na produção até a revolta dos físicos contra as armas nucleares. Atualmente há uma grande controvérsia em torno da ética e da imprudência da engenharia genética e dos alimentos geneticamente modificados. Tais questões, no entanto, não parecem impedir a trajetória evolutiva das mudanças tecnológicas. É por isso que defino esse tipo de contradição como "mutável" – ela não é estável ou permanente, mas está sempre mudando de lugar. Por isso, é crucial avaliar onde os processos de mudança tecnológica estão e para onde podem se deslocar no futuro.

Arthur pergunta, por exemplo: "Esse processo de constante evolução da tecnologia e reconfiguração da economia poderia ser detido?". Em princípio, sua resposta é "sim". Mas a probabilidade efetiva dessa interrupção é extremamente remota. A dinâmica descentralizada da evolução tecnológica é forte demais, e o campo de possíveis descobertas da novidade incessante na natureza é amplo demais para que a evolução tecnológica e econômica seja interrompida no futuro imediato.

> A avalanche de tecnologias que virá na próxima década é razoavelmente previsível. E os caminhos para melhorar futuramente as tecnologias atuais são mais ou menos previsíveis. Mas, de modo geral, assim como é impossível prever o conjunto de espécies biológicas de um futuro distante a partir do conjunto de espécies atuais, é impossível prever qual será o conjunto de tecnologias do futuro econômico. Assim como não podemos prever quais combinações serão feitas, não podemos prever quais nichos de oportunidade serão criados. E como as combinações potenciais crescem exponencialmente, essa indeterminação aumenta à medida que o acervo se desenvolve. Se há 3 mil anos poderíamos dizer com segurança que as tecnologias usadas dali a cem anos lembrariam aquelas usadas naquele momento, hoje mal conseguimos prever qual será a forma da tecnologia daqui a cinquenta anos.[8]

Qual é então *a* contradição ou *as* contradições que poderiam ameaçar a lucratividade e a acumulação infindável do capital nesse processo de "evolução combinatória"? Acredito que há duas contradições de grande importância para as futuras perspectivas do capital. A primeira diz respeito à relação dinâmica da tecnologia com a natureza (tema da Contradição 16). A segunda diz respeito à relação entre a mudança tecnológica, o futuro do trabalho e o papel da mão de obra para com o capital. Essa é a contradição que examinaremos agora.

O controle sobre o processo de trabalho e o trabalhador sempre foi crucial para a capacidade do capital de sustentar a lucratividade e a acumulação de capital. Durante toda a sua história, o capital inventou, inovou e adotou formas tecnológicas cujo principal objetivo é melhorar seu controle sobre o trabalho, tanto no processo do trabalho quanto no mercado de trabalho. Essa tentativa de controle envolve não só a eficiência física, mas também a autodisciplina dos trabalhadores empregados, a qualidade da mão de obra disponível no mercado, os hábitos culturais e a mentalidade dos trabalhadores em relação às tarefas que se espera que realizem e os salários que esperam receber.

---

[8] W. Brian Arthur, *The Nature of Technology*, cit., p. 186.

O objetivo principal de muitos inovadores era o controle do trabalho. Na França do Segundo Império, um industrial famoso por suas inovações na indústria de máquinas-ferramentas declarou que seus três objetivos eram aumentar a precisão do processo de trabalho, ampliar a produtividade e tirar poder do trabalhador. É por isso, sem dúvida, que Marx argumentou que a inovação tecnológica era uma arma crucial na luta de classes, e que muitas inovações foram adotadas pelo capital com o objetivo único de impedir as greves. Foi assim, certamente, que surgiu a crença fetichista do capital de que a solução para obter uma lucratividade sempre crescente era a constante inovação tecnológica voltada para o disciplinamento e o desempoderamento dos trabalhadores. O sistema fabril, o taylorismo (que tentou reduzir o trabalhador a um "gorila treinado"), a automação, a robotização e a substituição do trabalho humano pela máquina correspondem a esse desejo. Os robôs não reclamam, não respondem, não processam ninguém, não ficam doentes, não desaceleram, não se desconcentram, não fazem greve, não exigem aumentos de salário, não se preocupam com as condições de trabalho, não querem intervalos para o café nem faltam ao trabalho (a não ser nas histórias de ficção científica).

A fantasia capitalista do controle total sobre o trabalho e o trabalhador tem suas raízes nas circunstâncias materiais, principalmente na dinâmica da luta de classes em todas as suas manifestações, tanto dentro quanto fora do processo de produção. O papel do desemprego tecnologicamente induzido na regulação dos salários, a busca de produtos cada vez mais baratos para sustentar a mão de obra (fenômeno Walmart), a fim de tornar mais aceitáveis os baixos salários, a crítica a qualquer proposta de salário social (como se fosse um incentivo ao ócio) e outras manobras semelhantes constituem um domínio da luta de classes em que as invenções e mediações tecnológicas são cruciais. E é isso que torna tão estranha a apresentação de Arthur, pois esses fatos históricos óbvios e elementares (tão maravilhosamente satirizados em *Tempos modernos*, de Charlie Chaplin) não entram em sua explicação da evolução combinatória, que tem de fato um papel crítico nos detalhes da mudança tecnológica.

Temos aqui a contradição central: se o trabalho social é a grande fonte de valor e lucro, substituí-lo por máquinas ou trabalho robótico não faz sentido, nem política nem economicamente. Mas percebemos com muita clareza qual mecanismo leva essa contradição a um ponto de crise. Empreendedores ou empresas individuais consideram que as inovações que poupam trabalho são decisivas para a lucratividade perante os concorrentes. Coletivamente, isso destrói a possibilidade de lucro.

Em um livro recente, Martin Ford apresenta um argumento justamente sobre esse problema. Segundo ele, à medida que a vanguarda do dinamismo tecnológico passa dos sistemas mecânicos e biológicos para a inteligência artificial, há um enorme impacto na disponibilidade de emprego não só na indústria e na agricultura, mas também nos serviços e até nas profissões. Consequentemente, a demanda agregada por bens e serviços entra em colapso, enquanto emprego e renda desaparecem. Isso terá efeitos catastróficos na economia, a menos que o Estado descubra uma maneira intervir com estímulos redistributivos aos setores da população que se tornaram redundantes e descartáveis.

André Gorz apresentou exatamente o mesmo argumento, porém de uma perspectiva política diferente:

> A lógica microeconômica preferiria que as economias de tempo de trabalho se traduzissem em economias de salários para as empresas que as realizam: produzindo a um custo menor, essas empresas serão mais "competitivas" e poderão (sob certas condições) vender mais. Mas, do ponto de vista macroeconômico, uma economia que distribui cada vez menos salários, porque usa cada vez menos trabalho, escorrega inexoravelmente pela ladeira do desemprego e da pauperização. Para evitar isso, o poder aquisitivo das famílias teria de deixar de depender do volume de trabalho que a economia consome. Ainda que dedique muito menos tempo ao trabalho, a população teria de ganhar o suficiente para comprar um volume maior de bens produzidos: a redução do tempo de trabalho não pode ocasionar uma redução do poder de compra.[9]

Os detalhes que Ford cita para apoiar sua afirmação geral são impressionantes. Há evidências empíricas claras do crescimento exponencial inexorável da capacidade e da velocidade dos computadores. *Grosso modo*, esse crescimento dobrou a cada dois anos no decorrer das últimas três décadas. O aumento dessa capacidade dos computadores não depende da construção de uma tecnologia que tenha a habilidade de pensar como nós. Ele surge do fato de que o computador é "inimaginavelmente rápido" e torna-se cada vez mais rápido com o tempo. O ganho de velocidade sempre foi, como vimos, um objetivo fundamental da inovação tecnológica em relação ao capital, e o mundo da informática não é exceção. Uma das consequências do crescimento exponencial da capacidade dos computadores é que "categorias inteiras do emprego tradicional correm o risco de ser expressivamente informatizadas num futuro próximo". A ideia de que a criação de empregos pelas novas tecnologias compensará essas perdas é "pura fantasia". Ademais, a ideia de que apenas os trabalhos rotineiros mal remunerados serão eliminados, ao contrário dos trabalhos qualificados, com alta remuneração (como radiologistas, médicos, professores universitários, pilotos de avião etc.), é um equívoco. "No futuro, a automação incidirá fortemente sobre os trabalhadores do conhecimento, em par-

---

[9] André Gorz, *Critique of Economic Reason* (Londres, Verso, 1989), p. 200.

ticular os mais bem pagos". Ford conclui: "Permitir que esses empregos sejam eliminados aos milhões, sem nenhum plano concreto para lidar com os problemas resultantes, é a fórmula perfeita para o desastre"[10].

Mas de que tipo de desastre estamos falando? Do ponto de vista do capital, segmentos cada vez maiores da população mundial serão considerados redundantes e descartáveis como trabalhadores produtivos e terão dificuldades para sobreviver, tanto material quanto psicologicamente. Alienados de qualquer perspectiva de existência significativa no campo do trabalho necessário, tal como é definido pelo capital, terão de procurar outros espaços para construir uma vida significativa. Por outro lado, a produção vai crescer, mas de onde virá o aumento correspondente de demanda? Isso é o que mais preocupa Ford:

> *Quem* vai se adiantar e comprar todo esse aumento de produção? [...] a automação está a ponto de abarcar tudo – quase toda a indústria, uma ampla gama de ocupações e trabalhadores com diploma universitário, mas também quem não se formou. A automação chegará aos países desenvolvidos e aos países em desenvolvimento. Os consumidores que movimentam nossos mercados são praticamente todas as pessoas que têm emprego ou dependem de alguém que tem emprego. Se uma parcela substancial dessas pessoas perder seu emprego, de onde virá a demanda do mercado?[11]

Essa é uma pergunta tipicamente keynesiana sobre a gestão da demanda, feita diante de uma ameaça de crise do capital como a que arruinou a economia global na década de 1930. O que acontece quando reformulamos as afirmações de Ford considerando o pano de fundo da unidade contraditória entre produção e realização? Curiosamente, Marx identifica uma dificuldade semelhante, mas parte da perspectiva da produção. Quanto mais dispositivos de economia de trabalho são aplicados, mais o agente que produz valor – o trabalho social – tende a declinar quantitativamente, em última instância destruindo o trabalho socialmente necessário, a produção de valor e, com ela, a base da lucratividade. O resultado é o mesmo dos dois lados da unidade contraditória entre produção e realização. Em ambos os casos, a lucratividade é erodida e a acumulação infindável do capital entra em colapso. Em apêndice, Ford reconhece que pode haver certa semelhança geral entre seu argumento e o de Marx, mas não vê qual seja e, é claro, tenta se distanciar das consequências nocivas de qualquer associação desse tipo. Contudo, o alcance

---

[10] Martin Ford, *The Lights in the Tunnel: Automation, Accelerating Technology and the Economy of the Future* (Estados Unidos, Acculant™ Publishing, 2009), p. 62.
[11] Ibidem, p. 96-7.

potencial das forças e soluções opostas parece muito diferente quando se parte das duas perspectivas oferecidas por essa unidade contraditória.

Ford, por exemplo, parece desesperadamente preocupado em evitar que o capital sucumba ao desastre potencial que o espreita. Na verdade, ele defende a difusão do consumismo (por mais insensato e alienador que seja) para absorver os produtos cada vez mais baratos que o capital totalmente automatizado pode produzir. Tenta encontrar a quadratura do círculo das disparidades entre oferta e procura imaginando um sistema tributário estatal para recuperar os ganhos de produtividade criados pelas novas tecnologias. Os fundos obtidos seriam redistribuídos como poder de compra para a população despossuída, na forma de incentivo, com a esperança de que, em retorno, as pessoas se engajem em atividades criativas ou sociais valiosas e contribuam para o bem comum. Programas desse tipo já existem. Os auxílios contra a pobreza na Argentina e no Brasil redistribuem dinheiro a famílias pobres, desde que provem que seus filhos frequentam a escola. Estruturar essas redistribuições pode ser difícil, mas, na visão de Ford, é fundamental para evitar a cultura da dependência geralmente associada ao pagamento de benefícios diretos, ou a uma renda mínima garantida, quer funcionem ou não. No entanto, as redistribuições e a criação de poder de compra são os únicos meios de criar uma demanda suficiente que corresponda à oferta cada vez maior de bens e serviços. Essa redistribuição, como concorda André Gorz, "é a única maneira de dar sentido à queda do volume de trabalho socialmente necessário"[12].

Marx, por sua vez, via diversos antídotos possíveis para a tendência de queda das taxas de lucro resultantes das inovações que poupam trabalho: a abertura de linhas de produto absolutamente novas, que exigissem mão de obra intensiva; um padrão de inovação dedicado tanto à economia de capital quanto à economia de trabalho; uma taxa de exploração crescente da mão de obra ainda empregada; a existência prévia ou a formação de uma classe de consumidores que não produzem nada; uma taxa de crescimento fenomenal da mão de obra total, o que aumentaria a massa de capital produzido, mesmo que a taxa de retorno individual caísse. O que não está claro é se Marx acreditava que essas forças de compensação seriam suficientes para protelar indefinidamente a queda do valor de produção e dos lucros.

Vias de desenvolvimento desse tipo têm evitado há algum tempo a queda dos lucros. A incorporação dos camponeses da China, da Índia e de boa parte do sudeste da Ásia (além de Turquia, Egito, alguns países da América Latina e outros da África, um continente com uma reserva gigantesca de mão de obra não aproveitada) à força de trabalho mundial desde a década de 1980, além da integração do que foi o Bloco

---

[12] André Gorz, *Critique of Economic Reason*, cit., p. 92.

Soviético, significou um grande aumento (e não uma queda) da força de trabalho assalariada mundial, muito além daquela fornecida pelo crescimento populacional. Também é nítido o aumento das taxas de exploração decorrente das condições de trabalho tenebrosas na China, em Bangladesh, no Vietnã etc., enquanto o problema da demanda é amplamente enfrentado com uma vasta expansão do crédito.

Desse modo, seja do ponto de vista da produção ou da realização, parece não haver nenhum motivo imediato para pânico. Mas, do ponto de vista do futuro do capital a longo prazo, parece que estamos na "última fronteira" da absorção da mão de obra no capitalismo global. Nos últimos cinquenta anos, houve um movimento maciço de incorporação das mulheres à força de trabalho nos países capitalistas avançados, e internacionalmente há poucas regiões onde ainda existem reservas gigantescas de força de trabalho (em especial na África e na Ásia Central e Meridional). É impossível que ocorra novamente uma grande expansão da força de trabalho global como a que ocorreu recentemente. Por outro lado, a aceleração que houve nos últimos anos da automação e da aplicação de inteligência artificial a serviços rotineiros (como *check-ins* em aeroportos e caixas de supermercado) parece ser apenas o começo. Hoje, já há automação no ensino superior e em diagnósticos médicos, e as empresas aéreas estão testando aviões sem piloto. A contradição entre a produção de valor, de um lado, e a inovação tecnológica desmedida que economiza trabalho, de outro, está entrando num território cada vez mais perigoso. Esse perigo ameaça não só uma crescente população descartável, que não vê oportunidades de emprego imediatas, mas também (como reconhece claramente Ford) a reprodução do próprio capital.

As últimas três recessões dos Estados Unidos, por exemplo, desde o início da década de 1990, foram seguidas do que chamamos eufemisticamente de "recuperação sem emprego". A recessão mais recente levou à criação de desemprego de longo prazo em uma escala que não se via nos Estados Unidos desde a década de 1930. Fenômeno semelhante é observado na Europa, e a capacidade de absorção da mão de obra na China – principal orientação das políticas do Partido Comunista – parece ser limitada. Tanto as provas das tendências recentes quanto a avaliação das perspectivas futuras apontam para uma única direção: um gigantesco excedente de populações redundantes potencialmente rebeldes.

Isso tem implicações sérias, tanto teóricas quanto políticas, que precisam ser mais bem elaboradas. O dinheiro (ver Contradição 3) é uma representação do valor do trabalho social (entendido este último como a quantidade de trabalho que fornecemos para os outros através do sistema de mercado baseado no valor de troca). Se estamos caminhando na direção de um mundo em que esse tipo de trabalho social não existe mais, então não há valor para representar. A representação histórica do valor – a forma-dinheiro – ficará totalmente livre da obrigação de representar algo que não seja ela mesma. Os economistas neoclássicos argumentavam (isso quando se davam ao trabalho de tratar da questão) que a teoria do valor-trabalho proposta por Marx é irrelevante, porque o capital responde apenas aos sinais monetários, não às relações de valor. Segundo eles, não havia por que se incomodar com a ideia de valor, ainda que fosse um conceito plausível (a maioria achava que não). Acredito que estavam errados. Por outro lado, se os desenvolvimentos esboçados anteriormente ocorrem de fato, então o argumento neoclássico *contra* a teoria do valor será cada vez mais correto, a ponto de os marxistas mais ortodoxos terem de renunciar à teoria do valor. Os economistas convencionais certamente soltarão gargalhadas de alegria. Mas o que não percebem é que isso significa o fim da única restrição que tem evitado a queda do capital numa completa ausência de leis. As evidências recentes de uma ausência de leis contagiosa e predatória no capitalismo é apenas um sinal do enfraquecimento do papel regulador do trabalho social. Esse enfraquecimento já vem ocorrendo há algum tempo. Houve uma ruptura importante quando se abandonou a base metálica do sistema monetário mundial, no início da década de 1970: desde então, a relação do dinheiro mundial com o trabalho social se tornou, na melhor das hipóteses, tangencial; como prova disso, temos a longa série de crises financeiras e comerciais mundiais a partir de meados da década de 1970.

A forma-dinheiro adquiriu muita autonomia nos últimos quarenta anos. Os valores fiduciários e fictícios criados pelos bancos centrais de todo o mundo conquistaram a primazia. Isso nos leva de volta a certas reflexões sobre a relação entre o caminho da evolução tecnológica que descrevemos aqui e o das tecnologias monetárias. O advento das moedas virtuais, como o bitcoin, em alguns casos criadas aparentemente para lavar dinheiro de atividades ilegais, é apenas o começo de uma queda inexorável do sistema monetário no caos.

O desafio político que a questão da tecnologia representa para a luta anticapitalista talvez seja o mais difícil de enfrentar. Por um lado, sabemos que a evolução da tecnologia (marcada por uma boa dose de lógica "combinatória" autônoma como a que Arthur descreve) é um grande negócio em que a luta de classes e a competição intercapitalista e interestatal teve um papel central para o "propósito humano" de sustentar o domínio militar, o poder de classes e a perpétua acumulação do capital. Também observamos que as ações do capital se aproximam cada vez mais do abismo da perda do trabalho social como princípio regulador subjacente que impede o mergulho do capital na anarquia. Por outro lado, sabemos que qualquer luta contra a degradação do meio ambiente em escala mundial, as desigualdades sociais e o empobrecimento, as dinâmicas perversas de população, os déficits globais em saúde, educação e nutrição e as tensões geopolíticas e militares implicará a mobilização de muitas das tecnologias disponíveis atualmente para se atingir propósitos sociais, ecológicos e políticos não capitalistas. O pacote atual de tecnologias, impregnadas da mentalidade e da prática da busca do capital pela dominação de classes, contém potencialidades emancipatórias que, de certo modo, têm de ser mobilizadas na luta anticapitalista.

A curto prazo, é claro, a esquerda está fadada a defender os empregos e as qualificações sob ameaça; mas, como mostra a infeliz história das nobres ações contra a desindustrialização nas décadas de 1970 e 1980, essa será provavelmente uma batalha perdida contra uma nova configuração tecnológica. Na conjuntura atual, qualquer movimento anticapitalista deve reorganizar seu pensamento sobre a ideia de que o trabalho social está se tornando cada vez mais insignificante para o modo como funciona o motor econômico do capitalismo. Muitos dos empregos nos setores de serviços, administrativos e profissionais que a esquerda tenta defender estão desaparecendo. A maioria da população mundial está se tornando descartável e irrelevante do ponto de vista do capital, o que ampliará progressivamente a dependência da circulação de formas fictícias de capital e construções fetichistas de valor centradas na forma-dinheiro e no sistema de crédito. Como é de se esperar, alguns segmentos da população são considerados mais descartáveis do que outros, assim mulheres e negros arcam com a maior parte do fardo e provavelmente arcarão ainda mais num futuro próximo[13].

Martin Ford coloca corretamente a questão: como a população redundante e descartável viverá (e proporcionará um mercado) nessas condições? Os movimentos anticapitalistas têm de elaborar uma resposta construtiva e viável a longo prazo. É preciso pensar e pôr gradualmente em prática um planejamento e uma ação organizada para enfrentar as novas eventualidades e garantir uma provisão suficiente de valores de uso. Ao mesmo tempo, a esquerda tem de organizar ações defensivas contra as tecnologias empregadas nas práticas cada vez mais predatórias de acumulação por espoliação, as ondas de desqualificação, o desemprego permanente, a crescente desigualdade social e a degradação acelerada do meio ambiente. A contradição que enfrenta o capital se metamorfoseia numa contradição que necessariamente se interioriza na política anticapitalista.

---

[13] Melissa Wright, *Disposable Women and Other Myths of Global Capitalism* (Nova York, Routledge, 2006).

Contradição 9
Divisões do trabalho

A divisão do trabalho deveria, por direito próprio, situar-se como a característica fundamental do capital. Refere-se à capacidade humana de decompor atividades produtivas e reprodutivas complexas em tarefas específicas, porém mais simples, que possam ser cumpridas por diferentes indivíduos, de maneira temporária ou permanente. O trabalho especializado de muitos indivíduos é reunido numa totalidade de trabalho mediante a cooperação organizada. Em toda a história, as divisões de trabalho mudaram e evoluíram conforme as condições internas e externas que afetam uma sociedade. O problema central apresentado pela divisão do trabalho é a relação entre as partes e o todo e quem (se é que alguém) assume a responsabilidade pela evolução do todo.

O capital se apoderou da divisão do trabalho, reconfigurando-a radicalmente para seus propósitos ao longo de sua história. Por isso, incluí essa contradição na categoria "mutável", uma vez que está sempre em revolução no mundo comandado pelo capital. A divisão do trabalho vigente hoje é radicalmente diferente daquela, digamos, da década de 1850, a ponto de ser quase irreconhecível. No entanto, a evolução na divisão do trabalho sob o capital tem um caráter muito especial, pois se dedica, como todo o resto, sobretudo a sustentar a vantagem competitiva e a lucratividade, que não têm necessariamente nada a ver – exceto por uma coincidência – com a melhoria da qualidade de trabalho e vida, ou com a melhoria do bem-estar humano em geral. Se há melhorias na qualidade de vida e no trabalho, como claramente há, trata-se de um efeito colateral ou uma consequência das demandas e pressões políticas das populações descontentes e revoltadas. Afinal, o vasto incremento de bens físicos cada vez mais baratos, produzidos por divisões do trabalho mais eficientes, tem de ser consumido de alguma maneira e em algum lugar, se o valor produzido tem de ser realizado. Por outro lado, há inúmeros efeitos colaterais (por exemplo, nas condições ambientais) que também devem ser levados em conta.

As contradições dentro da divisão do trabalho são abundantes. No entanto, há uma distinção geral e importante entre divisão técnica e divisão social do trabalho. Por divisão técnica, entendo uma tarefa isolada dentro de uma série complexa de operações que, a princípio, qualquer pessoa pode executar, como vigiar uma máquina ou esfregar o chão; por divisão social, entendo uma tarefa especializada que apenas uma pessoa com treinamento ou posição social adequados pode executar, como o exercício da medicina, o desenvolvimento de *softwares* ou o atendimento a clientes em um restaurante cinco estrelas. Cito esse último exemplo para enfatizar que as divisões e definições muitas vezes dependem tanto de habilidades sociais, culturais e interpessoais e da apresentação do indivíduo como de conhecimento técnico.

Há muitas outras distinções que podemos considerar, como: natureza (por exemplo, a maternidade) e cultura (por exemplo, a posição das mulheres na sociedade); cidade (urbano) e campo (rural); intelectual e manual; social (em toda a sociedade em geral) e específica (dentro de uma empresa ou corporação); colarinho azul e colarinho branco; qualificado e não qualificado; produtivo e não produtivo; doméstico (familiar) e assalariado; simbólico e material etc. Há também classificações setoriais: setor primário (agricultura, silvicultura, pesca e mineração), secundário (indústria e manufatura), terciário (serviços e Fire [*finance, insurance, real estate* – finanças, seguros, imóveis], setores que adquiriram relevância recentemente) e o que algumas pessoas gostam de chamar de quarto setor, constituído por atividades culturais e baseadas no conhecimento, que vêm ganhando importância. Como se não bastasse, a classificação de diferentes atividades e ocupações em recenseamentos geralmente chega a mais de cem categorias.

Se essas distinções e oposições podem ser fonte de tensão e antagonismo, é possível que se enredem e sejam elevadas a contradições que desempenham algum tipo de papel na formação e na resolução de crises. Certamente, quando analisamos movimentos de revolta, seria raro não encontrar as causas, bem como os participantes ativos, enraizados em uma ou outra dessas oposições ou em determinados setores. Na teoria socialista, o proletariado industrial (trabalhadores "produtivos"), dentro da divisão geral do trabalho, tem sido tradicionalmente privilegiado como a vanguarda da transformação revolucionária. Bancários, trabalhadores domésticos e lixeiros nunca são vistos como agentes revolucionários, ao contrário dos mineiros, dos trabalhadores da indústria automobilística e siderúrgica e até dos professores.

A maioria desses dualismos acaba se revelando distinções cruas, que ajudam muito pouco no entendimento de um mundo cada vez mais complexo e intricado, constantemente sujeito a uma transformação revolucionária. No entanto, é importante e útil esclarecer, desde o início, como as bases técnicas e sociais dessas distinções interagem, uma vez que as considerações técnicas e sociais das categorias envolvidas na definição da divisão do trabalho se misturam de uma maneira que, muitas vezes, confunde e engana. Por exemplo, durante muito tempo o trabalho qualificado foi definido em termos de gênero, de modo que todas as tarefas que as mulheres podiam executar – mesmo que fossem difíceis ou complexas – eram classificadas como não qualificadas, simplesmente porque mulheres podiam cumpri-las. E, pior ainda, as mulheres eram muitas vezes designadas para essas tarefas por razões "naturais" (o que é qualquer coisa, desde dedos ágeis até um temperamento supostamente submisso e paciente). Por isso, sob o Segundo Império, os trabalhadores parisienses se opunham à contratação de mulheres, porque sabiam que isso levaria à reclassificação de seu trabalho como não qualificado e sujeito a uma remuneração menor. Embora a questão fosse bastante específica naquela época, certamente se trata de um fator importante na determinação de diferenças salariais no mercado de trabalho global contemporâneo. O fato de que houve uma feminização mundial tanto do trabalho mal remunerado quanto da pobreza mostra claramente a importância desse tipo de julgamento, para o qual não existe nenhuma base técnica. A questão de gênero também motivou amplos debates sobre o papel que se deve atribuir ao trabalho doméstico, em oposição ao trabalho assalariado. Embora essa questão seja importante dentro do capitalismo e, sem dúvida, gere muitas crises pessoais nas famílias, ela teve um impacto muito pequeno no desenvolvimento do capital, exceto no que se refere a uma antiga tendência geral de ampliar o mercado pela mercantilização das tarefas domésticas (como cozinhar, limpar, lavar o cabelo e fazer as unhas). A campanha por salário para o trabalho doméstico parece, em todo caso, seriamente desviada de uma perspectiva anticapitalista, porque apenas aprofunda a penetração da monetização e da mercantilização na intimidade da vida cotidiana e não usa o trabalho doméstico para tentar desmercantilizar o máximo possível as formas de provisão social.

É aqui que as contradições do capital e do capitalismo se cruzam. Por exemplo, há muito tempo certos negócios específicos são fortemente e até exclusivamente associados a determinados grupos étnicos, religiosos ou raciais. Não é só o gênero que entra na configuração das distinções dentro da divisão do trabalho. Essas associações, que continuam em evidência, não são mero resíduo de um passado complicado. Muitos programadores e desenvolvedores de *softwares* (categoria ocupacional totalmente nova) vêm do sul da Ásia, e as Filipinas se especializaram na provisão e exportação de trabalhadoras domésticas para muitos países do mundo (dos Estados Unidos aos países do Golfo Pérsico e Malásia). As migrações extensivas de mão de obra que ocorreram tanto no passado longínquo quanto no mais recente têm vinculado certas origens a ocupações específicas nos países de destino. O Serviço Nacional de Saúde do Reino Unido não funcionaria sem a imigração de diferentes grupos do antigo Império Britânico. Nos últimos anos, correntes de migrantes (em particular mulheres) da Europa oriental (Polônia, Lituânia, Estônia etc.) têm sido indiscriminadamente recrutadas para trabalhar nas diferentes faces da chamada indústria "do ócio" em quase toda a Europa ocidental, inclusive na Grã-Bretanha (realizam todo tipo de trabalho, desde limpeza de hotéis até atendimento em bares e restaurantes). Os imigrantes mexicanos e caribenhos se especializaram na colheita agrícola praticada nas costas Leste e Oeste dos Estados Unidos.

A alocação de diferentes pessoas em diferentes tarefas está associada às diferenças salariais. O preconceito e a discriminação baseados em questões étnicas, raciais, religiosas e de gênero estão profundamente arraigados no modo como o mercado de trabalho como um todo é segmentado e fragmentado e em como os pagamentos são determinados. Trabalhos considerados sujos e degradantes, por exemplo, são mal pagos e destinados aos imigrantes mais vulneráveis e desamparados (geralmente os ilegais). Já os imigrantes do sul da Ásia, especialistas em programação, recebem automaticamente o *status* de trabalhador qualificado. Mais odioso ainda é o fato de a remuneração variar também de acordo com gênero, raça e etnia para trabalhadores que ocupam o mesmo posto e executam as mesmas tarefas.

As lutas por *status* dentro da divisão do trabalho e pelo reconhecimento das qualificações, na verdade, são lutas por oportunidades de vida para o trabalhador e, como tal – e esse é o cerne do problema –, por lucratividade para o capitalista. Do ponto de vista do capital, é útil, ou até mesmo crucial, que haja um mercado de trabalho segmentado, fragmentado e extremamente competitivo. Isso cria barreiras à organização coerente e unificada dos trabalhadores. Os capitalistas podem aplicar – e muitas vezes aplicam – uma política de divisão e controle, promovendo e incitando tensões interétnicas, por exemplo. A competição entre grupos sociais que lutam por uma posição na divisão do trabalho torna-se o principal meio de fazer com que os trabalhadores como um todo percam poder e o capital passe a exercer um controle cada vez maior e mais completo sobre o mercado de trabalho e o local de trabalho. Formas típicas de organização sindical por setores, em vez de por zonas geográficas, também inibem a ação unificada dos trabalhadores, mesmo quando os sindicatos se esforçam para ir além dos interesses de seus membros.

A dinâmica histórica das lutas de classes no capitalismo com relação a qualificação, especificação e remuneração é uma das mais importantes que ainda não foram escritas de uma perspectiva crítica. As observações a seguir, portanto, são preliminares.

Quando o capital entrou em cena como forma principal de acumulação, e não ocasional, e descobriu que era necessário ter o controle dos processos de trabalho na produção industrial, encontrou disponíveis uma divisão de trabalho e uma estrutura de qualificações profundamente arraigadas nos ofícios do trabalho artesanal. "Açougueiro, padeiro e fabricante de velas"* eram ocupações em que os trabalhadores podiam aprimorar suas habilidades e garantir uma posição social futura. Nos primeiros anos do capitalismo, a maioria da população europeia estava empregada na agricultura (camponeses com ou sem terra) ou nos serviços (empregados domésticos ou serviçais) para monarcas, aristocracia fundiária e capitalistas mercantis. Tais serviços exigiam um tipo especial de habilidade interpessoal, doméstica e sociopolítica. O trabalho artesanal nas cidades abarcava uma ampla gama de ocupações, algumas reguladas por um sistema de guildas e aprendizagem. O sistema de guildas conferia um poder de monopólio sobre o acesso a uma habilidade baseada em especialidades técnicas específicas. Os carpinteiros aprendiam a usar suas ferramentas próprias, assim como joalheiros, relojoeiros, metalúrgicos, tecelões, ferreiros, tapeceiros, sapateiros, pregueiros, armeiros etc. Pela organização corporativa das guildas, grupos de trabalhadores podiam garantir e manter posições mais elevadas na ordem social e um nível mais alto de remuneração por seu trabalho.

O capital teve de lutar contra esse poder de monopólio do trabalho sobre suas condições de produção e seus processos de trabalho. Essa luta teve duas frentes. Primeiro, com a propriedade privada, o capital impôs gradualmente seu próprio poder de monopólio sobre os meios de produção, privando assim os trabalhadores dos meios de se reproduzir fora da supervisão e do controle do capital. O capitalista podia unificar sob seu comando artesãos de diferentes ofícios em um processo de trabalho coletivo para produzir tudo, de pregos a máquinas e locomotivas a vapor. Embora a estreita base técnica e a qualificação correspondente das tarefas individuais não tenham mudado muito, a organização da produção por cooperação e divisão do trabalho unificou essas diferentes tarefas e teve ganhos notáveis em eficiência e produtividade. Os preços das mercadorias nos mercados caíram rapidamente, superando competitivamente os ofícios tradicionais e as formas artesanais de produção.

Essa divisão do trabalho não só foi extensamente analisada, mas também enaltecida por Adam Smith em *A riqueza das nações*, publicado em 1776. No famoso caso da fábrica de alfinetes, Smith destacou como a divisão organizada do trabalho no processo de produção melhorou imensamente a eficácia técnica e a produtividade dos trabalhadores. Pelo aproveitamento de diferentes qualificações e talentos dos trabalhadores, alcançou-se um aumento geral da produtividade e da lucratividade nas empresas, que Marx chamou posteriormente de "divisão detalhada do trabalho". Partindo disso, Smith conclui que o recurso geral às divisões sociais do trabalho entre empresas e entre setores teria um efeito semelhante. Nesse

---

* No original, "the butcher, the baker and the candlestick maker". Referência ao verso de uma cantiga infantil inglesa, "Rub-a-dub-dub". (N. T.)

caso, como Marx se esforçaria para mostrar, o mecanismo de coordenação não poderia mais ser o capitalista individual que organiza a atividade cooperativa de acordo com princípios racionais de composição, mas sim um conjunto mais caótico e anárquico de coordenações no qual os sinais voláteis dos preços no mercado tornam-se cruciais para a determinação das divisões quantitativamente racionais da atividade produtiva em diferentes empresas e setores. Smith, reconhecendo esse fato, encorajou o Estado a não intervir na fixação dos preços (exceto no caso de serviços públicos e monopólios naturais) e a seguir uma política de *laissez-faire* para garantir que a mão invisível do mercado fizesse seu trabalho com o máximo de eficácia. Até hoje, teóricos e estrategistas políticos continuam equivocadamente a dar muito crédito a uma "hipótese de mercado eficiente" para a coordenação não só da produção, mas também das atividades financeiras, que falhou tão fragorosamente em setembro de 2008. Marx concluiu que a anarquia caótica dos mercados seria uma fonte constante de perda de equilíbrio dos preços, e que isso tornaria a divisão social do trabalho instável ou propensa a crises.

A segunda frente de luta aos poderes potenciais do monopólio do trabalho – muito mais profunda e abrangente, creio eu – surgiu da via evolutiva da mudança tecnológica capitalista. Grande parte dessa evolução, direta ou indiretamente, tinha o objetivo de destruir o poder da mão de obra, tanto na produção quanto no mercado de trabalho. A tendência da mudança tecnológica tem sido sempre contra os interesses dos trabalhadores e, em particular, contra o tipo de poder que os trabalhadores ganharam com a aquisição de qualificações raras e monopolizáveis. Uma orientação importante nas relações entre capital e trabalho é a que aponta para a desqualificação, um fenômeno que Marx assinalou em *O capital* e que foi retomado no influente e controverso livro de Harry Braverman, *Trabalho e capital monopolista*, publicado em 1974[1]. Braverman argumentou que o capital, em particular em sua forma de monopólio, tinha grande interesse em degradar a qualificação dos trabalhadores e assim destruir qualquer sentimento de orgulho que sentissem por seu trabalho para o capital, ao mesmo tempo que os desempoderava, sobretudo no local de produção. Há uma longa história de lutas a respeito disso. No século XIX, os ideólogos do capital – em particular Charles Babbage e Andrew Ure – foram muito citados por Marx como prova da inclinação do capital à desqualificação. Assim como Frederick Taylor em relação à gestão científica, Braverman se esforçou para decompor os processos de produção a ponto de um "gorila treinado" ser capaz de executar tarefas produtivas. A "ciência" em questão aqui consistia em combinar os estudos de tempo e movimento a técnicas

---

[1] Harry Braverman, *Trabalho e capital monopolista: a degradação do trabalho no século XX* (trad. Nathanael C. Caixeiro, Rio de Janeiro, LTC, 1987).

de especialização para simplificar as tarefas, maximizar a eficiência e minimizar os custos de produção em qualquer setor ou empresa individual.

Tanto Marx quando Braverman reconheceram que era necessária certa requalificação para que fosse possível implementar as grandes mudanças técnicas e organizacionais envolvidas na desqualificação da massa dos trabalhadores. A introdução da linha de montagem dava poder aos engenheiros que a instalavam e controlavam, assim como os engenheiros que participaram da robotização ou do desenvolvimento dos computadores tiveram de adquirir novas habilidades para executar suas tarefas. Os críticos de Marx e Braverman afirmaram com razão que os escritos de Babbage, Ure e Taylor não passavam de tratados utópicos que nunca foram inteiramente aplicados, em parte por causa da resistência dos trabalhadores, em parte porque a via evolutiva da mudança tecnológica não era e não é direcionada exclusivamente para o controle da mão de obra.

As novas tecnologias exigiram com frequência redefinições de habilidades que deram vantagens a certos grupos de trabalhadores. Isso se revelou muito mais importante do que supunham Marx ou Braverman. A erradicação das qualificações *per se* não faz parte da agenda do capital, mas sim a abolição das qualificações *monopolizáveis*. Quando novas habilidades se tornam importantes, como a programação de computadores, o capital não busca necessariamente a abolição dessas qualificações (que, em última instância, ele pode conseguir pela inteligência artificial), mas a destruição de seu potencial caráter de monopólio, abrindo largas avenidas para a formação nessas qualificações. Quando a mão de obra equipada com habilidades de programação passa de relativamente pequena a superabundante, isso quebra o poder de monopólio e diminui o custo da mão de obra a níveis muito menores. Quando há abundância de programadores, o capital se sente muito feliz em identificá-los como trabalhadores qualificados, chegando a conceder níveis mais altos de remuneração e mais respeito no local de trabalho do que a média social.

Da mesma maneira que a evolução tecnológica tendeu a uma maior complexidade, por sua própria dinâmica autônoma, as divisões do trabalho se multiplicaram rapidamente e mudaram qualitativamente. Não se tratou de uma evolução linear simples, em parte por influência da dinâmica da luta de classes, ainda que, na maioria dos casos, para benefício do capital. Na indústria siderúrgica dos Estados Unidos, por exemplo, a quantidade de habilidades especializadas (e, por isso, até certo ponto monopolizáveis) foi bastante alta na década de 1920, mas diminuiu muito, principalmente depois que a legislação trabalhista da década de 1930 criou o National Labor Relations Board, que tinha poderes de resolver disputas interjurisdicionais sobre as habilidades necessárias para fazer uma ou outra coisa em determinada empresa. Hoje, a indústria siderúrgica tem um conjunto de habilidades muito mais simples e funcional. Por outro lado, especialidades, digamos, em medicina, banco e finanças proliferaram, enquanto o surgimento de setores totalmente novos associados à eletrônica e à informática tem gerado uma imensa variedade de ocupações e especificações de emprego. A variedade de especialidades no aparelho regulador do Estado (na Food and Drug Administration, ou em instituições como a Controller of the Currency e a Securities and Exchange Commission) também cresceu astronomicamente nos últimos anos.

A rápida extensão e o explosivo aumento de complexidade da divisão tanto social como detalhada do trabalho tornaram-se *a* característica da economia capitalista moderna. Essa evolução não decorreu de um projeto ou decisão consciente (não existe um Ministério da Divisão do Trabalho que determine ou regule essas coisas), mas se deu paralelamente às mudanças tecnológicas e organizacionais impulsionadas pelas forças sistêmicas que identificamos anteriormente. E isso apesar da simplificação das especificações ocupacionais em alguns setores da indústria (como o siderúrgico e o automobilístico) e do desaparecimento de ocupações anacrônicas (como a de lanterneiro e, nos países avançados, carregador de água e trapeiro). Houve aumentos significativos de produtividade, quantidade e variedade da produção por esses meios. Outra consequência foi o aumento da interdependência econômica em populações cada vez maiores, espalhadas por áreas geográficas cada vez mais extensas, e o surgimento de uma divisão internacional do trabalho, que também deve ser considerada. Isso implica problemas de coordenação na divisão social do trabalho e uma maior probabilidade de perturbações em cascata como resposta à volatilidade dos sinais de mercado. Consequentemente, coordenação por comando e controle e relações contratuais de fornecimento abrangendo toda uma cadeia de produção e distribuição tornaram-se mais comuns em certas linhas de produção: a demanda da indústria por insumos (por exemplo, a indústria automobilística precisa de motores, peças, pneus, para-brisas, eletrônicos etc.) é especificada e contratada fora do mercado. Mas, com a simplificação das tarefas e a complexidade da coordenação, o risco de falhas e resultados inesperados aumenta. Isso introduz um estrato absolutamente novo na divisão do trabalho e um exército de ocupações ligado aos serviços logísticos, jurídicos, financeiros, mercadológicos, publicitários e outros. Questões relativas a segurança e proteção (em tudo, desde empresas aéreas até indústria farmacêutica e abastecimento de alimentos) também se tornaram prementes, assim como o aparato de vigilância, monitoramento e controle de qualidade de diferentes atividades. A proliferação das divisões do trabalho na economia é semelhante à proliferação das divisões burocráticas da autoridade reguladora e administrativa não só nos aparelhos estatais típicos, mas também em instituições como hospitais, universidades e escolas.

A divisão do trabalho como um todo passou por uma metamorfose nos últimos cinquenta anos. Por isso, muitas das investigações realizadas no século XIX por críticos como Karl Marx, Ferdinand Tönnies, Émile Durkheim e Max Weber não tratam de certas questões contemporâneas fundamentais. No passado, os estudos da divisão do trabalho se concentravam basicamente na organização industrial e no trabalho fabril, em contextos nacionais particulares, e suas descobertas ainda são válidas. Mas a complexidade crescente e a grande extensão geográfica da divisão do trabalho implicam um salto qualitativo nos problemas de coordenação. A proliferação das funções de vigilância estatal e autoridade burocrática e as mudanças nas formas de organização da sociedade civil fizeram surgir novos problemas. Muitas dessas divisões do trabalho e da autoridade se entrelaçam e se alimentam umas das outras, ao passo que outras se escalonam hierarquicamente. Além disso, estamos cada vez mais sujeitos ao que Timothy Mitchell chama de "domínio dos especialistas"[2]. O conhecimento especializado sempre teve um papel crucial na história do capital, e é difícil contestar o poder do especialista. Os primeiros sinais dessa supremacia – o "homem da organização", o domínio dos "mandarins" etc. – chamaram a atenção para o surgimento de um estrato autocrático e hierárquico dentro da divisão do trabalho. Podemos afirmar que o papel dos especialistas cresceu exponencialmente nas últimas décadas, e isso é um problema sério para a transparência e a legibilidade do mundo em que vivemos. Todos dependemos de especialistas para consertar nosso computador, diagnosticar nossas doenças, projetar nosso sistema de transporte e garantir nossa segurança.

Na década de 1970, a discussão ganhou uma nova perspectiva com o surgimento da chamada "nova divisão internacional do trabalho". David Ricardo, apelando para a doutrina da vantagem comparativa, enfatizou os benefícios que se tem em termos de eficiência com a especialização dos países e o comércio entre eles. A especialização dependia, em parte, de fatores naturais (o Canadá não pode cultivar banana e café, do mesmo modo que é impossível extrair cobre ou petróleo em países onde não existem esses recursos). Mas derivava também de características sociais, como a qualificação do trabalho, os acordos institucionais, o sistema político e as configurações de classe, além dos fatos brutos do saque colonial e neocolonial e do poder geopolítico e militar.

Mas não há dúvida de que, mais ou menos a partir da década de 1970, o mapa global da divisão internacional do trabalho passou por uma série excepcional de mutações. Distritos industriais que foram o centro do domínio global do capital depois de 1850 foram desmantelados e abandonados. O capital produtivo foi canalizado para fora, e as fábricas do Japão, da Coreia do Sul, de Singapura, de Taiwan e, depois de 1980, talvez ainda mais espetacularmente, da China juntaram-se aos

---

[2] Timothy Mitchell, *The Rule of Experts: Egypt, Techno-Politics, Modernity* (Berkeley, University of California Press, 2002).

novos centros de trabalho fabril no México, em Bangladesh, na Turquia e em muitas outras partes do mundo. O Ocidente se desindustrializou amplamente, enquanto o Sul e o Oriente se tornaram centros de produção de valor industrial, além do papel mais tradicional de produtores de mercadorias primárias e extratores de recursos para o mundo em via de industrialização. O curioso nessas mutações é que a industrialização, que no passado sempre foi um caminho seguro para aumentar a renda *per capita*, em alguns casos estava mais associada com a perpetuação da pobreza do que com a profusão de riqueza, como aconteceu em Bangladesh. Podemos dizer o mesmo dos países que se tornaram importantes por causa do petróleo e dos minérios. Esses países passaram pela chamada "maldição dos recursos": renda e *royalties* foram sequestrados por uma elite que deixou a massa da população na miséria (a Venezuela antes de Chávez é o principal exemplo). O Ocidente se concentrou cada vez mais na extração de renda pelo desenvolvimento das finanças, dos seguros e da propriedade imobiliária, assim como de um regime consolidado de direitos de propriedade intelectual, produtos culturais e monopólios empresariais (como Apple, Monsanto, grandes empresas de energia, farmacêuticas etc.). Atividades que se baseiam no conhecimento e empregam uma força de trabalho treinada no que Robert Reich chamou de "trabalho simbólico" (em oposição ao trabalho manual) também se tornaram importantes[3]. Aparentemente, enquanto ocorriam essas mudanças, houve um lento movimento tectônico nas relações de poder e na configuração geopolítica da economia global. Inverteu-se o fluxo de riquezas do Oriente para o Ocidente, que havia prevalecido durante dois séculos, e a China se tornou cada vez mais o centro dinâmico de um capitalismo global, enquanto o Ocidente, depois da crise financeira de 2008, perdeu grande parte do ímpeto.

Onde se encontram então as contradições principais disso? Claramente, a inversão dos fluxos de riqueza e a reconfiguração dos poderes geopolíticos representam perigos ocasionais para conflitos globais que antes não existiam. Embora esses conflitos estejam enraizados nas condições econômicas e tenham consequências significativas para essas condições, discordo da ideia de que os conflitos econômicos e militares surgem das contradições do capital como tal. O grau de autonomia com que a lógica territorial do poder de Estado funciona dentro do sistema estatal global é suficientemente grande para que qualquer determinismo econômico simples dê certo. Uma grande guerra no Oriente Médio, por exemplo, estaria indubitavelmente enraizada na produção de petróleo e nos diferentes interesses geopolíticos e geoeconômicos em torno desse recurso mundial básico, e certamente teria um enorme impacto econômico (como aconteceu com o embargo do petróleo em 1973). No

---

[3] Robert B. Reich, *O trabalho das nações: preparando-nos para o capitalismo do século XXI* (trad. Claudiney Fullmann, 2. ed., São Paulo, Educator, 1994).

entanto, seria um equívoco concluir que as contradições do capital sejam por si sós a causa principal desse tipo de conflito.

Também está claro que a complexidade crescente na divisão do trabalho abre espaço para novas vulnerabilidades. Pequenas perturbações numa cadeia de suprimentos podem ter grandes consequências. Uma greve numa fábrica que produz peças automotivas fundamentais em determinada região pode interromper todo o sistema de produção no mundo. Contudo, é mais plausível argumentar que a complexidade e a proliferação geográfica dos vínculos dentro da divisão global do trabalho são um seguro mais confiável contra as calamidades locais. No passado pré-capitalista, uma safra ruim de grãos na Rússia significaria fome e inanição no país, mas hoje é possível recorrer a um mercado mundial de grãos para compensar as perdas locais. Não há mais razões técnicas para fomes locais, precisamente por causa do modo de funcionamento da divisão global do trabalho. Quando há fome (com certa frequência, infelizmente), ela se deve invariavelmente a causas sociais e políticas. A última grande fome na China, que matou cerca de 20 milhões de pessoas na época do "grande salto adiante", ocorreu justamente porque o país, por escolha política, estava isolado do mercado mundial; esse tipo de evento não aconteceria na China atual. Essa deveria ser uma lição salutar para os que depositam sua fé anticapitalista na perspectiva de uma soberania alimentar local, de uma autossuficiência local, de uma separação da economia global. Libertar-se dos grilhões de uma divisão internacional do trabalho organizada em benefício do capital e dos poderes imperialistas é uma coisa, isolar-se do mercado mundial em nome de uma antiglobalização é uma alternativa potencialmente suicida.

A principal contradição do uso que o capital faz da divisão do trabalho não é técnica, mas social e política. E resume-se numa única palavra: *alienação*. Os ganhos indubitáveis e assombrosos de produtividade, bens e lucratividade obtidos pelo capital em virtude de sua organização tanto da divisão detalhada quanto da divisão social do trabalho se dão à custa do bem-estar mental, emocional e físico dos trabalhadores que ele emprega. O trabalho, como sugere Marx, é reduzido a um "fragmento de homem" em virtude de sua ligação com uma posição fixa dentro de uma divisão cada vez mais complexa do trabalho. Os trabalhadores são isolados e individualizados, alienados uns dos outros pela competição, alienados de uma relação sensual com a natureza (tanto de sua natureza como seres humanos sensuais e passionais quanto da natureza do mundo exterior). Na medida em que a inteligência é cada vez mais incorporada às máquinas, a unidade entre os aspectos mentais e manuais do trabalho se rompe. Os trabalhadores são privados de desafios mentais ou possibilidades criativas e tornam-se meros operadores mecânicos, apêndices das máquinas, em vez de mestres de seu próprio destino e de sua própria sorte. A perda do sentido de totalidade ou autoridade pessoal diminui a satisfação emocional. Criatividade, espontaneidade e encanto desaparecem. Em resumo, a atividade de trabalhar para o capital se torna vazia e sem sentido. E os seres humanos não podem viver num mundo desprovido de sentido.

Reflexões desse tipo sobre a condição humana sob o domínio do capital não são exclusividade de Marx. Encontramos ideias semelhantes em Weber, Durkheim e Tönnies. Até Adam Smith, grande defensor da divisão do trabalho e apologista de sua contribuição para a eficiência, a produtividade e o crescimento dos seres humanos, temia que designar trabalhadores a uma única tarefa dentro de uma divisão complexa do trabalho fosse equivalente a condená-los à ignorância e à estupidez. Críticos posteriores, como Frederick Taylor, menos preocupados do que Smith com os "sentimentos morais", eram mais indulgentes: para Taylor, não havia problema nenhum em os trabalhadores agirem mais como gorilas treinados do que como seres humanos apaixonados. Os capitalistas, como observou o romancista Charles Dickens, gostavam de ver seus trabalhadores apenas como "mãos", esquecendo-se de que tinham também estômago e cérebro.

Mas, diziam os críticos mais perspicazes do século XIX, se é dessa forma que as pessoas vivem no trabalho, como vão pensar diferente quando voltam para casa? Como é possível construir um sentido de comunidade moral ou solidariedade social, formas coletivas e significativas de pertencer e viver que não sejam contaminadas pela brutalidade, pela ignorância e pela estupidez que cercam os trabalhadores no trabalho? Como, acima de tudo, se pode esperar que os trabalhadores desenvolvam algum senso de controle sobre o seu próprio destino, se dependem tão profundamente de uma multidão de pessoas distantes, desconhecidas e, em muitos aspectos, irreconhecíveis, que todos os dias lhes põem o café da manhã na mesa?

A proliferação e a complexidade crescente na divisão do trabalho sob o domínio do capital deixam pouco espaço para o desenvolvimento ou a realização pessoal dos trabalhadores. Nossa capacidade coletiva de explorar livremente nosso potencial como seres humanos parece bloqueada. Mas até Marx, que é absolutamente severo ao descrever as alienações que surgem do uso da divisão do trabalho pelo capital, vê algumas possibilidades nas condições dadas por ela. Nem tudo está perdido para os trabalhadores, sugere ele, em parte por razões que o próprio capital é obrigado a fornecer. Evoluções rápidas na divisão do trabalho por influência de fortes correntes de mudança tecnológica exigiriam, argumenta ele, uma mão de obra flexível, adaptável e, até certo ponto, educada.

> A grande indústria [...] transforma numa questão de vida ou morte a substituição dessa realidade monstruosa, na qual uma miserável população trabalhadora é mantida como reserva, pronta a satisfazer as necessidades mutáveis de exploração que experimenta o capital, pela disponibilidade absoluta do homem para cumprir as exigências variáveis

do trabalho; a substituição do indivíduo parcial, mero portador de uma função social de detalhe, pelo indivíduo plenamente desenvolvido, para o qual as diversas funções sociais são modos alternantes de atividade.[4]

Com esse propósito, o capital necessitaria de uma força de trabalho educada e adaptável, e não específica, e, se os trabalhadores devem ser educados, quem sabe o que esse "indivíduo plenamente desenvolvido" poderia ler e quais ideias políticas poderia conceber? Para Marx, a inserção de cláusulas relativas à educação na Lei Fabril Inglesa de 1864 [English Factory Act] é uma prova clara da necessidade de que o Estado intervenha e, em nome do capital, garanta certos movimentos voltados para a educação do "indivíduo plenamente desenvolvido". De maneira semelhante, embora seja fácil perceber e criticar os abusos do emprego de mulheres na Revolução Industrial, Marx também viu possibilidades de progresso a longo prazo para a construção de uma "forma nova e superior" de vida familiar e relações de gênero, baseadas tanto no que o capital oferecia às mulheres quanto no que exigia delas no local de trabalho.

Nessa formulação, é claro, reside a questão do que um "indivíduo plenamente desenvolvido" pode querer ou precisa saber e quem o ensinará. Trata-se de uma questão central para o campo da reprodução social, que consideraremos mais adiante, mas que merece ao menos uma breve menção aqui. Do ponto de vista do capital, os trabalhadores precisam saber apenas o necessário para obedecer às instruções e cumprir suas funções dentro de uma divisão do trabalho por ele criada. Contudo, uma vez que sabem ler, existe o perigo de que os trabalhadores leiam, sonhem e até ajam de acordo com ideias recolhidas de uma imensa variedade de fontes. Por essa razão, é essencial que haja controle ideológico sobre o fluxo de conhecimento e informação, além do ensino de ideias corretas que apoiem o capital e seus requisitos de reprodução. Mas é difícil, e talvez impossível, que o indivíduo educado e plenamente desenvolvido não questione a natureza da totalidade de uma sociedade humana da qual sua própria atividade laboral é apenas uma parte minúscula, ou o que significa ser humano num mundo tão fragmentado que torna difícil extrair um sentido direto do significado da vida. Suspeito que foi por isso que o capital permitiu que uma pequena dose de educação humanista em literatura e arte, conhecimentos gerais, sentimentos religiosos e morais, fornecesse um antídoto para as ansiedades geradas pela perda de sentido no trabalho. As fragmentações e divisões do trabalho, necessárias à diversidade sempre em expansão dos nichos ocupacionais oferecidos pelo capital, geram sérios problemas psicológicos.

---

[4] Karl Marx, *O capital*, Livro I, cit., p. 558.

No entanto, o que é mais espantoso na era neoliberal é que até mesmo essa mínima concessão às necessidades humanas foi desdenhosamente deixada de lado em nome de uma austeridade supostamente necessária. Os subsídios do Estado às atividades culturais são cinicamente desmantelados, deixando que o apoio financeiro a todas essas atividades fique a cargo da egoísta filantropia dos ricos ou do patrocínio igualmente egoísta das empresas. A cultura patrocinada por companhias como IBM, BP e Exxon é agora o que define o jogo cultural.

Nota-se também que os próprios trabalhadores, como seres humanos inerentemente apaixonados e sociáveis, têm algo a dizer não apenas sobre sua situação objetiva, mas também sobre seu estado subjetivo de espírito. Mesmo sem a ajuda do capital, as condições objetivas da alienação podem ser revertidas pelos próprios trabalhadores quando aproveitam as oportunidades e lutam para humanizar os processos de trabalho e as condições gerais de emprego. Podem exigir e, em alguns casos, ganhar o respeito dos empregadores, ao mesmo tempo que são explorados objetivamente. Subjetivamente, os laços sociais e a solidariedade necessários à sobrevivência em minas ou fundições são traduzidos em orgulho por se ter executado um trabalho perigoso e difícil. Solidariedades comunais refletem esse sentimento e ajudam a combater o isolamento individual que os processos do livre mercado tendem a exacerbar. É possível, mesmo sob o domínio férreo do capital, que os trabalhadores sintam orgulho de seu trabalho e papel e que assumam uma identidade como trabalhadores de certo tipo. Assim como qualquer outra pessoa, perguntam-se qual o sentido da vida a que estão condenados e quem comanda o processo evolutivo que os abandona na fila dos desempregados como seres descartáveis ou lhes oferece um cargo que soa tão estranho que só pode ser incompreensível e sem sentido. Os trabalhadores empregados pelo capital não precisam se sentir alienados. Mas, quando os empregos significativos desaparecem, a clara sensação de ser explorado se une perigosamente a um sentimento crescente de alienação total diante da posição insignificante que ocupam num mundo de trabalho *pro forma*.

Isso não quer dizer que o equilíbrio entre alienação, de um lado, e enfrentamento e compromisso, de outro, seja um equilíbrio fixo. Nos países capitalistas avançados, como Alemanha, Canadá, Estados Unidos, Grã-Bretanha, Japão e Singapura, as tendências da divisão do trabalho têm favorecido a produção de uma mão de obra educada, capaz de se engajar com flexibilidade em uma ampla variedade de processos de trabalho. Isso, junto com uma longa história de luta pelos direitos trabalhistas e uma multiplicidade de batalhas contra as alienações que o capital impõe aos trabalhadores, criou uma situação em que uma parcela significativa da força de trabalho desses países é altamente treinada, ao menos nas habilidades elementares, e recebe uma remuneração confortável, se não generosa. Em contrapartida, as condições de trabalho na indústria têxtil de Bangladesh, nas fábricas de eletrônicos no sul da China, nas *maquiladoras* da fronteira mexicana ou na indústria química da Indonésia são muito parecidas com aquelas que Marx conheceu tão bem. Os relatos sobre as condições de trabalho nessas fábricas e ao redor delas não ficariam deslocados se fossem inseridos em *O capital*.

As transformações causadas no trabalho e na vida social pela contrarrevolução neoliberal, que começou a ganhar impulso no mundo capitalista avançado no fim da década de 1970, tiveram efeitos devastadores sobre amplos segmentos da população. Eles foram deixados para trás e convertidos em descartáveis e dispensáveis por uma combinação de mudanças tecnológicas e deslocalização produtiva. Perdidos num mundo de desemprego prolongado, deterioração da infraestrutura social e perda das solidariedades comunais, alienaram-se profundamente, entregaram-se em grande medida a ressentimentos passivos, alternados por eventuais protestos violentos e aparentemente irracionais. Basta que os protestos vulcânicos que vêm acontecendo desde os subúrbios suecos até Istambul e São Paulo se aglutinem para que seja revelada a grossa camada de magma de alienação que borbulha por baixo deles. Então o capital se verá diante de uma crise política quase impossível de se resolver sem uma rigorosa repressão autocrática, que, por sua vez, vai exacerbar o descontentamento, ao invés de abrandá-lo. O desenvolvimento geográfico desigual da divisão do trabalho e o aumento da desigualdade social diante das oportunidades de vida estão exacerbando esse sentimento de alienação, que, caso saia da passividade e se torne ativo, certamente será uma grande ameaça à reprodução do capital tal como está constituída hoje. A sociedade terá de encarar a dura escolha entre uma reforma impossível e uma revolução improvável.

Contradição 10
Monopólio e competição:
centralização e descentralização

Em qualquer texto de economia ou defesa popular do capitalismo, não é difícil encontrar a palavra "concorrência". Tanto em apologias como em trabalhos teóricos mais sérios, uma das grandes histórias de sucesso do capitalismo é que ele supostamente parte da tendência natural dos seres humanos à competição, liberta essa tendência das restrições sociais e tira proveito dela mediante o mercado para produzir um sistema social dinâmico e progressista que pode funcionar em benefício de todos. O poder de monopólio (do tipo praticado por Google, Microsoft e Amazon) e seus cognatos oligopólio (do tipo exercido pelas principais companhias petrolíferas conhecidas como "as Sete Irmãs") e monopsônio (o poder que Apple e Walmart exercem sobre seus fornecedores) tendem a ser apresentados (quando são mencionados) como aberrações, desvios lamentáveis de um estado de equilíbrio feliz que deveria ser atingido num mercado puramente competitivo.

Essa visão tendenciosa – como acredito que seja – é apoiada pela existência de leis e comissões antitruste e antimonopólio que proclamam que os monopólios são ruins e, de tempos em tempos, tentam quebrá-los para proteger o público de seus efeitos negativos. No início do século XX, por exemplo, houve uma onda antitruste nos Estados Unidos liderada pela figura indômita de Teddy Roosevelt. Na década de 1980, o monopólio da AT&T na área das telecomunicações foi quebrado nos Estados Unidos, e hoje, tanto na Europa quanto na América do Norte, surgem questionamentos sobre o poder excessivo de mercado de Google, Microsoft e Amazon. No caso dos chamados "monopólios naturais" (em especial serviços públicos e vias de transporte, como canais e ferrovias, que não podem ser organizados de forma competitiva), Adam Smith aconselhava que houvesse a regulamentação do governo para evitar preços exorbitantes. O objetivo declarado da política pública é evitar os preços de monopólio e garantir os benefícios da inovação, o aumento da produtividade e os preços baixos que supostamente derivam da concorrência capitalista. A manutenção de um ambiente competitivo mediante a ação estatal é geralmente elogiada como uma postura política essencial para qualquer economia capitalista saudável. Em particular, é dito com frequência que um objetivo central das políticas públicas é atingir uma posição competitiva no comércio internacional. Se ao menos existisse um mercado competitivo puro e perfeito, livre das distorções do poder de monopólio, tudo funcionaria muito bem.

Essa história assombrosamente influente prevalece há mais de dois séculos, desde que Adam Smith a contou com tanto brilhantismo e persuasão em *A riqueza das nações*. É *o* mito fundador da teoria econômica liberal. Desde o fim do século XVIII, os economistas liberais organizaram uma cruzada contra as intervenções do Estado nos mecanismos de fixação de preços de mercado e contra o poder do monopólio. Keynes não estava muito longe disso. Mais surpreendente é o fato que essa história tenha sido aceita como um credo em *O capital*, embora no caso de Marx o raciocínio leve à conclusão de que, se a história utópica de Adam Smith estivesse correta, o resultado não seria o bem de todos, mas um aprofundamento da divisão de riqueza e poder em termos de classe, o que garantiria ao capital ser cada vez mais propenso a crises, assim como mais poderoso.

Depois da crise de 2007-2009, tornou-se muito difícil para os economistas se manterem fiéis à narrativa com a qual estavam acostumados. Banqueiros correndo atrás de seus próprios interesses não contribuíam para o bem-estar geral, e, nos Estados Unidos, o Federal Reserve socorreu os bancos, não as pessoas. Isso levou ao reconhecimento de que o poder de monopólio é mais do que uma aberração, é um problema sistêmico que surge do que os economistas chamam de "busca de renda". "Para ser franco", diz o economista Joseph Stiglitz, "há duas maneiras de enriquecer: criando riqueza ou tirando riqueza dos outros. A primeira contribui para a sociedade. A segunda subtrai dela, porque, no processo de retirar a riqueza, parte dela é destruída."[1] "Busca de renda" nada mais é do que uma maneira educada e vagamente neutra de se referir ao que chamo de "acumulação por espoliação".

A virtude da explicação um tanto truncada de Stiglitz sobre a busca de renda, ou acumulação por espoliação, é reconhecer o paralelismo perfeito entre o poder de monopólio nas transações econômicas e o poder de monopólio nos processos políticos. Tomemos os Estados Unidos como exemplo. Impostos regressivos e perdão de dívidas; captura regulatória (quando se põe a raposa para vigiar o galinheiro); aquisição ou aluguel de ativos estatais ou privados a preços especiais; contratos superfaturados com agências estatais; criação de leis para proteger ou subsidiar interesses particulares

---

[1] Joseph Stiglitz, *The Price of Inequality* (Nova York, Norton, 2013), p. 44.

(energia e agronegócios); compra de influência política em troca de contribuições de campanha – todas essas práticas políticas dão liberdade de ação aos grandes interesses econômicos monopolistas, ao mesmo tempo que lhes permitem saquear o tesouro público à custa do contribuinte. Essas práticas políticas complementam a busca convencional de renda no mercado de terra e propriedade imobiliária, recursos e patentes, licenças e direitos de propriedade intelectual, além dos ganhos excessivos com preços de monopólio. E há ainda todas as formas quase legais de se obter lucros excessivos. A criação de mercados financeiros sem nenhuma transparência, ou nos quais falta informação adequada, gera uma névoa de incompreensão na qual é impossível refrear as práticas desonestas. Consegue-se dinheiro real por meio de práticas contábeis fictícias (como a Enron mostrou de forma tão dramática). Quando acrescentamos a proliferação de práticas abusivas – como os empréstimos predatórios no mercado habitacional que transferiram bilhões de dólares em ativos para o bolso dos financistas –, as práticas abusivas das operadoras de cartão de crédito, as cobranças ocultas (nas faturas médicas e telefônicas), assim como as práticas que burlam a lei (quando não a violam), o que temos é um amplo cenário de práticas abusivas em que a riqueza das grandes empresas e dos interesses financeiros cresce rapidamente, mesmo que a economia como um todo entre em colapso e estagne. Como afirma Stiglitz:

> Algumas das inovações mais importantes nos negócios nos últimos trinta anos se concentraram não em como tornar a economia mais eficaz, mas em como garantir o poder de monopólio e contornar as regulamentações governamentais que pretendiam alinhar benefícios sociais e retornos privados.[2]

O que falta na análise de Stiglitz sobre a busca de renda como estratégia (embora não falte em sua análise sobre os resultados sociais) é a demolição de uma ampla variedade de direitos democráticos, inclusive dos direitos econômicos a aposentadoria e assistência médica, e o livre acesso a serviços vitais, como educação, polícia, proteção contra incêndios e programas financiados pelo Estado (como bolsas-alimentação*, no caso dos Estados Unidos), que até agora ajudaram a população de baixa renda a manter um nível de vida adequado. O ataque neoliberal a esses direitos e serviços é uma forma de espoliação que transfere a poupança gerada pelo corte do gasto público para a classe "não necessitada, mas gananciosa" dos chefes de empresa e bilionários. E tudo isso foi feito com o recurso a um poder de classe consolidado, que monopoliza

---

[2] Idem.
* O autor se refere a programas governamentais como Food Stamps e seu substituto, Supplemental Nutrition Assistance Program, de assistência à compra de alimentos para cidadãos dos Estados Unidos e para certas categorias de imigrantes com pouca ou nenhuma renda. (N. R. T.)

tanto a economia quanto o processo político, além de grande parte dos meios de comunicação, reduzindo um suposto "livre mercado de ideias" a uma série de lutas partidárias em torno de trivialidades. Mesmo assim, a ortodoxia econômica continua afirmando que o livre mercado é o deus em que devemos confiar, e que o monopólio é uma aberração infeliz que poderíamos evitar, se nos esforçássemos.

A ideia que defendo aqui, no entanto, é que *o poder de monopólio não é uma aberração; ao contrário, é fundamental para o funcionamento do capital e forma uma unidade contraditória com a concorrência.* Trata-se de uma posição bastante incomum, que vai além da análise de Stiglitz, mas há uma boa razão para acreditarmos que a formulação é correta. Ela não apenas está de acordo com o fato singular de que, quando têm oportunidade, quase todos os capitalistas preferem ser monopolistas em vez de competidores, sempre se esforçando para adquirir o máximo possível de poder de monopólio, como também chega ao núcleo da unidade contraditória entre concorrência e monopólio na história do capital.

Então como devemos entender essa unidade contraditória? O mais óbvio é partir do ponto em que os dois elementos da contradição são indistinguíveis, ou melhor, em que se fundem, e a contradição não é antagônica, mas latente. Esse ponto é a natureza da propriedade privada, que confere ao dono da mercadoria o monopólio sobre seu uso. O poder de monopólio inerente à propriedade privada constitui a base do intercâmbio e, por extensão, da concorrência. Isso pode parecer elementar, talvez até trivial, mas não quando reconhecemos que o poder de classe do capital depende da reunião de todos esses direitos de propriedade individuais e monopolistas numa ordem social em que a classe capitalista pode ser definida, em comparação com o trabalho, por seu *monopólio coletivo sobre os meios de produção (ou, na versão atualizada, sobre os meios de financiamento).* O que falta na discussão sobre o monopólio é o conceito e a realidade do poder de monopólio *de classe* (poder coletivo do capital), incluídas as rendas do monopólio de classe, como aplicados nos processos econômicos e políticos.

Desse modo, o papel da explicação-padrão, na qual a concorrência aparece muito e o monopólio muito pouco, fica mais claro. Ela oculta a base monopolista do poder de classe na propriedade privada e, convenientemente, foge da questão do poder de classe e da luta de classes (como acontece em quase todos os manuais de economia). O capital é idealmente construído como uma série magnífica de colisões moleculares e concorrenciais entre capitalistas individuais, que se movem livremente e buscam oportunidades de lucro no caótico oceano da atividade econômica. A realidade da concorrência internacional, enaltecida como tão benéfica para todos, é que ela exerce uma pressão descendente sobre os salários em benefício do capital!

Ao contrário do caso da mudança tecnológica em geral, que se pode descrever plausivelmente como progressiva e irreversível, o equilíbrio entre monopólio e concorrência oscila erraticamente de um lado para o outro. Às vezes parece mais cíclico do que unidirecional, e está sujeito às vontades e inclinações políticas da gestão e intervenção do Estado. Marx acreditava que o ponto final da concorrência seria inevitavelmente o poder de monopólio, e que deveria haver leis distintas para governar a centralização do capital, mas não elaborou seu raciocínio. Na virada do século XX, Lenin viu o capital seguir para uma nova fase de poder de monopólio associada ao imperialismo, quando os grandes cartéis industriais se uniram ao capital financeiro para dominar as principais economias nacionais (os trustes contra os quais Teddy Roosevelt lutou). Essa ideia ressurgiu na década de 1960 nos Estados Unidos com o livro *Capitalismo monopolista*, de Paul Baran e Paul Sweezy, e na obra de vários teóricos dos partidos comunistas europeus[3]. O poder crescente dos monopólios foi associado mais uma vez às fortes correntes de um imperialismo centralizado. Na década de 1960, as grandes corporações (como as três grandes fábricas de automóveis em Detroit e as empresas estatais na Europa) é que dominavam os mercados nacionais, e acreditava-se que exerciam um poder de monopólio excessivo. Grandes empresas como a United Fruit, na América Central, e a ITT, no Chile, tinham poder de monopólio internacional e estavam por trás de golpes e regimes militares (como o do Chile), agindo em conformidade com os interesses das potências imperiais.

O capital oscila, como afirmou Giovanni Arrighi, entre dois extremos: de um lado, os efeitos supostamente nocivos da concorrência desregulada, de outro, os poderes centralizadores excessivos de monopólios e oligopólios[4]. A crise dos anos 1970 (cuja superfície exibia uma combinação singular de estagnação e inflação) foi amplamente interpretada como uma crise típica do capital monopolista, enquanto a crise deflacionária dos anos 1930, pode-se dizer, foi provocada por uma concorrência nociva. A situação de unidade contraditória entre monopólio e concorrência, em qualquer fase da história, tem de ser estabelecida, não presumida. Enquanto a virada neoliberal que se iniciou na década de 1970 inaugurou novas formas de competição internacional pela globalização, a situação atual em muitos setores da economia (farmacêutico, petrolífero, aéreo, bancário, de agronegócio, *softwares*, meios de comunicação e redes sociais em particular, e até mesmo o comércio varejista) sugere forte tendência ao oligopólio, e talvez até ao monopólio. Talvez ateste o caráter mutável dessa contradição o fato de que certo nível de poder de monopólio (como do Google) seja considerado hoje, em certos círculos, um desvio valioso de uma situação de pura concorrência, pois permite o cálculo racional, a padronização e o planejamento antecipado, em vez do caos das coordenações de mercado instáveis num mundo incerto. Por outro lado,

---

[3] Paul Baran e Paul Sweezy, *Capitalismo monopolista* (trad. Waltensir Dutra, 2. ed., Rio de Janeiro, Zahar, 1974).
[4] Giovanni Arrighi, "Towards a Theory of Capitalist Crisis", *New Left Review*, set. 1978.

o fato de o Google ter abusado de sua posição de monopólio (permitindo o acesso da Agência de Segurança dos Estados Unidos aos dados pessoais dos usuários) ilustra as potencialidades negativas que acompanham tal concentração de poder.

O exemplo da propriedade privada como poder de monopólio é particularmente esclarecedor no caso da terra e da propriedade imobiliária. O que se monopoliza não é a terra ou o imóvel, mas uma localização espacial única. Ninguém pode construir uma fábrica onde já está a minha. Uma localização vantajosa (com acesso privilegiado a vias de transporte, recursos ou mercados) me dá certo poder de monopólio na concorrência com os outros. O resultado, como os economistas tradicionais tiveram de reconhecer ao estudar o assunto, é um tipo peculiar de concorrência denominado "concorrência monopolista". O termo é adequado porque descreve uma condição em que toda atividade econômica é competitivamente fundamentada em espaços particulares com qualidades únicas. Naturalmente, essa forma de competição é tratada como nota de rodapé na teoria econômica, e não como fundamental para a vida econômica, embora toda atividade econômica produtiva ocorra, em última instância, no espaço. O pensamento econômico padrão prefere um modelo em que a atividade econômica ocorre em uma cabeça de alfinete e não há monopólios decorrentes da localização espacial. Qualidades espaciais diferenciais – solo mais fértil, recursos de melhor qualidade, vantagens locacionais superiores – parecem não importar. Tampouco a estrutura eternamente mutável das relações espaciais, provocada sobretudo pelos investimentos em infraestrutura, como sistema de transporte.

Essas ausências têm sérias consequências para o entendimento de como funciona a unidade contraditória de competição e monopólio. Costuma-se supor, por exemplo, que a existência de múltiplas pequenas empresas produzindo um produto semelhante é sinal de intensa concorrência, o que não acontece em determinadas condições espaciais. Duas padarias a uma distância de trezentos metros uma da outra é algo que pode sugerir uma intensa concorrência, mas, se existe um rio caudaloso entre elas, cada um dos padeiros terá poder de monopólio de um lado do rio. O poder de monopólio acaba se o rei constrói uma ponte sobre o rio, mas é restabelecido se um senhor local impõe um pedágio abusivo à travessia da ponte, ou se o rio se torna fronteira política e passa a ser cobrado um imposto alto para o comércio de pão entre uma margem e outra. Foi por essa razão que os economistas políticos do século XVIII fizeram campanha contra taxas e tarifas alfandegárias, entendendo que esse tipo de cobrança era um obstáculo à concorrência. O regime global de livre comércio almejado pelos Estados Unidos depois de 1945, que culminou nos acordos da Organização Mundial do Comércio, é uma continuação dessa política.

Mas o papel do custo do transporte como forma de "proteção" para os monopólios locais vem diminuindo há muito tempo. A redução desse tipo de custo tem sido importantíssima para a história do capital. A utilização de contêineres a partir da década de 1960 foi fundamental para mudar o alcance geográfico da concorrência, assim como fez a redução das barreiras políticas ao comércio. A indústria automobilística dos Estados Unidos, com três grandes empresas localizadas em Detroit, parecia ser um oligopólio superpoderoso na década de 1960, mas esse poder foi destruído na década de 1980 pela concorrência da Alemanha Ocidental e do Japão, quando as condições espaciais das relações comerciais mudaram radicalmente, em termos físicos e políticos. Os anos 1980 assistiram ao surgimento do carro global: suas peças podiam ser produzidas em partes diferentes do mundo e montadas em algum lugar como Detroit. O advento de uma concorrência internacional acirrada, somada à automação, transformaram Detroit num deserto. A história do comércio de cerveja é outro dos meus exemplos prediletos. Altamente localizado no século XVIII, ele se regionalizou em meados do século XIX, graças às estradas de ferro, nacionalizou-se na década de 1960 e globalizou-se na década de 1980, dessa vez graças aos contêineres.

O campo da concorrência monopolista está mudando e, como no caso do desenvolvimento geográfico desigual, a própria organização espacial e geográfica da produção, da distribuição e do consumo é uma maneira de orquestrar a relação contraditória entre monopólio e concorrência. Hoje, como vegetais da Califórnia em Paris e tomo cerveja importada de todo o mundo em Pittsburgh. À medida que as barreiras espaciais diminuíram em virtude da tendência capitalista de "destruição do espaço pelo tempo", muitas indústrias e serviços locais perderam suas proteções e seus privilégios de monopólio e viram-se forçados a concorrer com produtores de outros lugares, primeiro relativamente próximos e depois cada vez mais distantes.

Supostamente, os capitalistas deveriam receber de braços abertos tamanha restauração da concorrência. Mas, como já dissemos, a maioria dos capitalistas, quando pode, prefere ser monopolista. Assim, eles tiveram de encontrar outras maneiras de construir e preservar uma posição de monopólio muito cobiçada.

A solução óbvia consiste em centralizar o capital em megacorporações, ou estabelecer alianças mais flexíveis (como fizeram as companhias aéreas ou as fábricas de automóveis) que dominem o mercado. E já vimos isso às centenas. A segunda via consiste em garantir mais firmemente os direitos de monopólio da propriedade privada por meio de leis internacionais que regulem todo o mercado global. As patentes e os chamados "direitos de propriedade intelectual" tornaram-se, consequentemente, o principal campo de batalha para afirmar os poderes de monopólio de maneira mais geral. A indústria farmacêutica, para citar um exemplo paradigmático, adquiriu poderes extraordinários de monopólio em parte graças a centralizações maciças de capital e em parte graças à proteção de patentes e aos contratos de licença. E continua avidamente em busca de mais poderes de monopólio à medida que tenta estabelecer direitos de propriedade sobre todos os tipos de material genético (inclusive de plantas raras das florestas tropicais, tradicionalmente coletadas por habitantes nativos).

A terceira via é a da "marca", que permite cobrar preços de monopólio por um tênis com o símbolo "*swoosh*" ou por um vinho com o nome de certo *château* no rótulo.

À medida que diminuem os privilégios de monopólio de uma fonte, há tentativas de preservá-los e reuni-los por outros meios. Continuam existindo, no entanto, certos mercados circunscritos espacialmente que facilitam a cobrança de preços de monopólio para certas atividades: uma cirurgia na bacia custa US$13.360 na Bélgica (com passagem de ida e volta, a partir dos Estados Unidos), e o mesmo procedimento nos Estados Unidos custa mais de US$78.000! Obviamente, existe um preço de monopólio nos Estados Unidos que não existe na Bélgica (quase certamente em razão de regulamentações diferentes). Serviços pessoais continuam parcialmente imunes à concorrência espacial, apesar do turismo médico e da terceirização de centrais de atendimento, como as da Índia. No entanto, esses mercados protegidos podem desmoronar com o uso da inteligência artificial.

Podemos concluir que o capital é apaixonado pelo monopólio. Ele prefere certezas, vida mansa e mudanças lentas e cautelosas, que têm lugar com um estilo monopolista de trabalho e de vida, longe da brutalidade e da confusão da concorrência. Também por essa razão, o capital ama mercadorias únicas, tão singulares que podem ter preço de monopólio. O capital faz um grande esforço para se apropriar dessas mercadorias e fomentar sua produção, vestindo-as muitas vezes com trajes de puro prazer estético. A classe capitalista constrói um mercado de arte como esfera de investimentos na qual reina supremo o preço de monopólio, assim como acontece com os investimentos em esportes profissionais (futebol, hóquei e basquete, por exemplo). Quando pode, ainda mercantiliza as qualidades únicas da natureza, atribuindo-lhes valor monetário sujeito ao regime de propriedade privada. Como lamentou o geógrafo anarquista Elisée Reclus em 1866:

> Na costa, os penhascos mais pitorescos e as praias mais charmosas estão nas mãos de proprietários avarentos ou especuladores que apreciam as belezas naturais com o mesmo espírito que um cambista aprecia um lingote de ouro [...] Cada curiosidade natural, seja uma rocha, uma gruta, uma catarata ou a fissura de uma geleira – tudo, até mesmo o som do eco – pode se tornar propriedade individual. Os empresários arrendam as cataratas e as fecham com cercas de madeira para evitar que viajantes contemplem as águas turbulentas sem pagar por isso. Depois, com uma avalanche de publicidade, a luz que brinca com as gotículas difusas e as rajadas de vento que abrem a cortina dos nevoeiros são transformadas no tinido ressoante da prata.[5]

---

[5] Elisée Reclus, *Anarchy, Geography, Modernity* (orgs. John P. Clark e Camille Martin, Oxford, Lexington, 2004), p. 124.

O mesmo se aplica a objetos culturais únicos e a tradições históricas e culturais. A mercantilização da história, da cultura e da tradição pode parecer censurável, mas sustenta um amplo mercado turístico em que a autenticidade e a exclusividade são extremamente valorizadas, mesmo que estejam sujeitas à hegemonia do valor de mercado. Mais significativo, no entanto, é a rotulação sistemática de mercadorias de consumo como únicas e especiais (mesmo quando tais pretensões são, no mínimo, duvidosas) para permitir que lhes seja aplicado um preço de monopólio. Os artigos ou efeitos produzidos não podem ser tão únicos ou especiais a ponto de escapar completamente ao cálculo monetário, então até quadros de Picasso, artefatos arqueológicos e objetos de arte aborígene precisam ter um preço. Para mercadorias mais comuns, o objetivo é diferenciar uma marca, como se o creme dental, o carro ou o xampu fosse superior. A ideia é usar a diferenciação do produto como forma de assegurar um preço de monopólio. A reputação e a imagem pública de uma mercadoria são tão, ou até mais, importantes como seu valor de uso material. Daí a imensa relevância da publicidade, que nada mais é do que uma indústria lutando para extrair preços de monopólio de uma situação em geral competitiva. Quase um sexto dos empregos nos Estados Unidos está vinculado a publicidade ou vendas. É uma indústria dedicada à produção de rendas de monopólio por intermédio da produção de imagem e reputação de mercadorias específicas.

Existe uma versão geográfica interessante desse mesmo fenômeno. Cidades como Barcelona, Istambul, Melbourne e Nova York são rotuladas, por exemplo, como destinos turísticos ou centros comerciais em virtude de suas características únicas e suas qualidades culturais especiais. Se não existem características particularmente exclusivas, contrata-se um arquiteto famoso, como Frank Gehry, para construir um edifício diferenciado (como o museu Guggenheim, em Bilbao) e preencher essa lacuna[6]. História, cultura, singularidade e autenticidade são mercantilizadas e vendidas para turistas, possíveis empreendedores e chefes de empresas, proporcionando renda monopólica a proprietários de terra, construtores e especuladores imobiliários. O papel da renda monopólica de classe que se obtém do valor crescente das terras e propriedades em cidades como Barcelona, Hong Kong, Londres, Nova York e Xangai é extremamente importante para o capital em geral. O processo de gentrificação desencadeado com isso é, em todo o mundo, um elemento decisivo de uma economia baseada tanto na acumulação por espoliação quanto na criação de riquezas por meio de novos investimentos urbanos.

Cultivando o poder de monopólio, o capital efetua um amplo controle da produção e da comercialização. Ele pode estabilizar o mundo empresarial para

---

[6] David Harvey, "The Art of Rent", em *Spaces of Capital* (Edinburgh, Edinburgh University Press, 2002).

permitir o cálculo racional e o planejamento de longo prazo, a redução de riscos e incertezas. A "mão visível" da corporação, como diz Alfred Chandler, foi e continua sendo tão importante para a história capitalista quanto a "mão invisível" de Adam Smith[7]. A "mão pesada" do poder estatal, amplamente usada para sustentar o capital, também é importante.

O poder de monopólio está fortemente associado à centralização do capital. Por outro lado, a competição geralmente implica a descentralização. Será útil considerarmos aqui essa relação cognata entre centralização e descentralização das atividades político-econômicas como um subconjunto da unidade contraditória de monopólio e concorrência. Nesse exemplo, também é importante compreender a relação entre centralização e descentralização nos termos de uma unidade contraditória. Vemos com frequência, por exemplo, que a descentralização é um dos melhores meios de preservar um poder altamente centralizado, porque esconde a natureza desse poder por trás de uma capa de autonomia e liberdade individual. De certo modo, era isso que Adam Smith defendia: um Estado centralizado pode acumular muito mais riqueza e poder dando rédeas a liberdades de mercado individualizadas e descentralizadas. Isso é uma coisa que o Estado chinês reconheceu nas últimas décadas. Nesse caso, a descentralização foi política (a descentralização de poderes para regiões, depois para cidades, municípios e, por fim, vilarejos) e econômica (liberação das empresas estatais e locais e do sistema bancário em relação à criação de riquezas e à busca de renda). O livro *Adam Smith em Pequim*, de Giovanni Arrighi, trata extensivamente dessa questão[8]. Mas, nesse exemplo, devemos questionar seriamente a suposição crua de que a descentralização é inerentemente mais democrática, já que não há sinais de que o Partido Comunista centralizado abdicou de seus poderes.

Há duas maneiras de pensar a unidade contraditória entre descentralização e centralização na vida político-econômica. A primeira é setorial, enfoca sobretudo o poder de capitais associados – a mão visível da corporação capitalista em particular – e a acumulação do capital monetário como "capital comum de classe" (nas palavras de Marx), especialmente no sistema financeiro e de crédito[9]. No entanto, este último não pode funcionar sem o apoio singular do poder estatal. O "nexo Estado-finanças" (unidade entre o Banco Central e o Departamento do Tesouro, no caso dos Estados Unidos) está no vértice dessa estrutura. Ele é dotado de um

---

[7] Alfred Chandler, *The Visible Hand. The Managerial Revolution in American Business* (Cambridge, Harvard University Press, 1993).
[8] Giovanni Arrighi, *Adam Smith em Pequim* (trad. Beatriz Medina, São Paulo, Boitempo, 2008).
[9] Karl Marx, *O capital: crítica da economia política*, Livro III: *O processo global da produção capitalista* (trad. Rubens Enderle, São Paulo, Boitempo, no prelo).

poder de monopólio supremo cujo objetivo é apoiar o setor bancário e o sistema financeiro, se necessário à custa do resto, inclusive das pessoas. Ideologicamente, é respaldado por inúmeros *think tanks* (Fundação Heritage, Instituto Manhattan, Instituto Cato, Fundação Ohlin) que promovem ideias pró-capitalistas e de direita. As críticas a essa vasta centralização do poder de monopólio de classe são abundantes tanto na esquerda quanto na extrema direita do espectro político. É inegável a dedicação com que o Federal Reserve e o FMI protegem o poder de monopólio de classe de uma oligarquia financeira. Embora as evidências sejam mais do que nítidas, a máscara que os *think tanks* e os meios de comunicação tecem em volta dessas instituições, apresentando-as como grandes protetoras das liberdades de mercado individuais, consegue esconder seu caráter de classe do público em geral. A organização do "capital comum de classe" pela centralização do sistema financeiro nos leva de volta às contradições centrais na forma-dinheiro.

A segunda esfera em que as poderosas forças de centralização e descentralização colidem é geográfica. Isso leva ao desenvolvimento geográfico desigual e à projeção do poder econômico, político e militar das alianças de classe em determinado espaço sobre os de outro. Daí a relação interna entre monopólio, centralização, imperialismo e neocolonialismo. Investigaremos mais profundamente essa questão quando tratarmos do desenvolvimento geográfico desigual.

As duas formas como as tendências de descentralização e centralização do capital acontecem não são independentes entre si. A acumulação de poderes financeiros reunidos nos principais centros da finança global (Nova York, Londres, Tóquio, Xangai, Frankfurt, São Paulo etc.) é importante, assim como a longa história de florescimento de inovações em territórios novos, como o Vale do Silício, a Baváira, a chamada "Terceira Itália" na década de 1980 e assim por diante, nos quais a aparente liberdade de manobra e a falta de controle regulador permitem que aconteçam coisas que, de outro modo, seriam limitadas pelos poderes sufocantes e dominantes do Estado e do obeso capital empresarial. Essa tensão tem sido tão dominante e palpável que hoje os governantes tentam capturar as possibilidades das economias culturais, criativas e baseadas no conhecimento por meio de iniciativas centralizadas que apoiam a descentralização e desregulação do poder econômico e político. Na China e na Índia, o Estado central criou "zonas econômicas especiais" supostamente com esse propósito. Em outros lugares, o desenvolvimento fica a cargo de iniciativas locais de aparelhos metropolitanos regionais ou estatais cada vez mais ligados à atividade empresarial. A esperança é conseguir reproduzir as condições que desencadearam as inovações por trás da revolução tecnológica e do advento da "nova economia" dos anos 1990, que, apesar do fracasso no fim do século, deixaram em seu rastro uma reordenação radical das tecnologias capitalistas. É isso que se espera da concentração geográfica de capital de risco em regiões como o Vale do Silício. Embora dê o que pensar, o sucesso cheio de altos e baixos dessas políticas é um ótimo exemplo de como o capital se apodera de certas contradições, como aquela entre centralização e descentralização, ou entre monopólio e concorrência, usando-as em benefício próprio.

Quais são, então, as implicações políticas dessas descobertas para a política anticapitalista? Em primeiro lugar, devemos reconhecer que o capital tem tido êxito, em geral, na gestão das contradições entre monopólio e concorrência, assim como entre centralização e descentralização, para benefício próprio, mesmo que use as crises para isso. Está claro para mim que nenhuma ordem social alternativa será capaz de abolir essas contradições. O que interessa, portanto, é como lidar com elas. No entanto, devemos evitar pensar as oposições como unidades independentes em vez de contraditórias. É falso supor, por exemplo, que a descentralização é democrática e a centralização, não. Quando se persegue a quimera da pura descentralização (como querem fazer hoje algumas pessoas de esquerda), há uma forte possibilidade de que se abra caminho para um controle de monopólio centralizado oculto. Quando se persegue a outra quimera, a do controle centralizado racionalizado, outras pessoas de esquerda apontam para uma estagnação totalitária inaceitável. O capital chegou organicamente a certo equilíbrio e reequilíbrio das tendências de centralização monopolista e concorrência descentralizada através das crises que surgiram de seus desequilíbrios.

Ele também aprendeu uma lição de importância considerável. O capital muda a escala em que opera para localizar nela os poderes e influências que sejam mais vantajosos para a reprodução de seus próprios poderes. Na primeira metade do século XX, quando as cidades e os estados eram muito fortes nos Estados Unidos, o capital buscava apoio principalmente no nível federal, mas no fim da década de 1960, quando o governo federal se mostrou intervencionista demais e propenso à regulação, o capital passou gradualmente a apoiar os direitos dos estados, e hoje é neles que o Partido Republicano promove mais intensamente sua agenda pró-capitalista. Nesse aspecto, a esquerda anticapitalista tem muito que aprender com o capital, ao mesmo tempo que o combate. Curiosamente, grande parte da esquerda anticapitalista, em oposição à esquerda social-democrata, prefere agora travar sua guerra em microescala, na qual as formulações e soluções autonomistas e anarquistas são mais eficazes, deixando a macroescala quase sem poder de oposição. O temor da centralização e da monopolização é tão grande que paralisa a oposição anticapitalista. A relação dialética, porém contraditória, entre monopólio e concorrência não pode ser efetivamente mobilizada para a luta anticapitalista.

Contradição 11
Desenvolvimentos geográficos desiguais e produção de espaço

O capital se esforça para produzir uma paisagem geográfica favorável a sua própria reprodução e subsequente evolução. Não há nada de estranho ou antinatural nisso: afinal, se formigas fazem isso, se castores fazem isso, por que o capital não faria? Contudo, a paisagem geográfica do capitalismo é perpetuamente instável em razão das várias pressões técnicas, econômicas, sociais e políticas que operam num mundo de variações naturais extremamente mutáveis. O capital deve forçosamente se adaptar a esse mundo em constante evolução, mas também tem um papel fundamental em sua formação.

As contradições entre capital e trabalho, concorrência e monopólio, propriedade privada e Estado, centralização e descentralização, fixidez e movimento, dinamismo e inércia, pobreza e riqueza, assim como entre diferentes escalas de atividade, ganham amplitude e forma material na paisagem geográfica. Dentre todas essas forças, no entanto, temos de dar prioridade a uma combinação dos processos moleculares da acumulação infinita do capital no tempo e no espaço (fluxo e refluxo diário da atividade corporativa e empresarial competitiva envolvida na circulação e acumulação do capital) e à tentativa de organizar o espaço da paisagem de maneira sistemática por intermédio do exercício dos poderes estatais.

A paisagem geográfica construída pelo capital não é um produto passivo. Ela evolui segundo determinadas regras práticas que – como as que governam a evolução combinatória das tecnologias – têm uma lógica autônoma, porém contraditória. O modo como a paisagem evolui afeta tanto a acumulação de capital quanto a maneira como se manifestam as contradições do capital e do capitalismo no espaço, no lugar e no tempo. A independência com que a paisagem geográfica evolui tem um papel fundamental na formação das crises. Sem o desenvolvimento geográfico desigual e suas contradições, há muito tempo o capital já teria se ossificado e se tornado caótico. Esse é um meio crucial pelo qual o capital se reinventa periodicamente.

O capital e o Estado capitalista têm um papel fundamental na produção de espaços e lugares em que se realiza a atividade capitalista. É preciso muito capital para construir uma ferrovia, por exemplo. Se o propósito da ferrovia é ser rentável, então outros capitais devem utilizá-la, de preferência durante o tempo de investimento fixado. Se isso não acontece, a ferrovia vai à falência e o capital investido é perdido ou desvalorizado. Assim, o capital precisa utilizar a ferrovia, uma vez que a construiu. Mas por que o capital precisa de uma ferrovia?

Tempo é dinheiro para o capital. Atravessar espaços custa tempo e dinheiro. A economia do tempo e do dinheiro é a chave para a lucratividade. Cria-se um prêmio para inovações – técnicas, organizacionais e logísticas – que reduzam os custos e o tempo de deslocamento espacial. Produtores de novas tecnologias sabem bem disso e concentram boa parte de seu esforço autônomo para desenvolver novas maneiras de reduzir os custos ou o tempo de circulação do capital. As tecnologias que realizam esses objetivos controlam um mercado pronto. O que Marx chamava de "destruição do espaço pelo tempo" é um dos santos graais da atividade capitalista.

Há duas maneiras de reduzir tempo e custos. A primeira requer inovações contínuas em tecnologias de transporte e comunicação. A história dessas inovações sob o capitalismo (de canais a aviões a jato) é incrível. Os impactos, no entanto, dependem do tipo de capital em circulação. Dinheiro na forma de crédito voa instantaneamente pelo mundo, mas nem sempre foi assim. Nossa era é marcada pela grande mobilidade do capital monetário graças às tecnologias da informação. As mercadorias geralmente são menos móveis. Há uma enorme diferença, digamos, entre a transmissão ao vivo de uma partida de futebol na Copa do Mundo e o transporte de água engarrafada, vigas de aço, peças de mobília ou artigos perecíveis, como frutas frescas, tortas quentes, leite e pão. As mercadorias são variavelmente móveis de acordo com suas qualidades e sua transportabilidade. A produção, com algumas exceções (como o transporte em si), é a forma menos móvel de capital. Em geral, ela fica presa a algum lugar durante certo tempo (em alguns casos, como no da construção naval, durante um tempo considerável). Mas as máquinas de costura usadas para a produção de camisas em confecções clandestinas são transportadas com mais facilidade do que uma usina siderúrgica ou uma fábrica de automóveis. As restrições de lugar no setor primário, como agricultura, silvicultura, mineração e pesca, são muito especiais por razões óbvias.

Os baixos custos de transporte e comunicação podem facilitar a dispersão e a descentralização da atividade por espaços geográficos cada vez mais amplos. A quase eliminação do tempo e dos custos de transporte como fator determinante para a decisão da localização permite que o capital explore diferentes oportunidades de lucro em lugares extremamente díspares. As divisões de trabalho dentro de uma empresa podem ser descentralizadas para diferentes locais. A deslocalização produtiva se torna possível e o elemento de monopólio na concorrência é reduzido. As especializações regionais e as divisões do trabalho se acentuam, porque pequenas diferenças de custo (como impostos locais) se traduzem em mais lucro para o capital.

Novos padrões geográficos de produção costumam surgir de uma concorrência espacial acirrada, facilitada por meios de transporte e comunicação mais baratos e mais eficientes. Por exemplo, *startups* na Coreia do Sul – onde a produção de aço é muito mais barata por causa do baixo custo com mão de obra, do fácil acesso a mercados e matérias-primas etc. – afastam indústrias mais onerosas e menos eficientes em regiões mais antigas, como Pittsburgh e Sheffield. Na indústria automobilística, não foi apenas a introdução da concorrência estrangeira que destruiu Detroit: foi também o estabelecimento de novas fábricas no Tennessee e no Alabama, onde a mão de obra era mais barata e o poder sindical era mais fraco. No século XIX, os grãos mais baratos da América do Norte causaram sérios prejuízos aos interesses agrícolas do Reino Unido e da Europa, porque o advento das ferrovias e dos navios a vapor reduziu grandemente o custo e o tempo de transporte das mercadorias agrícolas a partir de 1850, assim como o uso de contêineres no mercado mundial depois da década de 1970. A desindustrialização (lado mais sombrio da expansão geográfica) acontece há muito tempo.

A segunda maneira de os capitalistas reduzirem o tempo e o custo do transporte é fixar suas atividades num lugar onde se possa minimizar o custo com a busca de meios de produção (inclusive matéria-prima), mão de obra e acesso ao mercado. As chamadas "economias de aglomeração" surgem quando capitais diferentes se juntam (por exemplo, fábricas de pneus e autopeças localizadas perto de montadoras). Empresas e indústrias diferentes podem dividir instalações, acesso a mão de obra especializada, informações e infraestruturas. Há benefícios quando todas as empresas conseguem tirar proveito dessa configuração (por exemplo, uma empresa treina os trabalhadores que outras empresas poderão contratar imediatamente, sem a necessidade de treiná-los primeiro). Do mesmo modo, as oportunidades oferecidas pelos centros dinâmicos atraem mão de obra, mesmo na ausência de forças que expulsem as pessoas de sua terra de origem. As aglomerações urbanas são ambientes construídos que favorecem a sustentação coletiva de grupos particulares de atividades produtivas.

Aglomeração produz centralização geográfica. O processo molecular da acumulação de capital converge, por assim dizer, para a produção de regiões econômicas. Fronteiras são sempre nebulosas e permeáveis, mas fluxos interconectados em determinado território geram uma coerência suficientemente estruturada para destacar a área geográfica como distinta. No século XIX, algodão significava Lancashire (Manchester), lã significava Yorkshire (Leeds), aço inoxidável significava

Sheffield e metalurgia significava Birmingham. Em geral a coerência estruturada se estende muito além das mudanças econômicas e engloba atitudes, valores culturais, crenças e até grupos religiosos e afiliações políticas. A necessidade de produzir e manter bens coletivos requer a existência de um sistema de governo, de preferência formalizado em sistemas de administração dentro da região. Se ainda não existe um Estado, então o capital terá de criar algo parecido para facilitar e controlar suas condições coletivas de produção e consumo. As classes dominantes e as alianças de classe hegemônicas podem conceber e conceder um caráter específico à atividade política e econômica da região.

As economias regionais constituem um mosaico frouxamente interligado de desenvolvimento geográfico desigual, no interior do qual regiões ricas tendem a ficar mais ricas, enquanto regiões pobres tendem a ficar mais pobres. Isso acontece por causa daquilo que Gunnar Myrdal chama de causação circular cumulativa[1]. Regiões avançadas atraem novas atividades pela vitalidade de seus mercados, pela força de sua infraestrutura física e social e pela facilidade com que proporcionam mão de obra e meios necessários para a produção. Dispõem de recursos (na forma de uma base tributária crescente) para investir em infraestrutura física e social (como educação pública), o que atrai mais trabalho e capital. Rotas de transporte centradas na região são criadas porque é ali que está o tráfego. Como consequência, mais capital é atraído. Em compensação, outras regiões carecem de serviços ou perdem cada vez mais atividades. Elas entram numa espiral descendente de depressão e decadência. O resultado são concentrações regionais desiguais de riqueza, poder e influência.

No entanto, há limites à centralização contínua pela aglomeração. Superpopulação e poluição, custos com administração e manutenção (aumento de impostos e taxas aos usuários), tudo isso tem consequências negativas. Custos de vida crescentes em um local levam a demandas salariais que podem acabar tornando uma região pouco competitiva. A mão de obra pode organizar melhor sua luta contra a exploração em razão da concentração regional. O preço da terra e das propriedades aumenta à medida que a classe rentista se aproveita do controle sobre uma terra cada vez mais escassa. Nova York e São Francisco são lugares dinâmicos, mas têm um alto custo, ao contrário de Detroit e Pittsburgh. Hoje, a mão de obra é mais bem organizada em Los Angeles do que em Detroit (na década de 1960, era o contrário).

Quando os custos locais aumentam rapidamente, os capitalistas buscam outros espaços na economia global para exercer suas atividades. Isso acontece em particular quando surgem novas combinações de tecnologia e produção, e as lutas trabalhistas são intensas. A partir da década de 1960, por exemplo, o Vale do Silício

---

[1] Gunnar Myrdal, *Teoria econômica e regiões subdesenvolvidas* (trad. Edwaldo Correa Lima, Rio de Janeiro, Instituto Superior de Estudos Brasileiros, 1960).

desbancou Detroit como epicentro da economia capitalista dos Estados Unidos. Do mesmo modo, a Baviera desbancou o vale do Ruhr, na Alemanha, e a Toscana desbancou Turim, na Itália, enquanto novos concorrentes globais como Coreia do Sul, Hong Kong, Singapura, Taiwan e, por fim, a China avançaram na escala global da superioridade competitiva em certas linhas de produção. Essas mudanças geraram crises de desvalorização que reverberaram em outras regiões da economia global. O "cinturão da ferrugem", no centro-oeste dos Estados Unidos, que já foi o coração da capital industrial do país, contrasta com o "cinturão do sol". Crises regionais de emprego e produção sinalizam um momento crucial de mudança de poder nas forças que produzem a paisagem geográfica do capital. Isso, por sua vez, costuma sinalizar uma mudança radical na evolução do próprio capital.

O capital tem de ser capaz de suportar o choque da destruição do velho e estar disposto a construir das cinzas uma nova paisagem geográfica. Para isso, precisa ter à mão excedentes de capital e mão de obra. Felizmente, o capital, por natureza, cria perpetuamente esses excedentes, muitas vezes na forma de desemprego maciço de trabalhadores e superacumulação de capital. A absorção desses excedentes pela expansão geográfica e reorganização espacial ajuda a resolver o problema dos excedentes que carecem de saídas lucrativas. A urbanização e o desenvolvimento regional tornam-se esferas autônomas da atividade capitalista, exigindo grandes investimentos (em geral financiados por dívida) que levam anos para vencer.

Comumente, o capital recorre a esses meios para que os excedentes de capital e trabalho sejam absorvidos em momentos de crise. Projetos de infraestrutura financiados pelo Estado são implementados nas crises para reavivar o crescimento econômico. Na década de 1930, o governo dos Estados Unidos tentou absorver o excedente de capital e trabalhadores desempregados com obras públicas em lugares até então subdesenvolvidos. Cerca de 8 milhões de pessoas foram empregadas pelos programas da Works Progress Administration. Na mesma época, os nazistas construíram estradas na Alemanha por razões semelhantes. Os chineses, depois da crise financeira de 2008, gastaram bilhões em projetos urbanos e de infraestrutura para absorver os excedentes de capital e trabalho a fim de compensar a quebra do mercado de exportação. Projetaram e construíram cidades inteiras. O resultado foi que a paisagem chinesa mudou radical e espetacularmente nos últimos anos.

Desse modo, o capital desenvolve o que chamo de "ajustes espaçotemporais" [*spatio-temporal fixes*] para o problema da absorção do excedente de capital e trabalho[2]. "Ajuste" aqui tem dois sentidos. Uma parte do capital total se ajusta literal e fisicamente a determinado lugar por um período relativamente longo. Mas "ajuste"

---

[2] David Harvey, *Spaces of Capital*, cit.

também se refere metaforicamente à solução ("ajuste") das crises de superacumulação do capital por meio de investimentos de longo prazo na expansão geográfica. Como e quando esses dois significados entram em conflito?

A criação de novas divisões territoriais de trabalho, novos complexos de recursos e novas regiões como espaços dinâmicos de acumulação do capital promovem oportunidades de geração de lucro e absorção dos excedentes de capital e trabalho. No entanto, tais expansões geográficas muitas vezes ameaçam os valores já fixados em outros lugares. Essa contradição é inevitável: ou o capital se desloca e deixa para trás um rastro de devastação e desvalorização (Detroit, por exemplo), ou permanece no mesmo lugar e se afoga no excedente de capital que inevitavelmente produz, mas para o qual não consegue encontrar uma saída lucrativa.

O recurso ao crédito intensifica essa contradição, ao mesmo tempo que pretende resolvê-la. O crédito deixa os territórios vulneráveis a fluxos de capital especulativo que podem tanto estimular quanto solapar o desenvolvimento capitalista. O endividamento territorial se tornou um problema global a partir de aproximadamente 1980, e para muitos países pobres (inclusive para algumas potências importantes, como a Rússia em 1998 e a Argentina depois de 2001) tornou-se impossível pagar as dívidas. Países pobres como o Equador e até mesmo a Polônia (atrás da Cortina de Ferro) foram convencidos a se tornar "escoadouros" de excedentes de capital, pelos quais se responsabilizariam. O país endividado arca com os custos de qualquer desvalorização do capital que vier a acontecer, enquanto o país credor fica protegido. Dessa forma, pode-se saquear os recursos dos países endividados sob as regras draconianas do pagamento da dívida. O caso atual da Grécia é um exemplo desse processo levado ao extremo. Os portadores de títulos estão prontos para destroçar e se alimentar implacavelmente de países inteiros que foram imprudentes o bastante para cair em suas garras.

A exportação de capital normalmente tem efeitos de longo prazo com relação ao movimento de crédito especulativo de curto prazo ["*hot money*"]. Excedentes de capital e mão de obra são enviados para os quatro cantos do mundo para movimentar a acumulação de capital no novo espaço regional. Excedentes de dinheiro e mão de obra produzidos no século XIX na Grã-Bretanha foram para os Estados Unidos e para as colônias, como África do Sul, Austrália e Canadá, criando novos e dinâmicos centros de acumulação que, por sua vez, geraram uma demanda por produtos da Grã-Bretanha.

Como o capitalismo pode demorar anos a amadurecer (se é que amadurecerá) nos novos territórios, até que estes também comecem a produzir excedentes de capital, o país de origem espera se beneficiar desse processo por um tempo considerável. É o que acontece em particular com os investimentos em ferrovias, estradas, portos, represas e outras infraestruturas que amadurecem lentamente. Mas a taxa de retorno desses investimentos depende da evolução de uma dinâmica forte de acumulação na região receptora. A Grã-Bretanha foi credora dos Estados Unidos no século XIX e, muito tempo depois, os Estados Unidos entenderam claramente, com o Plano Marshall para a Europa (Alemanha Ocidental, em particular) e o Japão, que sua própria segurança econômica (à parte o aspecto militar da Guerra Fria) dependia de um restabelecimento ativo da atividade capitalista nesses outros espaços.

As contradições surgem porque esses novos espaços dinâmicos de acumulação do capital geram excedentes e precisam encontrar meios de absorvê-los mediante novas expansões geográficas. Isso pode desencadear tensões e conflitos geopolíticos. Nos últimos anos, temos assistido a uma difusão e proliferação de ajustes espaçotemporais, sobretudo no Leste e no Sudoeste Asiático. O capital excedente do Japão começou a rodar o mundo em busca de saídas lucrativas na década de 1970, seguido pelo capital excedente da Coreia do Sul e de Taiwan em meados da década de 1980. Embora sejam registrados como relações entre os territórios, esses ajustes espaçotemporais em cascata são, na verdade, relações materiais e sociais entre regiões dentro de territórios. As dificuldades territoriais formais entre Taiwan e a China Continental parecem anacrônicas, se comparadas à crescente integração das regiões industriais de Taipei e Xangai.

De tempos em tempos, os fluxos de capital são redirecionados de um espaço para outro. O sistema capitalista continua relativamente estável como um todo, mesmo que suas partes passem por dificuldades periódicas (como desindustrialização aqui ou desvalorização parcial ali). O efeito geral dessa volatilidade inter-regional é a redução temporária do perigo sistêmico de superacumulação e desvalorização, ainda que os problemas em determinados lugares se acentuem. A volatilidade regional que se viveu mais ou menos desde a década de 1980 parece ter sido desse tipo. A cada passo, é claro, surgem questões sobre o próximo espaço de fluxo lucrativo do capital, bem como sobre o próximo espaço que será abandonado e desvalorizado, e por quê. O efeito geral pode ser enganador: como o capital sempre vai bem em algum lugar, há a ilusão de que tudo ficará bem nos outros lugares se a forma do capital for reajustada segundo a forma predominante no Japão e na Alemanha Ocidental (década de 1980), nos Estados Unidos (década de 1990) e na China (depois de 2000). O capital nunca resolve suas falhas sistêmicas porque as desloca geograficamente.

Um segundo efeito possível, no entanto, é uma concorrência internacional cada vez mais acirrada dentro da divisão internacional do trabalho, uma vez que vários centros dinâmicos de acumulação de capital concorrem no palco mundial entre fortes correntes de superacumulação (falta de mercados para realização) ou sob condições de escassez concorrente de matéria-prima e outros recursos fundamentais para a produção. Como nem todos podem vencer, ou os mais fracos sucumbem e caem em uma séria crise de desvalorização localizada, ou ocorrem lutas geopolíticas entre regiões e Estados. Estas assumem a forma de guerras comerciais, monetárias ou por recursos, com o risco sempre presente de confronto militar (do tipo que nos levou a duas guerras mundiais entre potências capitalistas no século XX). Nesse caso, o ajuste espaçotemporal adquire um significado muito mais sinistro, transformando-se em exportação de desvalorização local e regional e destruição do capital (como ocorreu em larga escala no Leste e no Sudoeste Asiático e na Rússia em 1997-1998). Como e quando isso acontece, no entanto, depende tanto das formas explícitas de ação política por parte do poder estatal quanto dos processos moleculares de acumulação de capital no espaço e no tempo. E, assim, desenvolve-se por completo a dialética entre a lógica territorial e a lógica capitalista.

Como a relativa fixidez espacial e a lógica distintiva do poder territorial (tal como se manifesta no Estado) se conciliam com as dinâmicas fluidas da acumulação de capital no espaço e no tempo? Não seria esse o lugar de uma contradição aguda e permanente para o capital, talvez o apogeu da contradição entre fixidez (o Estado) e movimento (capital)? Recordemos: "Para que o capital circule livremente no tempo e no espaço, as infraestruturas físicas e os ambientes construídos devem ser fixos no espaço". A massa de todo esse capital fixo aumenta com o tempo em relação ao capital em fluxo contínuo. Periodicamente, o capital tem de romper com os limites impostos pelo mundo que ele próprio construiu, ou corre o risco mortal de se esclerosar. Em suma, a construção de uma paisagem geográfica favorável à acumulação de capital em uma era torna-se o grilhão da acumulação na próxima. O capital, portanto, tem de desvalorizar boa parte do capital fixo na paisagem geográfica vigente para construir uma paisagem totalmente nova, com uma imagem diferente. Isso desencadeia crises locais intensas e destrutivas. Hoje, o exemplo mais óbvio dessa desvalorização nos Estados Unidos é Detroit. Mas muitas outras cidades industriais, em todos os países capitalistas avançados e além deles (como no Norte da China e em Mumbai), tiveram de se reconstruir quando suas bases econômicas se desgastaram pela concorrência de fora. O princípio aqui é o seguinte: o capital cria uma paisagem geográfica que satisfaz suas necessidades em determinado momento, apenas para destruí-la em outro e facilitar uma nova expansão e transformação qualitativa. O capital desencadeia as forças da "destruição criativa" sobre a terra. Alguns grupos se beneficiam da criatividade, enquanto outros sofrem o impacto da destruição. Invariavelmente, isso envolve uma disparidade de classes.

Como fica o poder do Estado nisso tudo e por qual lógica distinta ele intervém no processo de formação da paisagem? O Estado é uma entidade territorial limitada, formado sob condições que pouco têm a ver com o capital, mas é um traço fundamental da paisagem geográfica. Em seu território, ele tem o monopólio do uso legítimo da violência, soberania sobre a lei e a moeda e autoridade reguladora sobre as instituições (inclusive sobre a propriedade privada), além do poder de cobrar impostos e redistribuir rendas e ativos. O Estado organiza estruturas de administração e governo que, no mínimo, tratam das necessidades coletivas tanto do capital quanto, de maneira mais difusa, de seus cidadãos. Entre seus poderes soberanos, talvez o mais importante seja o de definir e conferir legalmente direitos de cidadania a seus habitantes e, desse modo, introduzir na equação a categoria de estrangeiro ilegal ou "*sans-papiers*". Isso cria uma população vulnerável à exploração impensável e irrestrita do capital. Como entidade limitada, é da maior importância como são estabelecidos os limites do Estado e como eles são patrulhados em relação ao movimento das pessoas, das mercadorias e do dinheiro. As duas espacialidades, do Estado e do capital, afetam estranhamente uma à outra e muitas vezes se contradizem. Isso fica bem claro, por exemplo, no caso das políticas de migração.

Os interesses do Estado capitalista não são os mesmos do capital. O Estado não é uma coisa simples e suas várias ramificações nem sempre são coerentes, embora instituições importantes dentro do Estado tenham um papel de apoio direto na gestão da economia do capital (os ministérios da Fazenda se aliam aos bancos centrais para constituir o nexo Estado-finanças). O governo do Estado depende da natureza de seu sistema político, que às vezes pretende ser democrático e é frequentemente influenciado pelas dinâmicas de classe e outras lutas sociais. As práticas que constituem o exercício dos poderes estatais estão longe de ser monolíticas ou coerentes, o que significa que o Estado não pode ser construído como uma "coisa" sólida, exercendo poderes peculiares. Trata-se de um conjunto de práticas e processos reunidos de infinitas maneiras, já que a distinção entre Estado e sociedade civil (por exemplo, no campo da educação, saúde ou habitação) é altamente permeável. O capital não é o único interesse ao qual o Estado deve responder, e sobre ele recaem pressões de vários interesses. Além disso, a ideologia dominante por trás das intervenções do Estado (expressas em geral como ortodoxia econômica e política) pode variar consideravelmente. Há também um sistema interestatal. As relações entre os Estados podem ser hostis ou colaborativas, conforme o caso, mas há sempre relações e conflitos geoeconômicos e geopolíticos que refletem os interesses distintos do Estado e levam as práticas estatais a formas de ação que podem ou não ser consistentes com os interesses do capital.

A lógica associada à territorialidade do poder do Estado é muito diferente da lógica do capital. O Estado está interessado, entre outras coisas, na acumulação de riquezas e poder sobre uma base territorial, e foi a genialidade de Adam Smith que o levou a aconselhar e convencer os estadistas de que a melhor maneira de fazer isso era liberar e racionalizar as forças do capital e o livre mercado dentro de seu território, abrindo as portas para o livre comércio com os outros. O Estado capitalista segue abertamente políticas favoráveis às empresas, embora moderadas por ideologias dominantes e por inúmeras e divergentes pressões sociais mobilizadas pela organização dos cidadãos. Mas ele também procura racionalizar o uso das forças do capital para sustentar seu próprio poder de governamentalidade sobre populações potencialmente inquietas, ao mesmo tempo que aumenta sua riqueza, seu poder e sua posição dentro de um sistema interestatal altamente competitivo. Essa racionalidade contrasta com a racionalidade do capital, que se preocupa, antes de tudo, com a apropriação privada e a acumulação de riqueza social. A lealdade construída dos cidadãos para com os Estados diverge em princípio da lealdade singular do capital de fazer dinheiro e nada mais.

O tipo de racionalidade tipicamente imposto pelo Estado é exemplificado por suas práticas de planejamento urbano e regional. Essas intervenções e investimentos tentam conter as consequências normalmente caóticas do desenvolvimento desregulado do mercado. O Estado impõe estruturas cartesianas de administração, lei, cobrança de impostos e identificação individual. No entanto, a produção tecnocrática e burocrática do espaço em nome de uma modernidade supostamente capitalista tem sido alvo de críticas virulentas (em especial de Henri Lefebvre[3]). O que se tende a produzir é uma paisagem geográfica sem alma, racionalizada, contra a qual as populações se revoltam periodicamente. Mas a aplicação dos poderes do Estado com esse propósito nunca é fácil. Eles são muito facilmente subvertidos, cooptados e corrompidos pelos interesses monetários. Reciprocamente, os interesses fundamentais do Estado na segurança nacional, por exemplo, podem ser subvertidos pelo capital e transformados em alimento permanente para as ambições capitalistas – daí o papel histórico do infame "complexo militar-industrial" no desenvolvimento do capital.

Os Estados podem usar seus poderes para orquestrar a vida econômica não só por intermédio do controle dos investimentos em infraestrutura, mas também pelo poder de criar ou reformar instituições básicas. Por exemplo, quando os bancos locais foram suplantados pelos bancos nacionais na Grã-Bretanha e na França no século XIX, o fluxo livre de capital monetário em todo o espaço nacional alterou a dinâmica regional. Nos Estados Unidos, mais recentemente, a revogação de leis restritivas sobre bancos locais, seguida de uma onda de aquisições e fusões de bancos regionais, mudou os hábitos de investimentos no país, deslocando-os do contexto local para uma construção mais aberta e fluida de configurações regionais. As reformas na organização dos bancos internacionais e as tecnologias da informação revolucionaram a mobilidade global do capital financeiro nos últimos quarenta anos.

Existe há muito tempo um impulso no sentido de transformar a escala geográfica em que se define a atividade capitalista. Assim como o advento das ferrovias e

---

[3] Henri Lefebvre, *The Production of Space* (Oxford, Basil Blackwell, 1989).

do telégrafo no século XIX reorganizou completamente a escala e a diversidade de especializações regionais, a onda mais recente de inovações (desde o transporte em aviões a jato e contêineres até a internet) mudou a escala de articulação da atividade econômica. Na década de 1980, falava-se muito no "carro global", cujas peças eram produzidas em partes diferentes do mundo e montadas – não mais produzidas – na fábrica final. Isso agora é prática comum em muitas linhas de produção, de modo que etiquetas do tipo "Made in USA" não têm mais sentido. A passagem das corporações para a escala global é muito mais significativa hoje do que foi no passado.

Os poderes soberanos do Estado sobre os fluxos de dinheiro e capital sofreram um desgaste nas últimas décadas. Isso não significa que o Estado é impotente, mas que seu poder depende mais do capital financeiro e de seus portadores de títulos. Há muito tempo os poderes e as práticas do Estado são direcionados para satisfazer as demandas das empresas e dos portadores de títulos, muitas vezes à custa dos cidadãos. Isso implica um forte apoio estatal à criação de um clima empresarial favorável ao capital. O resultado, em muitos aspectos, é que os Estados podem ir muito bem, enquanto a população vai muito mal. Isso vale também, talvez de maneira surpreendente, para países como Alemanha, onde a contenção salarial refreia o consumo da classe trabalhadora ao mesmo tempo que o capital baseado na Alemanha e a situação financeira do país parecem estar em ótima forma.

Mudanças no movimento molecular do capital também pressionam fortemente a escala em que o poder do Estado pode se construir. Reterritorializações políticas, como a União Europeia, não só se tornaram mais praticáveis, como são também cada vez mais uma necessidade econômica. Essas mudanças políticas não são uma simples derivação das transformações materiais nas relações de espaço: as coisas são muito mais complicadas do que isso. Mas as mudanças nas relações espaciais da circulação e acumulação do capital têm implicações transformadoras para as novas configurações políticas (por exemplo, a formação do Nafta, do Mercosul, da União Europeia, bem como a ampliação do G7 para o G20 como organismo de tomada de decisões).

A paisagem geográfica do capitalismo (em oposição à do capital) é nitidamente moldada por uma multiplicidade de interesses, uma vez que indivíduos e grupos tentam definir espaços e lugares para si próprios contra o pano de fundo dos processos macroeconômicos do desenvolvimento geográfico desigual, orientados conjuntamente pelas regras da acumulação do capital e pelo poder do Estado. De certo modo, o capital tem de ser sensível às carências e necessidades das populações que explora e, mesmo que não fosse, as lutas sociais e de classes certamente o obrigariam a se comprometer com os críticos e a refrear algumas de suas maiores ambições. No entanto, é fácil culpar as vítimas quando o capital "parte para outra". A narrativa dominante é a de que o capital foi afugentado pela ganância dos sindicatos, por políticos perdulários, maus gestores e coisas do tipo. Mas foi o capital, e não as pessoas, que abandonou e desindustrializou Detroit, Pittsburgh, Sheffield, Manchester, Mumbai e outras. Embora haja exemplos óbvios de má gestão e intensos conflitos de classe nessa ou naquela região ou cidade, é absurdo afirmar que tais casos podem explicar a devastação de regiões industriais que, durante gerações, foram a espinha dorsal da acumulação do capital em tantas partes do mundo. Por isso, temos de agradecer à contrarrevolução neoliberal que começou nos anos 1970 e vem se intensificando até hoje.

Desenvolvimentos geográficos desiguais mascaram convenientemente a verdadeira natureza do capital. A esperança pode brotar eternamente, porque há sempre um bairro, uma região ou um Estado onde as coisas vão muito bem, mesmo no meio de inúmeras calamidades. As macrocrises se decompõem em acontecimentos localizados, com os quais as pessoas se preocupam ou dos quais sabem muito pouco. As grandes crises na Indonésia ou na Argentina passam, e o resto do mundo diz "Que triste" ou "E daí?". O pensamento é dominado mais por explicações particulares do que por explicações sistêmicas das crises. Argentina, Grécia ou Detroit deveriam se reformular à sua maneira, dizem, mas o capital sempre sai ileso.

Há ainda outro aspecto notável na paisagem do capital que desempenha um papel ideológico vital na vida e na política contemporâneas. A cidade capitalista, por exemplo, é construída como uma obra de arte por si só, com uma arquitetura fabulosa e de significados icônicos conflitantes. As mansões e coberturas dos "mestres do universo", que hoje trabalham em escritórios suntuosos instalados em arranha-céus reluzentes nos centros financeiros globais, contrastam com a antiga arquitetura industrial das fábricas tradicionais. Os espetaculares centros de consumo e a criação perpétua do espetáculo urbano pós-moderno contrastam com o alastramento urbano e os condomínios fechados, que, por sua vez, contrastam com cortiços, bairros de imigrantes e da classe trabalhadora e, em muitas cidades do mundo, grandes conjuntos de casas construídas pelos próprios moradores. A cidade capitalista é o ponto alto da tentativa do capital de parecer civilizado e representar a grandeza das aspirações humanas.

Essa pretensão é eficaz em certo sentido. Podemos nos maravilhar com o produto e admirar a vista de Barcelona, Hong Kong, Paris e Xangai em parte porque esse espetáculo urbano esconde os processos e o trabalho humano necessários a sua produção. Aparentemente, o capital não quer ter uma imagem própria. A julgar pelas charges anticapitalistas, ela está longe de ser lisonjeira! A paisagem urbana do capitalismo existe como uma imagem diversionista de um mundo mais próximo de certo sentido transcendental do desejo e dos anseios humanos. Olhar para Veneza, Roma, Istambul, São Francisco, Brasília, Cairo ou Lagos é olhar para esperanças, realizações e falhas crônicas desse empreendimento humano. E não estamos falando apenas das grandes cidades. As diferentes paisagens rurais esculpidas mundo afora podem inspirar tanta afeição, lealdade e admiração como qualquer outra cidade. Os campos ingleses, o *paysage* francês, as vilas toscanas, os pampas argentinos, as planícies do vale do Tigre na Anatólia, os infindáveis milharais de Iowa, as plantações de soja no Brasil, tudo isso forma palimpsestos da atividade humana cada vez mais mobilizada, ainda que não exclusivamente, pelo capital e para o capital.

Que força tem o desenvolvimento geográfico desigual para desafiar o capital a se reinventar? Sem ele, o capital certamente teria estagnado, sucumbido às próprias tendências esclerosadas, monopolistas e autocráticas, e teria perdido completamente a legitimidade como motor dinâmico de uma sociedade que pretende ser civilizada, mesmo correndo o risco de cair na barbárie. Desencadear a concorrência interurbana, inter-regional e internacional é não apenas um meio primordial para que o novo substitua o antigo, mas também um contexto em que a busca do novo, rotulada como busca de vantagem competitiva, torna-se fundamental para a capacidade de autorreprodução do capital. Acima de tudo, o desenvolvimento geográfico desigual serve para deslocar as falhas sistêmicas do capital de um lugar para o outro. Essas falhas são um alvo em perpétuo movimento.

A homogeneidade imposta hoje por uma ordem internacional dominada pelos bancos centrais e algumas instituições internacionais, como o FMI, é, dessa perspectiva, potencialmente devastadora para as chances futuras de sobrevivência do capital. O capital só sobreviveria ao advento de um forte governo global centralizado se, como aconteceu na China, esse governo não só orquestrasse, como também liberasse a concorrência inter-regional e interurbana. Dadas as restrições impostas pelo aparelho disciplinar internacional sobre Grécia, Portugal, Espanha e Itália, não há a menor chance de que esses países renasçam das cinzas para revigorar a dinâmica capitalista como aconteceu com a Alemanha Ocidental e o Japão depois da Segunda Guerra Mundial. Eles podem se recuperar, mas essa recuperação será anêmica. Ainda não sabemos se o desenvolvimento geográfico desigual pode funcionar sozinho como panaceia para o mal-estar do capital, dadas as nuvens de tempestade da estagnação sistêmica que continuam a ganhar força e obscurecer o futuro. O que vemos é o surgimento de uma aliança profana entre os poderes do Estado e os aspectos predatórios do capital financeiro para criar uma forma de "capitalismo abutre" que, por um lado, estimula práticas canibais (economias de espoliação) e desvalorizações forçadas e, por outro, deseja um desenvolvimento global harmonioso. Para se alimentar, se for necessário, os abutres, os fundos de *hedge* e os fundos de participação privada propiciarão a destruição de formas de vida em territórios inteiros.

O capital sobrevive não só por uma série de ajustes espaçotemporais que absorvem o capital excedente produtiva e construtivamente, mas também pela desvalorização e destruição administradas como medidas corretivas aos que não conseguem se manter e pagar suas dívidas. A simples ideia de que aqueles que emprestam dinheiro de forma irresponsável também deveriam correr riscos é descartada sem a menor consideração. Isso exigiria das classes proprietárias e abastadas de todo o mundo que prestassem contas e cuidassem de suas responsabilidades, e não apenas de seus direitos inalienáveis à propriedade privada e à acumulação desenfreada. O lado sinistro e destruidor dos ajustes espaçotemporais (basta vermos como a Grécia está sendo pilhada e devastada) é tão crucial para o capital quanto sua contrapartida criativa na construção de uma nova paisagem para facilitar a acumulação sem fim de capital e poder político.

O que um movimento anticapitalista deveria entender por isso? Em primeiro lugar, é fundamental reconhecer que o capital é sempre um alvo mutável para a oposição por causa de seu desenvolvimento geográfico desigual, e qualquer movimento anticapitalista precisa aprender a lidar com isso. Movimentos de oposição em determinado lugar frequentemente perdem toda a força porque o capital passa para outro lugar. Os movimentos anticapitalistas devem abandonar todas as ideias de igualdade regional e convergência em torno de uma teoria de harmonia socialista. Essas teorias são receitas para uma monotonia global inaceitável e inatingível. Os movimentos anticapitalistas devem liberar e coordenar sua própria dinâmica de desenvolvimento geográfico desigual, a produção de espaços emancipatórios de diferença, para reinventar e explorar alternativas regionais criativas ao capital. A estrutura do desenvolvimento geográfico desigual deu origem a diferentes movimentos e resistências sociais, desde Estocolmo e Cairo até São Paulo, Xangai, Paris e Londres. Esses movimentos constituem um mosaico de sementeiras, vagamente interconectadas, em que se podem semear as transformações do capitalismo rumo a um futuro anticapitalista. A questão é: como devemos unificá-los? Vivemos em tempos caóticos e voláteis, em especial com relação aos desenvolvimentos geográficos desiguais. Não é irracional esperar que movimentos de resistência e oposição sejam igualmente caóticos, voláteis e geograficamente específicos.

Contradição 12
Disparidades de renda e riqueza

Uma análise das declarações de imposto de renda da cidade de Nova York, realizada pelo Internal Revenue Service em 2012, mostrou que a renda média do 1% mais rico foi de US$ 3,57 milhões naquele ano, ao passo que a renda de metade da população da cidade, onde o custo de vida é altíssimo e os aluguéis são exorbitantes, mal chegou a US$ 30 mil no ano. Em três dias, os mais ricos ganharam mais dinheiro do que a maioria dos nova-iorquinos ganhou em um ano. Seja qual for o critério, esse nível de desigualdade é absurdo e certamente faz de Nova York uma das cidades mais desiguais do mundo. Por outro lado, esses números não deveriam nos surpreender, dados os ganhos astronômicos dos principais gerentes de fundo de *hedge* (em 2009, na esteira da crise, cinco gerentes ganharam mais de US$ 3 bilhões cada) e os bônus colossais pagos pelos principais bancos da cidade. Em escala nacional, como era de se esperar, em nenhum outro lugar a disparidade de renda é tão drástica, embora venha crescendo de forma acentuada desde a década de 1970.

Não há sentido, aqui, em apresentar mais do que uma análise simplificada das tendências globais de desigualdade de riqueza e renda. A luta pela distribuição da riqueza social tem sido contínua desde o início da história do capitalismo, e os resultados variam fortemente de um país para o outro, de uma região ou cidade para a outra, porque grupos diferentes lutam por vantagens sobre os outros, assim como sobre grupos e classes dominantes, pelo que consideram sua parcela justa e apropriada do produto do trabalho social. Dado o poder do Estado de recolher impostos e redistribuir riqueza e renda, grande parte dos resultados depende da facção ou aliança política que mantém o poder do Estado e do que ela faz com ele.

As lutas pela distribuição de riquezas costumam ser ferozes, e os resultados, difíceis de prever. Logo depois de um golpe, como o que ocorreu no Chile em

1973, espera-se que essa distribuição se altere dramaticamente e produza uma desigualdade ainda maior, pois as elites que apoiam o golpe se aproveitam dele. Na Rússia, após o colapso de 1989, um pequeno grupo de oligarcas se apoderou, num ato absurdo de pilhagem, da maioria dos recursos naturais do país. Hoje, a ex-União Soviética ostenta uma das mais altas concentrações de bilionários do mundo – uma autêntica oligarquia. No entanto, na Grã-Bretanha, depois de 1945, o governo trabalhista construiu um Estado de bem-estar social que deu apoio aos menos abastados por toda uma geração, do mesmo modo como os escandinavos haviam feito antes. A forte influência do comunismo sobre as políticas sociais do mundo capitalista durante a Guerra Fria, além dos fortes impulsos social-democratas (derivados de uma história de organização da classe trabalhadora e de uma consciência de classe mais aguda), significou que os Estados capitalistas em geral tiveram de estabelecer um nível mínimo de condições de vida para populações inteiras. O Estado de bem-estar social que resultou dessas medidas estava longe de ser socialista: tinha fortes elementos de discriminação de gênero e era paternalista e até pró-capitalista, na medida em que se tornou degradante, punitivo e burocrático com relação à própria clientela. Ser tutelado pelo Estado de bem-estar social era quase sempre uma experiência desagradável e desumana, ainda que alguns benefícios sociais (como a previdência social e a pensão para os idosos) tenham dado mais segurança a todos. Esse tipo de Estado foi criticado pela esquerda progressista e depois amavelmente abolido durante a contrarrevolução neoliberal thatcherista dos anos 1980. O colapso do comunismo em 1989 aliviou a pressão externa sobre os Estados, quer no sentido de cuidar do bem-estar de suas populações, quer de enfrentar uma forte oposição política.

Mesmo na ausência de realinhamentos tão radicais, a dinâmica das lutas sociais entre classes e grupos étnicos/raciais, além das condições flutuantes de *boom* e declínio da economia, tiveram impacto sobre os arranjos distributivos, que variam muito de um lugar para o outro. Até recentemente, por exemplo, a distribuição de renda e riqueza nos países nórdicos era muito mais igualitária do que nos Estados Unidos, mesmo antes de a revolução de Reagan pender a balança contra os trabalhadores e os pobres, subsidiando e recompensando o capital. Mas tanto os Estados Unidos quanto a Suécia são países solidamente capitalistas. O capital parece funcionar muito bem em ambientes distributivos variados.

Essa variabilidade e essa adaptabilidade do capital a configurações complexas de distribuição têm dupla função quando inseridas na complexidade e na diversidade inacreditáveis de agrupamentos sociais que existem em todo o capitalismo. Distinções de gênero, sexo, raça, etnia, religião, cultura e nacionalidade estão em evidência, e questões de *status*, qualificações, talentos, respeito e admiração por conquistas e valores dão oportunidades diferentes de vida tanto para os indivíduos quanto para os distintos grupos sociais étnicos, raciais, sexuais e religiosos dentro das formações sociais capitalistas. Na medida em que essas características estão associadas a um acesso diferente aos mercados de trabalho, por exemplo, ou a remunerações diferentes nesses mercados, o resultado são diferenças gigantescas em termos de poder econômico e político.

Nem todas as diferenças econômicas dentro do capitalismo são atribuíveis ao capital. Mas o capital também não é inocente quando se trata de fomentar o conflito nos grupos sociais e entre eles. Essa é uma de suas principais alavancas para consolidar o controle social que tem sobre o trabalho. Por outro lado, o capital muitas vezes parece indiferente em relação a quais diferenças sociais deve apoiar e quais deve discriminar. Tende a apoiar qualquer forma de emancipação social que ganhe força (como os direitos dos gays e o multiculturalismo, nos últimos anos), desde que não represente um desafio às estratégias gerais de controle trabalhista e desde que crie um nicho distinto de mercado suscetível de ser explorado. Mas o fato de essas distinções sociais adquirirem forma material e econômica leva inevitavelmente a uma competição acirrada por cotas distributivas entre os grupos sociais de uma população. Estamos agora em um daqueles pontos de interação fundamentais, às vezes confusos e desconcertantes, em que capital e capitalismo não podem ser claramente separados. Isso acontece em particular com as questões de raça. Em muitos lugares do mundo (como nos Estados Unidos), as questões raciais estão há tanto tempo interligadas às questões de classe que ambas se reforçam mutuamente, quando não são indistinguíveis uma da outra.

Boa parte também depende das ideias dominantes sobre o que seria uma disparidade de riqueza e renda "justa" ou "eticamente aceitável" e de que forma se podem corrigir tais injustiças. Esse tipo de preocupação não se restringe aos trabalhadores. Há uma longa tradição de reformismo burguês em que a presença de miséria e pobreza estarrecedoras, ainda que não represente uma ameaça à saúde pública (como no caso das epidemias de cólera, que não se atêm aos limites de classe), é considerada inaceitável em qualquer sociedade civilizada. Pesquisas de opinião mostram, por exemplo, que a maioria dos estadunidenses tem uma forte visão igualitária e defende não só a igualdade de oportunidades (como sustenta ritualisticamente a direita), mas também a igualdade de resultados. Numa pesquisa realizada em 2005 com mais de 5 mil pessoas nos Estados Unidos, os participantes, independentemente de renda ou partido político, disseram acreditar, em média, que os 20% mais ricos não deveriam ter mais do que 32% da riqueza total do país. Quando os pesquisadores mostraram (sem especificar) a distribuição de riquezas na Suécia (onde 38% da riqueza está nas mãos dos 20% mais ricos) em comparação com os dados dos Estados Unidos (onde 84% da riqueza está nas mãos dos 20% mais ricos), 92% dos entrevistados preferiram a distribuição da Suécia. Por outro lado, os entrevistados não tinham ideia, ou faziam apenas uma pequena ideia, da verdadeira distribuição de riquezas nos Estados Unidos. Acreditavam que os 20% mais ricos controlavam 58% da riqueza, e não 84%. De todo modo, era muito mais do que os 32% que pensavam ser justo[1].

Então por que o movimento político para corrigir essa distribuição desigual é tão pequeno nos Estados Unidos, diante do que se acredita que ela deveria ser? A resposta está principalmente na intensa hostilidade popular à intervenção do Estado. Isso impede que a única instituição capaz de corrigir as disparidades de renda e riqueza possa fazer alguma coisa nesse sentido. No debate sobre a lei da saúde pública proposta por Barack Obama, por exemplo, os republicanos não se opuseram ao princípio do acesso universal a uma assistência médica decente, mas criticaram violentamente o direito de o "Estado-babá" regulá-la ou regular o comportamento dos indivíduos. E o mesmo acontece com qualquer proposta fiscal de redistribuição dos ricos para os pobres. Nos últimos tempos, a redistribuição vem ocorrendo no sentido inverso, em nome da austeridade, da redução do déficit orçamentário, do corte de impostos e da manutenção de um governo mais enxuto e menos intrusivo. É difícil não concluir que o interesse do capital em fazer pressão descendente sobre os salários está por trás dessas manobras orçamentárias e fiscais.

As lutas pela distribuição de renda e riqueza não são o único tipo de luta distributiva que interessa. Também há aquelas por reconhecimento, respeito, igualdade perante a lei, direitos de cidadania, liberdade cultural e religiosa, representação política apropriada, oportunidades de educação e de acesso ao trabalho, e até pelo direito ao ócio. Muitas são travadas coletivamente por segmentos particulares da população que desejam reparação ou vantagem, conforme o caso (por exemplo, mulheres, grupos LGBT, minorias raciais, étnicas ou religiosas, idosos, sindicatos, câmaras de comércio, sem mencionar as instituições políticas e sociais que defendem os interesses dos trabalhadores). O fluxo e o refluxo dessas lutas sociais produzem resultados diversos, muitos com efeitos colaterais sobre a distribuição de renda e riqueza. O acesso à educação, por exemplo, tem impacto claro na distribuição futura de renda.

O capitalismo como um todo é permeado por essas lutas e conflitos. Mas as questões que quero levantar aqui são mais limitadas. De que forma o capital, entendido como a organização do motor econômico da circulação e da acumulação de capital, tem como base certos princípios que orientam a distribuição de renda e riqueza? As mudanças em grande escala que ocorreram nos últimos quarenta anos na distribuição de renda podem ser atribuídas à reconfiguração das contradições

---

[1] Michael Norton e Dan Ariely, "Building a Better America – One Wealth Quintile at a Time", *Perspectives on Psychological Science*, v. 6, 2011, p. 9.

internas do capital? Por fim, a contradição intensa entre pobreza e riqueza representa uma ameaça à reprodução do capital?

As evidências estatísticas confirmam a adaptabilidade do capital a arranjos distributivos extremamente díspares. Mas como claramente nenhuma distribuição de renda e riqueza pode ser considerada ótima do ponto de vista da reprodução e do crescimento do capital, ninguém acredita que seja possível uma perfeita igualdade de distribuição. Por outro lado, tem sido sugerido que distribuições muito desequilibradas podem ser um problema não só pela instabilidade e inquietação social que provocam (um temor que o FMI e as conferências das elites capitalistas globais em Davos costumam evocar), mas também porque a história sugere que desigualdades excessivas podem ser o prelúdio de uma crise macroeconômica. Isso acontece porque é muito mais difícil manter o equilíbrio da unidade contraditória entre produção e realização quando esta depende dos caprichos e hábitos arbitrários dos ricos, em oposição às sólidas e confiáveis demandas não arbitrárias dos pobres. A última vez que os Estados Unidos tiveram níveis de desigualdade equivalentes aos atuais foi na década de 1920, e isso certamente teve um papel importante para fomentar, e talvez até desencadear, a depressão dos anos 1930. Em termos gerais, podemos compará-la com a situação hoje. Podemos esperar sair da atual estagnação sem reorganizar radicalmente a estrutura de distribuição?

Vejamos algumas tendências recentes de distribuição. Um informe da Oxfam nos oferece uma descrição sucinta:

> Nos últimos trinta anos, a desigualdade cresceu radicalmente em muitos países. Nos Estados Unidos, a porção da renda nacional que vai para 1% dos mais ricos dobrou desde a década de 1980, subindo de 10% para 20%. Para 0,01% dos mais ricos, ela quadruplicou, atingindo níveis jamais vistos. Em nível global, 1% dos mais ricos (60 milhões de pessoas) e, em particular, o seleto grupo de 0,01% dos mais ricos (600 mil indivíduos – há cerca de 1.200 bilionários no mundo), os últimos trinta anos causaram um frenesi de enriquecimento. Esse fenômeno não é restrito aos Estados Unidos ou aos países ricos. No Reino Unido, a desigualdade está retornando rapidamente a níveis nunca vistos desde Charles Dickens. Na China, os 10% mais ricos embolsam quase 60% da renda. Os níveis de desigualdade na China são similares aos da África do Sul, [o país mais desigual do mundo, onde as rendas são] significativamente mais desiguais do que no fim do *apartheid*. Mesmo em muitos países pobres, a desigualdade tem crescido rapidamente. Em termos globais, a renda de 1% dos mais ricos cresceu 60% em 20 anos, e para 0,01% dos mais ricos esse crescimento foi ainda maior.

As crises de 2007-2009 só pioraram as coisas: "Os 100 maiores bilionários tiveram um crescimento de US$ 240 bilhões em sua riqueza em 2012 – o suficiente para acabar quatro vezes com a pobreza mundial"[2]. Há bilionários surgindo no mundo todo, muitos em países como Brasil, China, Índia, México e Rússia, assim como nos países tradicionalmente mais ricos da América do Norte e da Europa e no Japão. Uma das mudanças mais significativas é que, para se tornar bilionários, os ambiciosos não precisam mais migrar para os países prósperos: podem simplesmente ficar em casa, na Índia (onde o número de bilionários mais do que dobrou nos últimos anos), na Indonésia ou onde for. Como conclui Branko Milanović, estamos testemunhando o advento de uma plutocracia global, em que o poder global "está nas mãos de um número relativamente pequeno de pessoas muito ricas"[3]. A ameaça à unidade contraditória entre produção e realização na economia global é palpável.

Contudo, de acordo com outros critérios, o mundo é um lugar muito mais igualitário hoje. Milhões de pessoas saíram da pobreza. Boa parte dessa conquista se deve ao crescimento fenomenal da China, além de rompantes de crescimento dos outros países dos assim chamados Brics (Brasil, Rússia e Índia). As disparidades na distribuição de renda e riqueza *entre* os países diminuíram consideravelmente com o aumento da renda *per capita* em diversos países em desenvolvimento. Inverteu-se a transferência de riquezas do Oriente para o Ocidente que prevaleceu durante mais de dois séculos, e a Ásia Oriental em particular tornou-se uma potência na economia global. A recuperação da economia global depois dos traumas de 2007-2009 (por mais anêmica que seja) baseou-se em ampla medida, desde 2013, nas rápidas expansões dos mercados "emergentes" (sobretudo dos Brics). Essa mudança chegou até a África, que parecia ser a única parte do mundo a ter escapado quase completamente dos efeitos da crise. O impacto irregular da crise na Europa, no entanto, significou uma rápida expansão das disparidades de bem-estar econômico entre os países do Sul e do Norte. Nenhuma dessas tendências, contudo, parecia muito estável. A simples menção de uma mudança na política monetária do Federal Reserve em meados de 2013, por exemplo, provocou uma fuga de capitais dos mercados emergentes, que perderam força e só ressuscitaram quando o Federal Reserve anunciou que estava repensando suas políticas.

Houve um movimento duplo nos últimos quarenta anos: de um lado, a tendência geral a um nivelamento da renda e da riqueza *per capita* em diferentes países (exceto aqueles que, como a Grécia, foram fortemente atingidos pela crise) e, de outro, um aumento espetacular das disparidades de renda e riqueza entre indivíduos e grupos sociais em quase todos os países do mundo. Poucos países ou regiões

---

[2] Oxfam, "The Cost of Inequality: How Wealth and Income Extremes Hurt Us All", *Oxfam Media Briefing*, 18 jan. 2013.
[3] Branko Milanović, *Worlds Apart: Measuring International and Global Inequality* (Princeton, Princeton University Press, 2005), p. 149.

resistiram a essa tendência, e a maioria se situa na contracorrente da economia global (por exemplo, o Butão ou, durante algum tempo, o estado de Kerala, na Índia). Apenas na América Latina houve certas reduções na desigualdade social, em consequência de políticas estatais. Disparidades de riqueza monetária são muito mais difíceis de avaliar do que as disparidades de renda. Mas, em alguns aspectos, a riqueza monetária é mais importante, porque tem uma relação de longa data, e não volátil, com o poder político. A mensuração monetária da riqueza é difícil porque a avaliação de certos ativos – de coleções de arte a joias e propriedades – é muitas vezes um simples palpite, e flutua muito, como no caso do valor de mercado das ações. Na maioria dos países, a distribuição de riqueza monetária parece ainda mais desequilibrada do que a distribuição de renda.

A que se devem essas tendências globais? Existe alguma coisa na evolução contraditória do capital que as torna inevitáveis, ou até mesmo necessárias, para a sobrevivência e reprodução do capital? Seria a distribuição cada vez mais desigual de renda e riqueza em tantos países um sinal da existência de uma contradição mutável e, se sim, que tipo de movimento seria esse (por exemplo, cíclico ou linear)? Tal movimento explica os níveis ascendentes de revoltas civis e instabilidade social (como vimos em 2013 de Estocolmo a Istambul e em centenas de cidades brasileiras)? Seria isso o prenúncio de uma crise macroeconômica que está começando a mostrar os dentes e ainda vai se desdobrar?

Para responder a essas perguntas, precisamos primeiro definir até que ponto a desigualdade é fundamental para o capital. A desigualdade deriva do simples fato de que o capital é social e historicamente construído como um domínio de classe sobre o trabalho. Para que o capital se reproduza, a distribuição de renda e riqueza entre capital e trabalho tem de ser desigual. Igualdade distributiva e capital são incompatíveis. Na verdade, certas disparidades de distribuição precedem o advento do capital. Os trabalhadores têm de ser privados de propriedade e controle sobre seus próprios meios de produção, a fim de serem obrigados ao trabalho assalariado como meio de sobrevivência. Essa condição distributiva precede a produção de mais-valor e deve ser mantida ao longo do tempo. Uma vez que a circulação e a acumulação do capital se generalizam, o nível salarial precisa ser mantido em limites que permitam o lucro. Qualquer medida para maximizar os lucros equivale a diminuir os salários ou aumentar a produtividade no trabalho. Competição acirrada entre capitais leva a uma redução geral dos salários, querendo ou não os capitalistas individuais. A distribuição da renda entre salários e lucros é produto de uma combinação de escassez de mão de obra com a situação da luta de classes. A configuração resultante é geograficamente desigual.

Uma parte suficiente da produção total de valor social deve ir para a classe capitalista com o intuito de (a) incentivar os capitalistas, dando-lhes condições de consumo dignas de uma classe ociosa, e (b) proporcionar aos capitalistas excedente suficiente para manter o funcionamento e a expansão acelerada e sem entraves do motor econômico do capital. O "dilema faustiano" (que habita o peito de todo capitalista) entre o prazer pessoal e o reinvestimento só pode ser resolvido se houver geração e apropriação consideráveis de excedentes. Uma quantidade desproporcional de excedentes deve sempre fluir para o capital à custa do trabalho. Só assim o capital pode se reproduzir.

Grandes recursos econômicos convergindo para o capital permitem que ele, e só ele, invista e crie empregos numa economia puramente capitalista. Isso dá a base racional de direita a políticas públicas (regime tributário, em particular) que favoreçam o capital em detrimento do trabalho. Existe a crença de que, apesar de parecer injusta, a distribuição desigual de renda é vantajosa para o trabalho, porque o capital controla a criação de empregos e, quanto mais a classe capitalista possua, maior será a criação de empregos. Infelizmente, essa história não é correta. O capital reinveste na criação de empregos apenas quando a atividade é lucrativa. As últimas três recessões nos Estados Unidos foram seguidas de recuperações sem geração de emprego, porque faltavam oportunidades lucrativas, embora o nível salarial estivesse caindo e houvesse um excesso de mão de obra evidente. Ou o capital "armazenava" seu dinheiro, ou usava a renda excedente para especular com ações, com propriedades, com compras de ativos (em particular, recursos e terras), ou jogando como num cassino com novos e instáveis instrumentos financeiros. Se tivesse de investir em produção, o melhor era investir em tecnologias que poupam trabalho, e aumentam o desemprego, do que em criação de empregos.

Enquanto isso, a concentração e a centralização crescentes de renda e riqueza na classe capitalista permitiram que ela influenciasse e controlasse desproporcionalmente os meios de comunicação (opinião pública) e o aparelho estatal capitalista. O capital obteve acesso privilegiado à proteção de um Estado que reivindica monopólio sobre o uso legítimo da violência e os meios de criação do dinheiro. Usa esse privilégio para proteger seus interesses e perpetuar seu poder. Os bancos centrais sempre salvam os bancos, mas nunca as pessoas. É isso que mostra a tendência à formação de uma plutocracia global e ao aumento inacreditável da disparidade de renda e riqueza na maioria dos países do mundo.

Do outro lado da divisão de classes, a indigência dos trabalhadores conta muito pouco ou nada para o capital, exceto quando a demanda agregada total dos trabalhadores é suficiente para a realização da acumulação de capital no mercado. O capital está mais imediatamente interessado em manter o nível salarial o mais baixo possível. Isso define uma contradição central, como vimos, entre a realização e a produção. A capacidade capitalista de gerir o nível salarial está na disponibilidade de um "exército industrial de reserva" formado pela mão de obra excedente. A função dessa reserva é fornecer a força de trabalho necessária para a futura expansão do capital, funcionando ao mesmo tempo como peso morto sobre as aspirações dos que já estão empregados e lutam para melhorar os níveis de remuneração e as condições de trabalho. Há dois tipos de exército industrial de reserva. Em primeiro lugar, há os trabalhadores desempregados. Mudanças tecnológicas que aumentam a produtividade no trabalho produzem demissões e desemprego. Desse modo, o capital adquire um poder considerável sobre a oferta de trabalho excedente, ao mesmo tempo que gerencia seu próprio nível de demanda. Em outras palavras, o capital participa tanto da produção de desemprego quanto da criação de empregos. Dar incentivos fiscais para que o capital reinvista pode gerar facilmente tanto a extinção quanto a criação de empregos (um fato raramente mencionado nas discussões políticas sobre o assunto, mesmo sendo cristalino como água para qualquer trabalhador demitido por razões tecnológicas).

Em segundo lugar, havia e ainda há reservas latentes na forma de extensas populações camponesas, trabalhadores autônomos, mulheres e crianças que ainda não se submeteram ao trabalho assalariado. O enorme aumento de trabalho assalariado na China nos últimos anos supôs uma transformação desse tipo. A África é uma vasta reserva potencial de trabalhadores que ainda não foi mobilizada. Grande parte do crescimento ocorrido nos Brics e em outros países supôs uma mobilização dessa reserva latente. Nos países capitalistas avançados, a mobilização das mulheres como força de trabalho teve uma função análoga a princípio, embora a reserva de mão de obra rural mal tivesse começado a se esgotar. Essa reserva latente não está necessariamente disponível *in situ*. A partir da década de 1960, os alemães recorreram à Turquia, os franceses ao Magrebe, os suecos à ex-Iugoslávia, os britânicos ao seu antigo Império e os Estados Unidos ao México para conseguir mão de obra imigrante. Quando o fervor anti-imigração começou a se espalhar entre as classes trabalhadoras, o capital migrou para as *maquiladoras* mexicanas, para as fábricas da China e de Bangladesh, num movimento em massa para os lugares onde era possível encontrar mão de obra excedente. Mesmo quando o capital não migra, basta a ameaça para aquietar as demandas dos trabalhadores.

Não vamos nos deter nos detalhes intricados dessa questão. O que importa é registrar claramente por quais meios gerais o capital pode gerir e manter sob controle a parcela do trabalho na renda agregada, mesmo diante de fortes correntes de oposição organizada e do perigo de desencadear uma crise de realização ao sufocar a demanda efetiva dos trabalhadores. Que ele tem feito isso nos últimos quarenta anos, combinando mudanças tecnológicas que poupam trabalho com certa globalização imprevisível, é evidente, mesmo que as condições de acirrada concorrência internacional tenham pressionado para baixo as taxas de lucro, apesar do aumento da exploração da força de trabalho. O resultado é uma tendência global de redução da participação do trabalho no produto social. Isso consolida as disparidades crescentes na distribuição individual de renda e riqueza em quase todos os cantos do mundo.

No entanto, ainda falta uma peça no quebra-cabeça. A vantagem óbvia que o capital tira da presença de uma vasta reserva de trabalho excedente coloca o seguinte problema: como vive a população de reserva quando está desempregada? No caso de reservas latentes, esse problema costuma ser resolvido pelo que chamamos de "proletarização parcial". Quando essa reserva de mão de obra é extraída de regiões rurais, os trabalhadores podem retornar a sua base rural quando perdem o emprego e continuar ganhando a vida como sempre fizeram. Nas áreas rurais, grande parte do custo de reprodução e criação dos filhos é coberta pelo dinheiro enviado para casa por trabalhadores urbanos. Isso acontece na China, por exemplo, mas também se aplica aos trabalhadores imigrantes (principalmente ilegais) nos Estados Unidos que voltam para o México quando ficam sem emprego ou adoecem (por exposição excessiva a pesticidas, por exemplo). Obviamente, porém, isso não acontece quando famílias inteiras migram para a cidade e cortam os laços com o campo. Surgem então economias informais (inclusive as que implicam atividades criminosas) para sobreviver em condições marginais, em barracos baratos, construídos em favelas e bairros pobres. Os desempregados ganham a vida como podem nas favelas. Obviamente, isso define um modo e um padrão de vida e, o que é mais importante para o capital, um custo de vida que estabelece um limite baixo para os níveis salariais do setor formal. É possível se aproximar desse limite mais baixo recrutando sem nenhuma dificuldade os trabalhadores excedentes que sobrevivem no setor informal.

Nos países capitalistas avançados, esse limite mais baixo dos níveis salariais é fixado pelo nível de bem-estar social e seguro-desemprego estabelecidos depois de uma longa história de luta de classes. Isso tem levado os teóricos de direita a argumentar que o desemprego surge porque o padrão de vida disponível aos desempregados é generoso demais. Segundo eles, a melhor maneira de atacar o desemprego é reduzir os benefícios dos desempregados! Empregadores que não conseguem produzir com lucro porque os níveis salariais são muito altos promoverão o aumento da oferta de emprego nesses níveis salariais mais baixos. Há certa evidência de que algo desse tipo possa realmente acontecer. O problema, é claro, reside na possibilidade de os níveis salariais de toda a força de trabalho diminuírem sem que isso gere necessariamente novos empregos, contribuindo para uma maior taxa de exploração dos trabalhadores e, em condições normais, para o aumento dos lucros do capital e uma maior disparidade de renda. Esse foi um dos efeitos da reforma que o presidente Clinton fez no sistema assistencial dos Estados Unidos e da adoção dos requisitos de *"workfare"**

---

* *Workfare* deriva das palavras *work* (trabalho) e *welfare* (bem-estar). Trata-se de um modelo alternativo ao sistema de bem-estar social. Para receber assistência, o indivíduo deve cumprir certos requisitos, como possuir formação e experiência profissional e ter realizado trabalhos voluntários em benefício da comunidade. (N. T.)

em 1995. Tais condições mais restritivas de assistência aos desempregados acabaram, obviamente, aumentando o vasto reservatório de desempregados miseráveis, que não conseguem encontrar emprego porque não se gera emprego em face das forças gêmeas de globalização (e competição com grandes reservas latentes) e mudanças tecnológicas que poupam trabalho. Desde então, Clinton foi generosamente recompensado pelas organizações empresariais: em 2012 recebeu cerca de US$ 17 milhões por suas palestras, principalmente para grupos empresariais.

A abordagem neoliberal da gestão da força de trabalho parte desse princípio. Consiste numa ampla ofensiva contra todas as instituições – como sindicatos e partidos socialistas – que lutam há muito tempo para proteger os trabalhadores dos piores impactos dos surtos periódicos de desemprego generalizado. Como consequência, as condições predominantes na reserva de mão de obra vêm notoriamente se deteriorando desde a década de 1980 por razões políticas e estratégicas. De fato, para se sustentar, o capital tem aprofundado a pobreza e as desigualdades de renda.

Esse relato é uma grande simplificação, mas ilustra de maneira muito clara como a unidade contraditória entre produção e realização tem se manifestado historicamente por um movimento cíclico de disparidades de renda, que variam das relativamente restritas até as explosivamente extensas. Ela também foi acompanhada de mudanças na ortodoxia econômica. Como vimos anteriormente, a gestão keynesiana da demanda dominou o pensamento econômico na década de 1960, enquanto as teorias monetaristas pelo lado da oferta começaram a predominar a partir dos anos 1980.

Isso nos leva de volta à questão sobre o nível de desigualdade social aceitável e desejável no capitalismo. O perfeito igualitarismo econômico é claramente impossível, em contraste com o que reza a teoria política liberal, que defende (em teoria) a igualdade de direitos políticos, legais e de cidadania. A separação entre direitos políticos e econômicos é palpável. Mas em que ponto a contradição entre produção de riqueza e a pobreza, identificada aqui como fundamental para o capital, se acentua e se torna o lugar de formação das crises? Há duas maneiras de se produzir uma crise.

Desigualdades crônicas produzem desequilíbrios entre produção e realização. A falta de demanda efetiva entre as massas desacelera ou impede a fácil circulação do capital. A política da austeridade, hoje amplamente aplicada em quase todo o mundo capitalista, reduz a demanda efetiva e retarda a criação de oportunidades de lucro. Isso explica a situação atual nos Estados Unidos, em que os lucros empresariais atingiram uma máxima histórica, enquanto o reinvestimento se manteve baixo. A segunda maneira de produzir uma crise vem dos níveis inaceitáveis de desigualdade que alimentam o descontentamento social e os movimentos revolucionários. Essa ameaça não se limita a situações de absoluta privação. Pode surgir de uma privação relativa, em particular quando essa privação está ligada à condição econômica inferior de um grupo específico (religioso, étnico, racial ou de gênero). A inquietação dos trabalhadores e as revoltas urbanas da década de 1960 nos Estados Unidos foram desse tipo. A agitação social no Brasil em 2013 surgiu em um momento de reduções modestas de desigualdade e pode ser atribuída em parte às expectativas crescentes de populações até agora marginalizadas e à incapacidade dos serviços públicos de satisfazer suas demandas.

Nada disso explica a exorbitante concentração de riqueza de uma emergente plutocracia global no topo da distribuição de renda. Mas há uma explicação estrutural para isso, centrada no papel crescente do mercado, dos meios de comunicação e do capital financeiro. As tecnologias da informação em rápida evolução e as revoluções espaçotemporais nas comunicações alteraram profundamente as possibilidades de mobilidade geográfica do capital monetário. Consequentemente, a ênfase do capital foi deslocada para a financeirização global. Os deslocamentos dinâmicos que ocorrem entre as diversas contradições do capital vêm interagindo de tal forma que as disparidades de renda e riqueza são amplificadas por essa financeirização. Deixem-me explicar.

Houve várias ondas de financeirização ao longo da história do capital (na segunda metade do século XIX, por exemplo). O que torna especial a fase atual é a aceleração impressionante da circulação do capital monetário e a redução nos custos das transações financeiras. A mobilidade do capital monetário em relação à de outras formas de capital (em particular, mercadorias e produção) cresceu exponencialmente. A tendência do capital à destruição do espaço pelo tempo teve um papel fundamental aqui. Como disse Craig Calhoun num ensaio recente, isso "facilita a 'destruição criativa' das estruturas existentes do capital (por exemplo, modos específicos de produção industrial) e estimula o desenvolvimento de novas tecnologias", o que, por sua vez, estimula "o desenvolvimento de novos produtos, processos de produção e lugares de produção". Os desenvolvimentos geográficos desiguais se acentuam à medida que o capital procura e se desloca para lugares novos, de custo mais baixo. A pressão imposta pelas finanças:

> leva o investimento a buscar lucros a prazos cada vez menores e debilita o crescimento mais profundo, de prazo mais longo. Também produz bolhas especulativas e falências. Aumenta a pressão do mercado sobre as empresas, gerando um retorno menor que a média para o capital, provocando desinvestimento em negócios antigos, mas ainda lucrativos, e, com isso, diminuindo salários e reduzindo a tendência do capitalismo industrial a dividir os lucros pelo aumento de salários. *Intensifica a desigualdade.*[4]

---

[4] Ênfase minha.

Mas a financeirização acelerada também:

produz um retorno sobre a riqueza investida que supera em muito o retorno sobre o emprego. Recompensa mais os investidores que os produtores. [...] Faz todos os tipos de negócios pagarem mais pelos serviços financeiros. Em 2010, a reserva de bônus para os empregados do ramo de gestão de títulos financeiros, só na cidade de Nova York, foi de US$ 20,8 bilhões; os 25 maiores gerentes de fundos de *hedge* ganharam US$ 22,7 bilhões. E isso depois de o colapso do mercado ter revelado o dano que a financeirização estava causando à economia em geral.[5]

Negociantes de todos os tipos são beneficiados, não só os que negociam dinheiro. Quem negocia informação e todo o aparato da economia do espetáculo e da fabricação de imagens e desejos fetichistas entra no negócio, além daqueles que negociam contratos no mercado de futuros, por mais fictícios que sejam. Comerciantes, rentistas e financistas se reposicionam como árbitros da acumulação do capital em relação ao capital industrial. É dessa forma que a distribuição de renda e riqueza vem sendo distorcida desde a década de 1970.

Mas isso tornou o capital menos seguro, mais volátil e propenso a crises, em virtude das tensões entre produção e realização do valor social, quando os principais árbitros da acumulação do capital têm pouco ou nada a ver com a produção real. O motor do capitalismo tem rangido embaixo dessa pressão e pode facilmente explodir (a China será muito provavelmente o epicentro dessa explosão) ou parar de repente (esse parece ser o resultado mais provável na Europa e no Japão).

Há uma ironia profunda nisso tudo. Historicamente, o capital industrial lutou vigorosamente para se libertar dos grilhões dos proprietários de terra (que extraíam renda), dos financistas usurários e dos comerciantes (que queriam roubar ou comprar barato para vender caro em mercados desigualmente construídos). O capitalismo do século XXI parece estar tecendo uma rede de restrições em que os rentistas, os comerciantes, os magnatas da mídia e, sobretudo, os financistas sugam o sangue do capital industrial produtivo, sem falar dos trabalhadores empregados. Não que o capital industrial esteja desaparecendo: está apenas se tornando subserviente ao capital em suas formas mais fantásticas e virulentas.

Tem surgido uma nova forma de capital implacavelmente dinâmica no campo das mudanças tecnológicas e na globalização das relações sociais, mas que não dá nenhuma atenção às condições de produção do trabalho social e parece

---

[5] Craig Calhoun, "What Threatens Capitalism Now?", em Immanuel Wallerstein et al., *Does Capitalism Have a Future?* (Oxford, Oxford University Press, 2013).

não se preocupar com o fato de haver ou não produção. No entanto, se todos os capitalistas tentarem viver de aluguéis, juros e lucros sobre o capital comercial e midiático ou, pior, apenas da especulação de ativos ou dos ganhos de capital (como acontece com o 1% mais rico que vive de renda nos Estados Unidos), sem produzir valor social, o único resultado possível será uma crise calamitosa. Uma economia política desse tipo também significa concentração e centralização de uma riqueza econômica imensa, além de poder e privilégio entre capitalistas mercantis e midiáticos, financistas e rentistas. Infelizmente, o surgimento dessa plutocracia é mais que evidente. É difícil disfarçar o fato de que ela vai muito bem enquanto a massa da população vai muito mal. A grande questão é se e quando surgirá um movimento político de massa dos despossuídos para retomar o que foi perdido.

Isso nos leva a uma pergunta crucial: se hoje as imensas disparidades de renda e riqueza são reflexo do advento dessa nova forma de capital, que contradições contribuíram para ele? Essa é uma pergunta fundamental, que considerarei mais adiante, no contexto das contradições perigosas. Pretendo mostrar que tal advento não foi mero acidente histórico.

As implicações políticas de tudo isso para uma estratégia anticapitalista são simples, mas muito abrangentes. Se, por exemplo, os dados das pesquisas nos Estados Unidos são representativos, haverá apoio público maciço a um movimento de reforma que produza resultados mais igualitários do que os atuais, mesmo que exija que o Estado não seja o veículo de sua realização. Haveria e há apoio geral a iniciativas de controle da parte dos trabalhadores, economias solidárias e estruturas comunitárias e cooperativas autônomas. O exemplo da Mondragon, maior e mais longeva cooperativa de trabalhadores da Europa, cuja gestão coletiva se orgulhava, até recentemente, de ter uma disparidade de renda de no máximo 3 para 1 (em comparação com a diferença de 350 para 1 de uma corporação típica dos Estados Unidos), é fascinante.

Também nesse caso vemos o valor potencial de uma categoria muito importante de ação política. Trata-se da ideia de "reforma revolucionária". Basicamente, a redução dos níveis atuais de disparidade de renda e riqueza não seria uma ameaça para a reprodução do capital. Na verdade, podemos argumentar que essa redução é absolutamente necessária para que o capital sobreviva na conjuntura atual, porque as disparidades ameaçam se tornar uma contradição absoluta em virtude dos desequilíbrios crescentes entre produção e realização. Mas, se a teoria de que as desigualdades são necessárias ao capital estiver correta, chegaremos a um ponto em que qualquer programa para reduzir as desigualdades de renda e riqueza ameaçará a reprodução do capital. Uma vez iniciado um movimento de redução dos lucros, ele pode finalmente ameaçar sugar a força vital do capital para compensar o fato de que o capital suga sistematicamente a força vital do trabalho. Ninguém sabe exatamente quando se dará o ponto de ruptura, mas certamente será muito antes de atingirmos os níveis de igualdade apontados nas pesquisas de opinião dos Estados Unidos. Um movimento de reforma para a redução das desigualdades sociais pode se tornar a vanguarda para uma transformação revolucionária.

Contradição 13
Reprodução social

Antigamente era possível dizer que o capital não se importava com as necessidades do trabalhador, deixando à iniciativa e ao engenho dos trabalhadores o encargo de se reproduzirem biológica, psicológica e culturalmente com a ninharia de salário que recebiam do capital. A maioria dos trabalhadores cedeu porque não tinha opção. Essa foi a situação que Karl Marx encontrou, e foi provavelmente por isso que não abordou a questão da reprodução social da força de trabalho em sua teoria sobre a economia política do capital. Mas está claro que se os trabalhadores não se reproduzem, ou morrem prematuramente por excesso de trabalho nas minas e nas fábricas (ou cometem suicídio por estafa, como vem acontecendo nas fábricas chinesas), e se o fácil acesso do capital ao trabalho excedente é impedido de alguma forma, o capital não pode se reproduzir. Marx reconheceu esse perigo quando viu nitidamente que era preciso impor limites às jornadas exorbitantes de trabalho e ao ritmo criminoso de exploração, e que a legislação do Estado era tão importante para proteger a reprodução do capital quanto a vida dos trabalhadores. A contradição entre as condições necessárias para garantir a reprodução social da força de trabalho e as condições necessárias para reproduzir o capital sempre existiu, ainda que de forma latente. Nos últimos dois séculos, porém, essa contradição evoluiu, tornando-se muito mais complexa e proeminente, cheia de possibilidades perigosas, consequências e manifestações geográficas de longo alcance, porém desiguais.

Essa contradição se destacou com o advento do sistema fabril e o aumento da complexidade e sinuosidade dos sistemas de produção do capital. Enquanto as habilidades artesanais tradicionais perdiam importância, o capital se interessava cada vez mais por uma força de trabalho modestamente educada, que fosse letrada, flexível, disciplinada e suficientemente dedicada para cumprir a variedade de tarefas exigida na era das máquinas. A inserção de cláusulas relativas à educação na Lei Fabril Inglesa de 1864 foi um sinal desse interesse crescente do capital pelas capacidades e potencialidades dos trabalhadores, e isso implicava intervenções limitadas na vida privada dos trabalhadores. No capitalismo como um todo, essa preocupação com a reprodução de uma mão de obra dotada de qualidades adequadas coincidiu em muitos países do mundo com um projeto político da burguesia reformista para criar uma classe trabalhadora "respeitável", que abdicaria dos motins e das revoluções e sucumbiria às bajulações do capital. O crescimento da educação pública, somado ao socialismo "gás e água"*, politicamente presente em muitas partes do mundo capitalista, certamente acalmou grande parte dos trabalhadores regularmente empregados, permitindo a extensão da representação política (o direito ao voto e, com ele, a influência sobre as políticas públicas) até chegar ao sufrágio universal.

O interesse crescente pela educação da mão de obra e a mobilização de recursos financeiros para realizar essa tarefa foi uma característica crucial da história do capital. Mas essa história não foi desinteressada nem transcorreu sem complicações derivadas da dinâmica da luta de classes entre capital e trabalho. O que está em questão aqui, como se disse antes, é o que o capital quer que os trabalhadores aprendam e o que os trabalhadores querem e desejam saber. Na história da Inglaterra e da França, por exemplo, o autodidata, o trabalhador que aprendia sozinho, era uma espinha atravessada na garganta do capital, um sujeito dado a ideias socialistas utópicas, muitas vezes divergentes sobre as alternativas ao modo de vida que o capital oferecia, e preparado para tomar iniciativas políticas, e até revolucionárias, para promover alternativas anticapitalistas. A proliferação de seitas e panfletos utópicos e libertários na França das décadas de 1830 e 1840 (ligados a nomes como Fourier, Saint-Simon, Proudhon, Cabet etc.) foi acompanhada do outro lado do Canal da Mancha de uma literatura mais sóbria, porém não menos persistente, sobre os direitos dos trabalhadores e a necessidade de se construir solidariedades institucionais, como os sindicatos, e formas de organização e agitação política (cartismo), alguns com o apoio de pensadores utópicos e praticantes, como Robert Owen. Se era essa a educação dos trabalhadores, então o capital não queria saber dela. Mas, diante da busca persistente de autoeducação por ao menos um segmento influente de trabalhadores, o capital teve de inventar alguma coisa para pôr em seu lugar. Como diz o sr. Dombey em *Dombey and Son*, de Charles Dickens, ele não fazia objeções à educação pública,

---

* Termo originalmente criado para se referir ao socialismo fabiano, movimento reformista que teve lugar na Grã-Bretanha no fim do século XIX, conduzido pela Sociedade Fabiana, que acreditava que a mudança do capitalismo para o socialismo se daria de forma gradual, e não revolucionária. Composta em sua maioria por intelectuais burgueses, formulou um programa municipal de acesso a serviços básicos ao menor custo possível. (N. E.)

desde que os trabalhadores aprendessem qual era o lugar deles na sociedade. Marx, embora criticasse boa parte da literatura socialista utópica, aprendeu imensamente com ela e, da mesma maneira, tentou criar um campo de conhecimento anticapitalista que servisse como uma fonte de ideias para a agitação anticapitalista. Queira Deus que os trabalhadores nunca leiam essas coisas.

Embora a educação pública tenha se esforçado ao máximo para suprir a demanda do capital por conformidade ideológica, combinada com a produção de conhecimentos apropriados ao estado da divisão do trabalho, ela não eliminou o conflito subjacente. E isso acontece em parte porque os interesses do Estado também entram em cena para forjar um sentido de identidade e solidariedade nacional entre as classes, sentido este que vai contra a predileção do capital por uma forma de individualismo cosmopolita sem raízes, que será imitada tanto pelo capitalista quanto pelo trabalhador. Nenhuma dessas contradições do conteúdo da educação pública pode ser resolvida com facilidade, mas isso não desmerece o fato de que o investimento na educação e no treinamento é condição *sine qua non* para a competitividade do capital. O investimento maciço na educação, por exemplo, é um traço notável do desenvolvimento recente da China, como foi o caso também em Singapura e outros países da Ásia Oriental. Isso se deve ao fato de que a lucratividade do capital se encontra cada vez mais na produtividade crescente de uma mão de obra cada vez mais qualificada.

Mas, como acontece com frequência na história do capital, a educação em si se tornou um "grande negócio". A invasão assombrosa da privatização e o pagamento de taxas para uma educação que tradicionalmente era pública e gratuita impuseram encargos financeiros à população, fazendo com que aqueles que desejam estudar tenham de pagar por esse aspecto fundamental da reprodução social. As consequências da criação de uma força de trabalho educada e atolada em dívidas podem demorar para se manifestar, mas, considerando-se os conflitos entre estudantes e autoridades em Santiago, no Chile, que começaram em 2006 e se estendem até hoje, em torno da dispendiosa privatização do ensino médio e superior, é bem provável que essa também se torne uma fonte latente de descontentamento sempre que for colocada em prática.

A criação de uma força de trabalho altamente produtiva levou ao que chamamos de teoria do "capital humano", uma das ideias econômicas amplamente aceitas mais estranhas já concebidas. Suas origens remontam aos escritos de Adam Smith. Segundo ele, a aquisição de talentos produtivos por meio de:

> formação, estudo ou aprendizagem, sempre custa uma despesa real, que constitui um capital fixo e como que encarnado na sua pessoa. Assim como essas habilidades fazem parte da fortuna da pessoa, da mesma forma fazem parte da sociedade à qual ela per-

tence. A destreza de um trabalhador pode ser enquadrada na mesma categoria que uma máquina ou instrumento de trabalho que facilita e abrevia o trabalho e que, embora custe certa despesa, compensa essa despesa com lucro.[1]

A questão, evidentemente, é quem paga o custo de criação desses talentos – os trabalhadores, o Estado, o capital ou instituições da sociedade civil (como a Igreja) – e quem fica com o benefício (ou "lucro", nas palavras de Adam Smith)?

Indubitavelmente, uma mão de obra qualificada e altamente treinada poderia esperar uma remuneração mais alta do que uma mão de obra desqualificada, mas isso não significa aceitar a ideia de que salários altos são uma forma de lucrar com o investimento dos trabalhadores em educação e qualificação. O problema, como afirmou Marx em sua dura crítica a Adam Smith, é que o trabalhador só pode realizar o valor dessas qualificações trabalhando para o capital sob condições de exploração, de modo que, no fim, é o capital, e não o trabalhador, que colhe os benefícios de uma maior produtividade no trabalho[2]. Recentemente, por exemplo, a produtividade dos trabalhadores aumentou, mas a parcela da produção que vai para o trabalhador diminuiu, ao invés de aumentar. De todo modo, se o que o trabalhador possui em forma material fosse capital, como diz Marx, ele teria todo o direito de se entregar ao ócio e viver da renda de seu capital, sem precisar trabalhar (o capital como relação de propriedade sempre tem essa opção ao seu alcance). Pelo que sei, o principal objetivo da retomada da teoria do capital humano por Gary Becker, na década de 1960, por exemplo, era enterrar o significado da relação de classe entre capital e trabalho e fazer parecer que somos todos capitalistas que ganham taxas diferentes de lucro a partir do nosso capital (humano ou outro)[3]. Se os trabalhadores recebem um salário baixo, pode-se argumentar que isso é reflexo do fato de não terem se esforçado para construir um capital humano! Em suma, os trabalhadores são culpados por receber salários baixos. Não nos surpreende, portanto, que por razões ideológicas, e não por razões intelectuais sólidas, todas as grandes instituições do capital, das organizações econômicas ao Banco Mundial e ao FMI, tenham abraçado de corpo e alma essa ficção teórica. De modo semelhante, essas mesmas instituições adotaram recentemente a assombrosa ficção de que o setor informal da reprodução social, predominante em muitas cidades do mundo em desenvolvimento, na verdade é uma massa em ebulição de microempresas que

---

[1] Adam Smith, *A riqueza das nações* (trad. Luiz João Baraúna, São Paulo, Nova Cultura, 1996), v. 1, p. 290.
[2] Karl Marx, *O capital*, Livro III, cit.
[3] Gary Becker, *Human Capital: A Theoretical and Empirical Analysis, with Special Reference to Education* (Chicago, University of Chicago Press, 1994).

só precisam de certa dose de microfinanciamento (a taxas de juros usurárias que, no fim das contas, vão para o bolso das principais instituições financeiras) para se tornar membros legítimos da classe capitalista.

Exatamente pelas mesmas razões, tenho profundas objeções à definição de Bourdieu dos dotes pessoais (que inegavelmente são de grande importância para a vida social) como uma forma de "capital cultural"[4]. Embora não haja nenhum problema em destacar o papel desses dotes para a confirmação de *status* em nossa sociedade e sua contribuição na replicação das distinções de classe no decorrer da reprodução social, tratá-los como uma forma de capital no sentido em que usamos o termo aqui é confuso, talvez até perverso. Seria o mesmo que supor a existência de uma maneira de acumular renda e riqueza monetária aprendendo a gostar de Scarlatti (no caso de um francês) ou de Snoop Dogg (no caso de um estadunidense). Por outro lado, a ideia de capital cultural se encaixa (mas não é isso que defende Bourdieu) no desenvolvimento de marcas e na comercialização de bens e lugares com o intuito de auferir rendas de monopólio (como no caso de vinhos finos e destinos turísticos perfeitos). Mas estamos lidando aqui com a construção de símbolos de distinção que, quando funcionam, podem ser fonte de rendas permanentes de monopólio e ganho monetário. A diferenciação de produtos para mostrar que a minha marca de creme dental é única e especial é uma maneira de evitar o efeito nivelador da troca mercantil. Quem inventa o mundo simbólico que está por trás da criação de uma marca para bens e lugares – um trabalho manipulador que constitui o cerne da publicidade contemporânea e da indústria do turismo – torna-se fundamental na manipulação dos desejos humanos para ganhar dinheiro. Obviamente, quem ganha dinheiro e paga pela criação de uma marca para os seus produtos são os capitalistas. E, em certos casos, eles não hesitam em atrelar signos de classe e, ainda mais enfaticamente, imagens sedutoras de gênero às qualidades de seus produtos. O capital, sem dúvida alguma, emprega tais signos de distinção em lançamentos e práticas de venda, mas isso não significa que a distinção seja uma forma de capital, como propõe Bourdieu, embora muitas vezes, quando única e original, a distinção produza rendas de monopólio (como uma pintura de Picasso).

Nos últimos tempos, o capital e o Estado capitalista (sobretudo este último) têm se interessado pelos aspectos da reprodução social que afetam as qualidades competitivas da força de trabalho. Se um país deseja se tornar mais rico transferindo a cadeia de valor agregado da produção para o campo de pesquisa e desenvolvimento, acumulando desse modo uma riqueza que foi obtida por meio do controle dos direitos de propriedade intelectual, ele precisa ter a seu dispor uma força de

---

[4] Pierre Bourdieu, "The Forms of Capital", em John Richardson (org.), *Handbook of Theory and Research for the Sociology of Education* (Nova York, Greenwood, 1986).

trabalho bem instruída e cientificamente qualificada, que seja treinada no próprio país (daí a imensa importância das universidades que fazem pesquisa em países como os Estados Unidos) ou importada do exterior. A formação desses trabalhadores deve começar desde cedo, o que põe todo o sistema educacional no centro dos interesses do capital, embora, como sempre, o capital prefira não pagar por ele, se puder. Em países como Singapura e China, o forte investimento em educação, em todos os seus níveis, foi fundamental para o sucesso econômico.

O contexto tecnológico sempre mutável, e em especial o progresso da robotização e da inteligência artificial do qual já falamos, tem alterado de forma radical o tipo de qualificação vantajoso para o trabalho, e o sistema educacional muitas vezes demora a atender as novas demandas. Há mais de vinte anos, por exemplo, Robert Reich assinalou o surgimento de uma divisão entre serviços "simbólico-analíticos" (baseados em conhecimento), produção rotineira e serviços "presenciais". Os "analistas simbólicos" eram engenheiros, juristas, pesquisadores, cientistas, professores, executivos, jornalistas, consultores e outros "trabalhadores intelectuais" que, para ganhar a vida, dedicavam-se sobretudo a coletar, processar, analisar e manipular informações e símbolos. Os trabalhadores desse grupo, que, segundo estimativas de Reich, constituía cerca de 20% da força de trabalho nos Estados Unidos, tinham uma posição privilegiada, principalmente porque podiam fazer negócios em qualquer lugar do mundo. No entanto, precisavam ter uma excelente qualificação analítica e simbólica, e grande parte dessa qualificação começa em casa, onde desde cedo as crianças aprendem com seus brinquedos eletrônicos a usar e manipular dados e informações adequados para uma economia emergente "baseada no conhecimento"[5]. Esse grupo forma o núcleo de uma classe média alta relativamente abastada, mas extremamente móvel, que tende cada vez mais a se segregar (e isolar seus processos de reprodução social) em enclaves privilegiados, longe do resto da sociedade. Comparativamente, os trabalhadores da produção tradicional (por exemplo, produção de automóveis e siderurgia) e aqueles de serviços ordinários têm pouco futuro, em parte porque essas funções correm mais risco de desaparecer e em parte porque até os empregos que permanecerão devem sofrer uma redução de salários, com benefícios muito pequenos, simplesmente em razão do excesso de mão de obra hoje disponível.

O tradicional interesse pela produtividade crescente do trabalho em determinado segmento da força de trabalho não abrangia a princípio a vida afetiva e cultural dos trabalhadores. Certos aspectos da reprodução social, como a criação de filhos ou o cuidado de idosos e doentes, continuaram a ser, em muitos casos e lugares,

---

[5] Robert B. Reich, *O trabalho das nações*, cit.

um assunto do trabalhador individual e permaneceram fora das considerações de mercado, assim como muitos dos aspectos particulares da vida cultural. Mas com as complexidades resultantes da urbanização e da industrialização capitalista, o Estado capitalista se viu cada vez mais envolvido na regulação e provisão de saúde pública, educação, controle social e até cultivo de certos hábitos mentais e emocionais favoráveis à autodisciplina e à cidadania da população em geral.

Embora todo o campo da reprodução social seja, como diz Cindi Katz, "o material carnudo, desordenado e indeterminado da vida cotidiana", ele também é "um conjunto de práticas estruturadas que se desdobram na relação dialética com a produção, com a qual ele mantém uma mútua tensão e constituição". A unidade contraditória entre reprodução social e reprodução do capital se cristaliza como uma contradição mutável de singular interesse ao longo da história do capital. O que ela representa hoje está a anos-luz do que representava em 1850. "A reprodução social", continua Katz, "engloba a reprodução diária e de longo prazo tanto dos meios de produção quanto da força de trabalho para fazê-los funcionar. Em seu nível mais básico, depende da reprodução biológica da força de trabalho, tanto diariamente quanto de geração em geração". Também engloba a produção e a reprodução das habilidades manuais, mentais e conceituais[6]. Tudo isso se alcança com o salário individual mais o salário social fornecido pelas várias agências estatais (por exemplo, educação e saúde pública) e instituições fundamentais da sociedade civil (por exemplo, a Igreja e uma vasta gama de ONGs filantrópicas).

Do ponto de vista do trabalho, a reprodução social tem um significado muito particular. Os trabalhadores recebem um salário em dinheiro e escolhem como gastá-lo. No início, não interessava ao capital como e com que era gasto esse dinheiro. Hoje, porém, isso é diferente, como veremos. De quanto os trabalhadores precisam para sobreviver e se reproduzir depende em parte de quanto os trabalhadores e suas famílias e comunidades podem fazer por si mesmos. A reprodução social absorve uma imensa quantidade de trabalho não remunerado, em grande parte realizado pelas mulheres, tanto no passado quanto hoje, como sempre apontaram corretamente as feministas. Para o capital, a reprodução social é uma esfera ampla e conveniente em que os custos reais são terceirizados para as famílias e outras entidades comunais e incidem desproporcionalmente sobre diferentes grupos da população. No caso da proletarização parcial, por exemplo, como discutimos anteriormente, quase todos os custos da criação dos filhos e do cuidado dos doentes e idosos ficam a cargo dos trabalhadores domésticos das sociedades camponesas ou rurais. Sob as condições da social-democracia, no entanto, os movimentos políticos

---

[6] Cindi Katz, "Vagabond Capitalism and the Necessity of Social Reproduction", *Antipode*, v. 33, n. 4, 2001, p. 709-28.

levaram o capital a incorporar alguns desses custos, seja de forma direta (aposentadoria, seguros e assistência médica previstos no contrato salarial), seja de forma indireta (tributação sobre o capital para dar suporte à provisão estatal de serviços via Estado de bem-estar social).

Nos últimos tempos, parte do *ethos* e do programa político neoliberal tem sido repassar o máximo possível dos custos da reprodução social para a população em geral, com o intuito de aumentar a taxa de lucro do capital reduzindo a carga tributária. O argumento é que o Estado de bem-estar social se tornou oneroso demais, e que o alívio dos impostos para o capital estimularia um crescimento econômico maior e mais forte, o que, quando os benefícios se propagassem, melhoraria a vida de todos. Isso nunca funcionou, é claro, porque os ricos se apoderam de quase todas as economias e não repassam nenhum benefício (exceto na forma de filantropias terapêuticas moralmente questionáveis).

As unidades familiares não são, contudo, entidades isoladas. Elas estão incorporadas a uma matriz de interações e relações sociais. Suas tarefas geralmente são compartilhadas: nos bairros de classe média dos Estados Unidos, por exemplo, o uso compartilhado de automóveis, o cuidado dos filhos, a organização de eventos coletivos como piqueniques no parque, feiras e festas de rua fazem parte da vida cotidiana, e existe até um eleitorado específico, o das *soccer moms**, que chamou a atenção dos políticos. Existem muitos intercâmbios não monetários de ajuda mútua, desde ajudar a consertar o carro do vizinho até pintar o pátio e ajudar a manter espaços comuns de convivência. Com que frequência esses intercâmbios acontecem e quais são seus mecanismos pode ser bastante variável, mas é inegável que, em muitas partes do mundo, as famílias se unem numa série de práticas de apoio mútuo para criar um semblante de vida em comum. Essas práticas são formalizadas pelo estabelecimento de associações, assembleias étnicas, organizações religiosas etc., que dedicam atenção considerável à definição e manutenção (às vezes repressiva) das condições apropriadas da vida em comunidade para a reprodução social. Essas associações podem constituir a base para movimentos sociais maiores, e é delas que vem boa parte da inspiração de que outra vida é possível, além daquela oferecida pelo puro mercado e pelas transações monetárias. Embora pareça que o ataque neoliberal à provisão dos serviços sociais pelo Estado possa ser neutralizado por um aumento de práticas de ajuda mútua, na maioria dos casos as evidências apontam para o contrário: a ética egoísta e individualista de maximização dos lucros com que trabalha o neoliberalismo (junto de outras características,

---

* "Mães motoristas", expressão usada para se referir às donas de casa estadunidenses que não trabalham e se dedicam a cuidar das atividades extracurriculares dos filhos, como levá-los ao futebol e outras atividades esportivas. (N. T.)

como uma maior mobilidade geográfica) diminuiu, no mínimo, a ajuda mútua como característica da vida social comum, exceto nas comunidades que definem seus laços em termos religiosos ou étnicos. Também não ajuda em nada a crescente predileção dos consumidores em tratar a casa onde moram como um investimento especulativo de curto prazo, em vez de um lugar para estabelecer uma vida sólida. Também é verdade que os modos de vida urbana tipicamente produzidos pelo capital (sobretudo no que se refere à dependência dos carros) não são muito propícios para a criação de redes de apoio mútuo que possam estimular formas mais adequadas e compensadoras de reprodução social.

Por trás disso tudo se esconde uma contradição incipiente e potencialmente destrutiva, que já encontramos sob formas diferentes. Trabalhadores e famílias são uma fonte significativa de demanda efetiva e desempenham um papel importante na realização de valores no mercado. Se produzem muito para si mesmos fora do mercado, não compram no mercado e acrescentam muito pouco à demanda efetiva. Esse é o problema da proletarização parcial e explica por que, em determinado momento, ela dá lugar (em geral sob a pressão do capital) à proletarização plena. Se o Estado de bem-estar social é desmantelado, boa parte da demanda efetiva também acaba, e o campo para a realização dos valores diminui. Esse é o problema da política de austeridade. A contradição entre a crescente lucratividade potencial do capital na produção e a decrescente lucratividade potencial devido à demanda efetiva insuficiente aumenta quando as tentativas para resolver a contradição entre reprodução social e produção oscilam de um extremo ao outro.

Como resposta parcial a esse dilema, há na história do capital uma longeva tendência de substituição do trabalho domiciliar pelas transações de mercado (desde cortes de cabelo e refeições prontas ou congeladas até lavagem a seco, atividades de entretenimento e cuidado de crianças e idosos). A privatização dos serviços pessoais domésticos na esfera do mercado, somada ao aumento da intensidade do capital em tecnologias domésticas (desde máquinas de lavar roupa e aspiradores de pó até fornos de micro-ondas e, é claro, casas e carros) que precisam ser compradas a preços consideráveis (em geral a crédito), não só mudou radicalmente a natureza das economias domésticas, como também revolucionou os processos de realização dos valores do capital no mercado. A mercantilização dos bens imóveis em todo o mundo abriu um campo vasto de acumulação de capital mediante o consumo de espaço para a reprodução social. Como vimos, há muito tempo o capital se preocupa em promover o "consumo racional", entendido como aquela forma de consumo familiar que alimenta a acumulação de capital, independentemente de satisfazer ou não as necessidades e carências humanas reais (quaisquer que sejam). A reprodução social é cada vez mais infectada e, em alguns casos, totalmente transformada por essas considerações.

Esse fato elementar tem suscitado muita reflexão sobre o papel crescente do capital no domínio do que Jürgen Habermas (seguindo o filósofo alemão Edmund Husserl) chama de "mundo vivido", ou o que Henri Lefebvre analisa como "vida cotidiana"[7]. É claro que a penetração sistêmica do capital e seus produtos, sob uma forma ou outra, em quase todos os aspectos de nosso mundo vivido provoca resistência, mas para a maior parte da população mundial essa é uma batalha perdida, mesmo que não tenha sido bem recebida. A esquerda progressista (em particular as feministas socialistas) argumenta que o trabalho doméstico deveria ser remunerado. Como grande parte desse trabalho é desproporcionalmente realizado pelas mulheres, o raciocínio político é claro, mas desafortunadamente só consegue promover a monetização total de tudo, o que, em última instância, favorece o capital. Afora a dificuldade de monetizar as tarefas domésticas, é improvável que tal medida beneficie as pessoas, muito menos as mulheres, que provavelmente continuarão a ser exploradas, mesmo se forem pagas pelo trabalho doméstico.

Embora seja perfeitamente razoável, portanto, que o célebre historiador francês Fernand Braudel encare a esfera da vida material e da reprodução material das pessoas comuns na Baixa Idade Média como tendo pouco ou nada a ver com o capital, ou mesmo com o mercado, esse argumento não tem nenhuma importância para a nossa época, exceto naquelas partes cada vez mais isoladas do mundo (por exemplo, sociedades indígenas ou populações camponesas remotas) onde o capital ainda não exerceu uma influência dominante[8]. A mercantilização da vida cotidiana e da reprodução social se deu em ritmo acelerado e criou um espaço complexo para a luta anticapitalista.

A esfera da reprodução social se tornou, em quase todos os lugares, o campo das atividades capitalistas altamente intrusivas. Os tentáculos do poder e da influência do Estado e do capital proliferam de mil maneiras nas esferas da reprodução social em muitas partes do mundo. Nem todas essas intervenções são perniciosas, é claro. A reprodução social é o lugar onde crescem a opressão e a violência contra as mulheres, onde lhes são negadas as oportunidades de educação, onde ocorrem com frequência violência e abuso de crianças, onde a intolerância gera desprezo pelos outros, onde muitas vezes os trabalhadores transferem para a família suas experiências amargas de violência e opressão nos processos de trabalho, onde álcool e drogas fazem estragos. Por isso é tão necessário um mínimo de regulação social e

---

[7] Jürgen Habermas, *Teoria do agir comunicativo: sobre a crítica da razão funcionalista* (trad. Paulo Astor Soethe, São Paulo, WMF Martins Fontes, 2012), v. 2; Henri Lefebvre, *Critique of Everyday Life* (Londres, Verso, 1991).

[8] Fernand Braudel, *Civilização material, economia e capitalismo* (trad. Telma Costa, São Paulo, WMF Martins Fontes, 1995), 3 v.

talvez até de intervencionismo do Estado na esfera da reprodução social, embora constitua um enquadramento burocrático da vida cotidiana e da reprodução social que deixe muito pouco espaço para o desenvolvimento autônomo. Além do mais, a profunda integração material de todos os processos de produção, troca, distribuição e consumo na rede da vida social e biológica tem produzido um mundo em que a contradição entre um consumismo familiar do excesso potencialmente alienador e o consumo necessário à adequada reprodução social é tão evidente quanto a contradição entre a reprodução social da força de trabalho e a reprodução do capital. Que proporção da reprodução social contemporânea nos Estados Unidos, por exemplo, dedica-se a treinar o máximo possível de pessoas na arte insana do consumo desenfreado e das finanças especulativas, em vez de formá-las para serem trabalhadoras boas e instruídas?

O que Randy Martin chama de "financeirização da vida cotidiana" se tornou na última geração uma intromissão descarada na reprodução social[9]. Se fizermos duas perguntas básicas: que proporção da reprodução social é financiada pela dívida e quais são as implicações disso?, as respostas serão assombrosas. Em muitas partes do mundo, o agiota sempre foi uma figura importante, e continua sendo até hoje. Em boa parte da Índia, a reprodução social ocorre sob a sombra ameaçadora do agiota. A situação não melhorou com a chegada das instituições de microcrédito e microfinanças (que, em alguns casos, levou as pessoas – em particular as mulheres – ao suicídio como única saída para a dívida coletiva). Mas a dívida pessoal, associada à reprodução social, tornou-se uma calamidade, sob uma forma ou outra, em quase todo o mundo. O enorme endividamento dos estudantes nos Estados Unidos está se repetindo na Grã-Bretanha, no Chile e na China, e os empréstimos para financiar as despesas da vida cotidiana se acumulam a níveis impressionantes. Em poucos anos, o endividamento pessoal na China cresceu muito acima da renda, partindo quase de zero, digamos, em 1980.

Essa generalização é atravessada, no entanto, pelo desenvolvimento geográfico desigual dessas contradições. Alguns países (como os Estados Unidos, onde o consumo representa mais de 70% do PIB) parecem mais interessados em promover a demanda efetiva por meio de um consumismo alienado, que corrompe as formas razoáveis de reprodução social, enquanto outros se concentram na reprodução social de uma força de trabalho que possa produzir valor incessantemente (a China, por exemplo, onde o consumo representa cerca de 35% do PIB). Em cidades divididas, como Lagos, São Paulo e até mesmo Nova York, uma parte da população dedica-se ao consumo desenfreado e a outra à reprodução de uma mão de obra que

---

[9] Randy Martin, *Financialization of Daily Life* (Filadélfia, Temple University Press, 2002).

pode ser facilmente explorada, mas é amplamente redundante por ser excedente. O estudo da reprodução social nesses diferentes ambientes revela uma enorme lacuna tanto nas qualidades como no significado das atividades domésticas, com poucas semelhanças entre eles. Essas divisões produzem manifestações curiosas no âmbito da moral burguesa. Os mesmos moralistas que condenam o fato de que, no Paquistão e na Índia, crianças trabalhem a troco de centavos durante dez ou doze horas por dia para produzir bolas de futebol que depois serão chutadas por jogadores que ganham milhões não enxergam que seus próprios filhos são explorados pelo capital como consumidores no mercado, quando esses mesmos filhos são iniciados na arte obscura do comércio e das manipulações da bolsa (dinheiro por nada) pressionando o teclado de seus dispositivos. É só procurar no Google o caso de Jonathan Lebed para entender o que estou dizendo. Aos quinze anos, ele ganhou milhões de dólares comprando ações de pequenas empresas públicas e criando salas de bate-papo na internet para promover as ações que tinha acabado de comprar e vendê-las pelo preço elevado que suas avaliações favoráveis tinham criado. Processado pela Securities and Exchange Commission, ele simplesmente argumentou que fez o que Wall Street sempre fez. A SEC estipulou uma pequena multa e abandonou o processo como se fosse uma batata quente, porque Lebed estava certo.

As contradições da reprodução social não podem ser entendidas fora dessas circunstâncias geograficamente diferenciadas, mesmo que seu caráter geral tenha mudado radicalmente com o passar do tempo. As contingências da atividade material, das formas culturais e dos modos de vida locais são muito importantes em diversas partes do mundo. Como afirma Katz, a reprodução social "necessariamente permanece ligada ao lugar", num contexto em que o capital é altamente móvel. O resultado é que "todos os tipos de dissociação ocorrem no espaço, nas fronteiras e na escala, com a mesma probabilidade de recorrer às desigualdades sedimentadas nas relações sociais e de provocar novas". Trabalhadores agrícolas são reproduzidos no México, mas acabam trabalhando nos campos da Califórnia; mulheres que cresceram nas Filipinas desempenham um papel importante no trabalho doméstico em Nova York; engenheiros formados sob o comunismo da ex-União Soviética acabam em Cabo Canaveral; engenheiros de *software* formados na Índia vão para Seattle.

A reprodução social não diz respeito apenas às habilidades de trabalho e à organização dos hábitos de consumo. "A reprodução da força de trabalho traz à tona uma variedade de formas e práticas culturais que também são geográfica e historicamente específicas", diz Katz, e isso inclui todas aquelas associadas ao conhecimento e ao aprendizado, às concepções mentais do mundo, aos juízos éticos e estéticos, às relações com a natureza, aos valores e costumes morais, bem como ao senso de pertencimento que consolidam a lealdade a um lugar, uma região, um país. A reprodução social também inculca "práticas que mantêm e reforçam classes e outras categorias de diferença" e "um conjunto de formas e práticas culturais cuja função é reforçar e naturalizar as relações sociais dominantes de produção e reprodução". Por meio dessas práticas sociais, "os atores sociais tornam-se membros de uma cultura que ao mesmo tempo ajudam a criar e na qual e contra a qual constroem sua identidade".

"As questões da reprodução social", conclui Katz, "são controversas e escorregadias, mas a arena da reprodução social é onde se pode testemunhar grande parte dos danos da produção capitalista global"[10]. É nesse campo que a destruição criativa do capital manifesta seu aspecto mais traiçoeiro, promovendo um consumismo alienado e formas individualistas de vida que conduzem a nada menos do que uma cobiça egoísta, grosseira e competitiva, ao mesmo tempo que atribui a suas vítimas a responsabilidade pela situação difícil em que se encontram quando não conseguem (como é inevitável) construir seu capital pretensamente humano. É nessa esfera que a reprodução da desigualdade começa e, na falta de uma força contrária poderosa, acaba. Nos Estados Unidos, por exemplo, a mobilidade social está quase estagnada, de modo que tudo repousa sobre um processo de reprodução social altamente desigual e canalizado, e até discriminatório. Se em outra época a população em geral se virava para se reproduzir sem assistência do capital ou do Estado, agora ela tem de se reproduzir num ambiente de corrupções e intervenções maciças do Estado e do capital na construção de uma vida cotidiana orientada não só para ocupar postos altamente diferenciados (inclusive o de vagabundo) em um tipo particular de mão de obra, mas também para ser o escoadouro de uma variedade enorme de produtos desnecessários e indesejados que o capital produz e comercializa com tanto talento.

Também existem aqueles, é claro, que veem a contradição e buscam formas de contorná-la. Alguns anseiam por um retorno aos modos indígenas de pensar e viver, ou ao menos veem alguma esperança em desafiar as formas grosseiras de reprodução social contemporânea sob o capitalismo consumista organizado, construindo comunidades alternativas baseadas em redes de famílias e associações de trabalhadores. Mas a estratégia do capital para infectar a reprodução social com o consumismo é antiga e persistente, além de generosamente financiada por uma indústria de propaganda e promoção que não mede esforços para vender seus produtos. "Conquiste as mulheres" era o lema dos proprietários das novas lojas de departamento de Paris na época do Segundo Império, quando tentavam obter mais poder de mercado. Mais recentemente, o *slogan* "Conquiste as crianças, quanto mais cedo melhor" dominou grande parte da publicidade de consumo. Se

---

[10] Cindi Katz, "Vagabond Capitalism and the Necessity of Social Reproduction", cit.

nossos filhos são criados na frente da televisão, jogando no computador ou brincando com iPads, isso tem consequências de longo alcance para as suas atitudes psicológicas e culturais, concepções de mundo e futuras subjetividades políticas. A reprodução é um problema controverso, diz Katz, em parte porque se concentra demais na reprodução "das próprias relações sociais e de formas materiais que são problemáticas". Por isso, é improvável que a reprodução social seja uma fonte de sentimentos revolucionários. No entanto, muita coisa depende dela, inclusive a política de oposição.

A onipresença da reprodução social faz dela um ponto central, a partir do qual se constrói uma crítica do capital em uma de suas formas mais insidiosas. Esse era exatamente o projeto de Henri Lefebvre quando escreveu os vários volumes de *Critique of Everyday Life*[11]. Ele pretendia oferecer uma crítica da individualidade (a consciência "privada" e o individualismo), uma crítica do dinheiro (compreendido em termos de fetichismo e alienação econômica), uma crítica das necessidades (alienação psicológica e moral do consumismo, embora não, obviamente, do consumismo necessário), uma crítica do trabalho (alienação do trabalhador) e, por fim, mas não menos importante, uma crítica do conceito e da ideologia da liberdade (o poder sobre a natureza e sobre a natureza humana).

Isso nos leva a uma forma política de respostas anticapitalistas ao que aconteceu com a vida cotidiana sob o capitalismo e ao que tanto transformou a reprodução social. A negação das múltiplas alienações pode ser a vanguarda de qualquer resposta política coletiva às degradações da vida cotidiana e à perda de autonomia na reprodução social dominada pelo capital e pelo Estado capitalista. Isso não implica que a única resposta para essa situação seja a unidade familiar isolada, que faz o que quer. A alternativa é a incorporação das unidades familiares a uma rede social cujo propósito seja a gestão e o desenvolvimento de uma vida comum baseada em valores "civilizados". Falaremos dessa alternativa na conclusão. Enquanto isso, o último ponto de Lefebvre – a crítica da liberdade – também merece atenção, pois está no centro de outra contradição importante do capital, como veremos no próximo capítulo.

Uma coisa é certa, no entanto. Qualquer estratégia dita "radical", que tente empoderar os desempoderados no campo da reprodução social, abrindo-o para a monetização e para as forças do mercado, está indo na direção errada. Oferecer educação financeira para a população em geral significará simplesmente expô-la às práticas predatórias, enquanto tenta administrar seus investimentos como peixinhos num mar de tubarões. Oferecer serviços de microcrédito e microfinanças

---

[11] Henri Lefebvre, *Critique of Everyday Life*, cit.

encoraja as pessoas a participar da economia de mercado, mas de tal modo que teriam de maximizar a energia que têm para gastar enquanto minimizam seus ganhos. Conceder títulos de propriedade de terra e imóveis com a esperança de que isso gere estabilidade social e econômica para a vida das pessoas marginalizadas não evitará que a longo prazo elas sejam espoliadas e expulsas daquele espaço que já ocupam por direito consuetudinário.

Contradição 14
Liberdade e dominação

> Paredes de pedra não fazem uma prisão,
> Nem barras de ferro uma jaula;
> Mentes quietas e tranquilas
> Tomam-nas como eremitério;
> Se tenho liberdade em meu amor
> E em minha alma sou livre,
> Só os anjos, que pairam lá no alto,
> Desfrutam de tal liberdade.*

Esses são os versos de um poema muito citado de Richard Lovelace, escrito na prisão para sua amada. Lovelace foi preso em 1642 por pedir que o Parlamento revogasse uma lei que regulava o clero – foi preso por exercer sua liberdade de apresentar uma petição. O momento é importante: foi durante a primeira fase da Guerra Civil inglesa, que reprimiu o poder da Igreja oficial e culminou na execução do rei Carlos I. Foi uma época em que, como afirma o historiador Christopher Hill, o mundo estava "sendo virado de ponta-cabeça" por movimentos políticos, religiosos e sociais que procuravam uma maneira de relacionar ideias e ideologias fortes sobre direitos e liberdades individuais à gestão de interesses coletivos e comuns em benefício de um suposto bem comum (sobre o qual havia muita discordância)[1]. Quaisquer que fossem as divergências, o direito divino dos reis e da Igreja oficial (mas não dos dissidentes) estava sob ataque feroz. Mas que tipo de corpo político poderia e deveria substituí-los, e com quais liberdades?

Os sentimentos expressos no poema de Lovelace continuam muito vivos. A maioria de nós, socializados nos costumes do capital, acredita que somos abençoa-

---

* "*Stone walls do not a prison make, / Nor iron bars a cage; / Minds innocent and quiet take / That for an hermitage; / If I have freedom in my love / And in my soul am free, / Angels alone, that soar above, / Enjoy such liberty*". (N. E.)
[1] Christopher Hill, *O mundo de ponta-cabeça: ideias radicais durante a Revolução Inglesa de 1640* (trad. Renato Janine Ribeiro, São Paulo, Companhia das Letras, 1987).

dos com a capacidade da liberdade de pensamento, sejam quais forem os muros ou as barreiras que nos cerquem. Não é difícil imaginar uma situação ou até um mundo diferente daqueles em que vivemos. Podemos até imaginar as iniciativas eficazes para a reconstrução do nosso mundo com uma aparência diferente. E, se somos livres para imaginar alternativas, por que não podemos lutar livremente para transformar em realidade aquilo que imaginamos, mesmo reconhecendo que as circunstâncias históricas e geográficas podem não ser particularmente propícias para propor e buscar alternativas? Não são só os simpatizantes da romancista libertária de direita Ayn Rand que pensam dessa maneira. Radicais de todos os tipos, entre eles Marx, defendiam de bom grado essa ideia. Afinal, como diz Terry Eagleton em *Marx estava certo*, "o livre florescimento dos indivíduos é o objetivo primeiro de sua política, desde que nos recordemos de que esses indivíduos precisam descobrir alguma forma de florescer em conjunto"[2]. O que distancia Rand de Marx é que este último considerava que o verdadeiro florescimento da criatividade individual (ideal que remonta à concepção da boa vida em Aristóteles) se realiza melhor em colaboração e associação com os outros, num impulso coletivo para extinguir as barreiras da escassez e da necessidade material, para além das quais, dizia Marx, começava o verdadeiro campo da liberdade individual.

Mas por trás disso esconde-se uma pergunta complexa: existe alguma coisa no significado e na definição contemporâneos de liberdade que nos impeça de adotar alternativas anticapitalistas? Será que eu, como Lovelace, vou acabar na prisão por buscar livremente essas alternativas? Será que trabalhamos, quase sem saber, com conceitos parciais, corrompidos e, por fim, restritivos de liberdade e autonomia, que só fazem apoiar o *status quo* e, em sentido mais profundo, representam a visão deformada do capital sobre o que são os direitos humanos e a justiça social? Será que o motor econômico do capital está tão fortemente ligado a certos conceitos fundamentais, embora parciais, de liberdade e autonomia a ponto de tolher uma abordagem que não seja, na pior das hipóteses, empresarial e, na melhor, humanista liberal da questão política crucial da liberdade *versus* dominação?

Em quase todos os discursos de posse de presidentes do Estados Unidos que já li, um tema recorrente é o do país como defensor da liberdade e da autonomia, que não só fará qualquer sacrifício para conter as ameaças à liberdade, como usará seu poder e sua influência para promover a difusão da liberdade e da autonomia por todo o mundo. George W. Bush, que usava repetidamente as palavras "liberdade" e "autonomia" em todos os seus discursos, descreveu em termos comoventes essa tradição dos Estados Unidos (enquanto o país marchava para uma guerra inventada contra o Iraque):

---

[2] Terry Eagleton, *Marx estava certo* (trad. Regina Lyra, Rio de Janeiro, Nova Fronteira, 2012), p. 74.

O avanço da liberdade é o chamado da nossa época. É o chamado do nosso país. Dos Catorze Pontos [Woodrow Wilson] às Quatro Liberdades [Theodore Roosevelt] e ao Discurso de Westminster [Ronald Reagan], a América pôs nosso poder a serviço desse princípio. Acreditamos que a liberdade é o desígnio da natureza. Acreditamos que a liberdade é a direção da história. Acreditamos que a satisfação e a excelência humanas vêm do exercício responsável da liberdade. E acreditamos que a liberdade – essa que estimamos – não deve ser só nossa. Ela é um direito e uma capacidade de toda a humanidade.

Em um discurso para parlamentares britânicos na Mansion House, em Londres, ele situou as raízes de seu pensamento da seguinte maneira: "Às vezes somos criticados por ter uma crença ingênua de que a liberdade pode mudar o mundo: se acreditar nisso for um erro, é porque lemos muito John Locke e Adam Smith"[3]. Embora seja impressionante imaginar que Bush tenha de fato lido esses autores, o enraizamento de seus argumentos nas ideias do início da economia política é, como veremos, de suma importância.

Infelizmente, essa preocupação dos Estados Unidos em proteger a liberdade e a autonomia tem sido sistematicamente usada para justificar a dominação imperial e neocolonial de grande parte do mundo. Os Estados Unidos não hesitaram e não hesitam em recorrer à coerção e à violência ao perseguir os valores absolutos da liberdade e da autonomia. Há uma longa história de operações secretas organizadas pelos Estados Unidos para apoiar golpes contra líderes eleitos democraticamente (Jacobo Arbenz na Guatemala em 1954, Salvador Allende no Chile em 1973 e, mais recentemente, a tentativa fracassada contra Hugo Chávez na Venezuela). Nos próprios Estados Unidos, vivemos num mundo de vigilância extensiva do governo sobre as comunicações privadas dos cidadãos, de quebra de qualquer código criptografado pelas autoridades governamentais (para acessar nossos registros bancários, médicos e de cartão de crédito), tudo em nome de nos manter livres e seguros da ameaça do terror. A busca da liberdade e da autonomia parece dar licença para uma série de práticas repressoras. A população dos Estados Unidos está tão alheia ou tão familiarizada com essa contradição que mal percebe que a retórica inspiradora sobre a liberdade e a autonomia, que ela abraça com tanta facilidade, é acompanhada com frequência de operações mesquinhas de dominação, cujo intuito em geral é obter alguma vantagem mercenária, sem falar dos abusos crônicos aos direitos humanos em Abu Ghraib, no Iraque, em Guantánamo, em Cuba, ou em solo afegão. Até a Anistia Internacional condenou os Estados Unidos pelas "atrozes violações dos direitos humanos" em Guantánamo, uma crítica que o governo faz

---

[3] Dou uma visão geral dos discursos de George W. Bush em *Cosmopolitanism and the Geographies of Freedom* (Nova York, Columbia University Press, 2009), p. 1-14.

questão de ignorar. Infelizmente, não há nada de novo em inversões desse tipo. "Guerra é paz. Liberdade é escravidão. Ignorância é força", escreveu George Orwell em *1984*, obviamente pensando na antiga União Soviética.

Diante disso, é tentador concluir que a retórica política da busca da liberdade e da autonomia é um engodo, uma máscara para hipócritas como Bush perseguirem mais objetivos mercenários de lucro, espoliação e dominação. Mas isso negaria a força daquela outra história que, das revoltas camponesas aos movimentos revolucionários (estadunidenses, franceses, russos, chineses etc.) e à luta para abolir a escravidão e libertar populações inteiras dos grilhões do domínio colonial, mudou radicalmente os contornos do funcionamento da nossa sociedade mundial em nome da liberdade. Isso aconteceu enquanto as forças sociais estendiam o campo da liberdade e da autonomia com lutas contra o *apartheid*, em defesa dos direitos civis, dos trabalhadores, das mulheres e de muitas minorias (LGBT, indígenas ou pessoas com deficiência). Todas essas lutas aconteceram à sua maneira na história do capitalismo para transformar nosso mundo social. Quando manifestantes protestavam contra um governo tirânico plantando árvores da liberdade, esse gesto não era vazio. Hoje, quando o grito de "liberdade agora" ecoa nas ruas, a ordem social dominante estremece e tem de fazer concessões, embora o que oferece tenha pouco mais do que um valor simbólico.

O desejo popular por liberdade e autonomia tem sido uma força poderosa em toda a história do capital. Essa busca não vai morrer com facilidade, não importa o quanto seja banalizada ou desprezada pela retórica das classes dominantes e seus representantes políticos. Mas essa moeda tem um lado escuro. Em certo ponto de sua trajetória (sobretudo quando chegam perto de seus objetivos), todos esses movimentos progressistas têm de escolher quem ou o que será dominado para garantir a liberdade e a autonomia que procuram. Em situações revolucionárias, o boi de alguém tem de ir para o sacrifício, resta saber o boi de quem e por quê. O pobre Lovelace é preso e isso parece injusto. Na Revolução Francesa, o Terror serviu para consolidar a "liberdade, igualdade e fraternidade". As esperanças e os sonhos de gerações de insurgentes comunistas naufragaram nas rochas dessa contradição, enquanto a promessa de emancipação humana se desfazia na poeira de um governo burocratizado e esclerosado, apoiado num aparelho de repressão policial. De maneira semelhante, cidadãos das sociedades pós-coloniais que acreditavam verdadeiramente que a luta pela liberdade e pela libertação nacional levaria a um imenso avanço da liberdade vivem hoje em estado de decepção, quando não de medo, pelo futuro de suas próprias liberdades. A África do Sul, depois de anos de luta feroz contra o *apartheid*, não está muito melhor no que se refere à realização das liberdades básicas relativas à miséria e às necessidades. Em algumas partes do mundo, como Singapura, as liberdades individuais são estritamente limitadas, vendidas, por assim dizer, a troco de um rápido incremento do bem-estar material.

Temos aqui uma enorme contradição. Liberdade e dominação caminham juntas. Não existe liberdade que não tenha de lidar com a arte obscura da dominação. A dominação do próprio medo diante de circunstâncias opressivas, a dominação dos cínicos e dos céticos, sem falar dos inimigos externos, pode ser necessária para abrir caminho para liberdades maiores. Essa unidade entre liberdade e dominação é, como sempre, uma unidade contraditória. Para promover uma causa justa, talvez seja necessário empregar meios injustos.

Esses dois termos antagônicos, liberdade e dominação, situam-se nos extremos de uma contradição que adota formas muito sutis, cheias de nuances, para não dizer disfarces (a dominação pode se mascarar de consentimento, ou se estabelecer por persuasão e manipulação ideológica). Mas prefiro uma linguagem mais evidente e perturbadora, justamente porque ignorar suas possíveis consequências causa a decepção de milhões que lutam fielmente pela liberdade, muitas vezes à custa da própria vida, apenas para encontrar seus descendentes nadando nas águas escuras de outra forma de dominação. Qualquer luta por liberdade e autonomia deve estar preparada para enfrentar desde o início quem se prepara para dominar. Também deve reconhecer que o preço para manter as liberdades é a eterna vigilância contra o retorno de formas antigas ou novas de dominação.

É nesse sentido que a referência a John Locke e Adam Smith é relevante. Afinal, a economia política liberal clássica propôs não só um tipo de modelo utópico para o capitalismo universalizado, mas também uma certa visão da autonomia e da liberdade individual que em última instância consolidou, como afirma o filósofo francês Michel Foucault, uma estrutura autorreguladora de governo que impôs limites à arbitrariedade do poder estatal, ao mesmo tempo que levou os indivíduos a regular sua própria conduta, de acordo com as regras de uma sociedade de mercado[4]. A dominação e a disciplina de si foram internalizadas no indivíduo. Isso quer dizer que os conceitos dominantes de liberdade e autonomia estavam e ainda estão profundamente entranhados nas relações e nos códigos sociais característicos da troca mercantil baseada na propriedade privada e nos direitos individuais. Estes, exclusivamente, definiram o campo da liberdade, e qualquer coisa que os desafiasse tinha de ser abatida sem piedade. A ordem social se constituiu pelo que Herbert Marcuse chamou de "tolerância repressiva": havia limites estritos além dos quais ninguém se aventurava, não importa quão premente fosse a causa da liberdade e da autonomia, enquanto a retórica da tolerância era empregada para nos fazer tolerar o intolerável[5].

---

[4] Michel Foucault, *Nascimento da biopolítica: curso dado no Collège de France (1978-1979)* (trad. Eduardo Brandão, São Paulo, Martins Fontes, 2008).

[5] Robert Paul Wolff, Barrington Moore Jr. e Herbert Marcuse, *Crítica da tolerância pura* (trad. Ruy Jungmann, Rio de Janeiro, Zahar, 1970).

A única surpresa nisso tudo é o fato de nos surpreendermos quando percebemos e pensamos no assunto. Afinal de contas, não é óbvio que a violência e a dominação do Estado têm necessariamente de estar por trás das liberdades do mercado? Na teoria e nas práticas do Estado liberal, surgidas a partir do século XVIII, a ideia norteadora era que o Estado deveria limitar suas intervenções, praticar o *laissez-faire* com relação às práticas individuais e, em particular, às práticas empresariais nos mercados, não por benevolência paternalista, mas por interesse próprio na maximização da acumulação de riqueza monetária e de poder em sua jurisdição soberana. Que muitas vezes o Estado se excede em suas atividades reguladoras e intervencionistas é uma reclamação comum entre os cidadãos e, é claro, uma reclamação-padrão do capital. De tempos em tempos, surgem movimentos políticos (como o Tea Party, nos Estados Unidos) com a clara missão de pôr fim à intervenção estatal, seja esse intervencionismo benéfico ou não. Os críticos libertários dizem que está na hora de dar um basta ao Estado-babá e iniciar o verdadeiro reino da autonomia e da liberdade individual.

Karl Polanyi entendeu muito bem essas relações, mas do outro lado do argumento político. Escreveu hipoteticamente:

> O fim da economia de mercado pode se tornar o início de uma era de liberdade sem precedentes. A liberdade jurídica e real pode se tornar mais ampla e mais geral do que em qualquer tempo; a regulação e o controle podem atingir a liberdade, mas para todos e não apenas para alguns. Liberdade não como complemento do privilégio, contaminada em sua fonte, mas como um direito consagrado, que se estende muito além dos estreitos limites da esfera política e atinge a organização íntima da própria sociedade. Assim, as antigas liberdades e direitos civis serão acrescentados ao fundo da nova liberdade gerada pelo lazer e pela segurança que a sociedade oferece a todos. Uma tal sociedade pode-se permitir ser ao mesmo tempo justa e livre.

A dificuldade para realizar essa extensão do campo da liberdade reside nos interesses de classe e nos privilégios entrincheirados, ligados às grandes concentrações de riqueza. As classes abastadas, seguras de suas liberdades, resistem a qualquer restrição de suas ações, afirmam que estão sendo reduzidas à condição de escravos do totalitarismo socialista e fazem campanha constante pela extensão de suas próprias liberdades particulares em detrimento da liberdade dos outros.

> A empresa livre e a propriedade privada são considerados elementos essenciais à liberdade. Não é digna de ser chamada livre qualquer sociedade construída sobre outros fundamentos. A liberdade que a regulação cria é denunciada como não liberdade; a justiça, a liberdade e o bem-estar que ela oferece são descritos como camuflagem da

escravidão. [...] Isto significa uma liberdade total para aqueles cuja renda, lazer e segurança não precisam ser enfatizados, e um mínimo de liberdade para o povo, que pode tentar em vão valer-se dos seus direitos democráticos para se proteger do poder dos donos da propriedade.[6]

Desse modo, Polanyi constrói uma refutação convincente às teses centrais de *O caminho da servidão*, de Friedrich Hayek, escrito em 1942-1943, mas considerado até hoje a bíblia do direito libertário e um texto extremamente influente, que já vendeu mais de 2 milhões de cópias.

É claro que na raiz do dilema está o significado da própria liberdade. A utopia da economia política liberal "encaminhou os nossos ideais numa falsa direção", diz Polanyi. Ela não reconheceu que "não existe uma sociedade sem o poder e a compulsão, nem um mundo em que a força não tenha qualquer função". Ao se prender a uma visão de livre mercado da sociedade, ela " igualava a economia a relações contratuais, e as relações contratuais com a liberdade"[7]. Esse é o mundo que os republicanos libertários pretendem construir. É também a visão de autonomia e liberdade individual adotada por grande parte da esquerda anarquista e autonomista, ainda que condenem peremptoriamente a versão capitalista de livre mercado. É impossível escapar da unidade contraditória entre liberdade e dominação, seja o que for que defendam os políticos.

A consequência política disso, argumenta Polanyi, foi que "nem os eleitores, nem os proprietários, nem os produtores, nem os consumidores podiam ser responsabilizados por essas brutais restrições à liberdade que resultaram na ocorrência do desemprego e da destituição". Tais condições foram resultado de causas naturais, que estavam além do controle de qualquer um e pelas quais ninguém era responsável. A obrigação de enfrentar essas condições podia ser "negada em nome da liberdade"[8]. A Câmara dos Representantes dos Estados Unidos, em sua maioria republicana, pode votar feliz a favor do corte do auxílio-alimentação a uma população cada vez mais pobre (ao mesmo tempo que reforça os subsídios ao agronegócio), em nome do apoio à causa e do aumento do campo da liberdade. Não podemos tratar a questão da liberdade, conclui Polanyi, sem antes rejeitar a visão utópica da economia política clássica e grande parte da política libertária ligada a ela. Só assim estaremos "face a face com a realidade da sociedade" e suas contradições. Do contrário, como acontece hoje escancaradamente, nossas liberdades estarão condicionadas à negação da realidade social. Essa ne-

---

[6] Karl Polanyi, *A grande transformação*, cit., p. 297-8.
[7] Ibidem, p. 298.
[8] Ibidem, p. 299.

gação da realidade é o que faz de maneira tão precisa a maioria dos discursos de direita, como o do presidente Bush.

A conexão íntima entre as concepções de autonomia e liberdade e o capital, mediada pelos escritos utópicos dos economistas políticos, não deveria nos surpreender. Afinal, a extração de excedentes produzidos pelo trabalho pressupõe a dominação e a relativa falta de liberdade dos trabalhadores sob o domínio do capital. Como Marx disse ironicamente, os trabalhadores são livres em duplo sentido: eles são livres para vender sua força de trabalho para quem quiserem e, ao mesmo tempo, são liberados do controle dos meios de produção (a terra, por exemplo) que lhes possibilitariam um meio de sobrevivência diferente daquele definido pelo trabalho assalariado. O divórcio histórico dos trabalhadores do acesso aos meios de produção implicou uma longa e contínua história de violência e coerção em nome da liberdade de acesso do capital ao trabalho assalariado. O capital também exigia liberdade para perambular pelo mundo em busca de possibilidades lucrativas, e, como vimos antes, isso exigiu a eliminação ou redução das barreiras físicas, sociais e políticas. "*Laissez-faire*" e "*laissez-passer*" tornaram-se os lemas da ordem capitalista. Isso se aplica não só à mobilidade, mas também à liberdade da interferência reguladora, exceto naquelas circunstâncias em que os danos externos a outros capitalistas, ou à economia como um todo, tornam-se tão inaceitáveis ou tão perigosos que exigem intervenção do Estado. A liberdade de pilhar os recursos naturais das populações indígenas e locais, deslocar e espoliar paisagens onde necessário, extrapolar o uso dos ecossistemas, em alguns casos muito além de sua capacidade de reprodução, tudo isso se tornou parte fundamental das liberdades necessárias do capital. O capital exige que o Estado proteja a propriedade privada e imponha contratos e direitos de propriedade intelectual contra a ameaça de espoliação, exceto nos casos em que o exige o interesse público (em geral um pretexto para o próprio capital).

Nenhuma das liberdades que o capital necessita e exige passou sem contestação. Na verdade, às vezes a contestação é feroz. As liberdades do capital residem claramente, como reconheceram muitas pessoas, na falta de liberdade dos outros. Os dois lados, segundo Marx, tinham seus direitos: o capital tentava extrair o máximo de tempo de trabalho dos trabalhadores, enquanto os trabalhadores tentavam proteger sua liberdade para viver sem ter de trabalhar até morrer. Entre esses dois direitos, afirmou Marx de maneira célebre, quem decide é a força. Mas era esse mundo explorador que os economistas políticos justificavam em nome de um programa utópico de progresso universal que supostamente beneficiaria a todos. Mas se, como disse Marx, o verdadeiro campo da liberdade começa quando e onde a necessidade fica para trás, então possivelmente um sistema político-econômico baseado no cultivo ativo da escassez, do empobrecimento, do excedente de trabalho e das necessidades não satisfeitas não nos permitiria entrar no verdadeiro campo da liberdade, onde o desenvolvimento humano individual de todos é uma possibilidade real. O paradoxo é que hoje a automação e a inteligência artificial nos dão meios abundantes de atingir o sonho marxiano da liberdade para além do campo da necessidade, mas ao mesmo tempo as leis da economia política do capital afastam essa liberdade para cada vez mais longe do nosso alcance.

Infelizmente, o poder corrosivo do raciocínio econômico do capital abre caminho até o coração dos esforços humanistas mais profundos para estender o campo da liberdade para além dos condomínios fechados onde se enclausuram cada vez mais os ricos e a riqueza deste mundo. Consideremos, a título de ilustração, a obra exemplar de Amartya Sen, que em *Desenvolvimento como liberdade* se esforça para levar a razão econômica ao seu limite humanitário "em nome da liberdade". Sen entende a liberdade tanto como um processo quanto como o que chama de "oportunidades substantivas". A distinção é importante porque encerra uma crítica a um estatismo de bem-estar social tradicional que tratava os trabalhadores e o povo em geral como meros objetos da política, e não como sujeitos da história. Para Sen, é tão importante mobilizar o povo e desenvolver suas capacidades de agentes ativos no desenvolvimento econômico como conduzir as pessoas a um Estado em que tenham as oportunidades substantivas necessárias (acesso a bens materiais e serviços) para ter uma vida digna. Ele descreve corretamente, a meu ver, as muitas instâncias em que os sujeitos venderiam de bom grado suas liberdades substantivas para participar livremente da busca ativa e inalienada de seu próprio destino. Escravos e servos podiam ser mais bem tratados do que os trabalhadores assalariados, mas provavelmente nem por isso estes últimos venderiam sua liberdade relativa como trabalhadores assalariados. A liberdade de participar e desenvolver suas próprias capacidades é crucial para alcançar o desenvolvimento. Isso é preferível às mudanças substantivas, por mais impressionantes que sejam, já que são impostas e orquestradas por poderes estatais alheios e muitas vezes paternalistas. Sen usa essa perspectiva da liberdade "tanto na análise avaliatória para aquilatar a mudança como na análise descritiva e preditiva, que considera a liberdade um fator causalmente eficaz na geração de uma mudança rápida". Esses processos de desenvolvimento funcionam por meio de "uma variedade de instituições sociais – ligadas à operação de mercados, a administrações, legislaturas, partidos políticos, instituições não governamentais, poder judiciário, mídia e comunidade em geral". Tudo isso, argumenta Sen, "contribui para o processo de desenvolvimento precisamente por meio de seus efeitos sobre o aumento e a sustentação das liberdades individuais". Sen busca uma "compreensão integrada dos papéis perspectivos dessas diferentes instituições e suas interações", bem como uma apreciação da "formação de valores, da emergência e da evolução da ética social". O resultado é um campo de liberdades ligadas a uma variedade de instituições e atividades que não pode ser reduzido a uma simples fórmula de "acumulação de capital, abertura de mercados, planejamento econômico eficiente". O fator unificador aqui é "o processo do aumento das liberdades individuais e o comprometimento social de ajudar para que isso se concretize. [...] o desenvolvimento é realmente um compromisso muito sério com as possibilidades de liberdade"[9].

Evidentemente, o problema é que a visão de Sen, por mais atraente que seja, no fim é outra versão da utopia da economia política liberal. A liberdade se torna não um fim, mas um meio daquilo que Foucault chamou de "governamentalidade". É *pela* liberdade que a autodisciplina de populações inteiras é gerida pelo poder estatal, e é essa autodisciplina que garante conformidade e concordância com as instituições e os modos de vida burgueses, inclusive, é claro, com a dominação capitalista de classes nos termos de sua riqueza e de seu poder cumulativos. Em outras palavras, o fim não está em questão e não tem de ser desafiado em nome da liberdade, porque a liberdade está entranhada no processo. É isso que significa "desenvolvimento como liberdade".

Sen retrata um mundo livre de contradições. Não reconhece a força opressora dos antagonismos de classe (do tipo visto com clareza por Polanyi), a tensa relação dialética entre liberdade e dominação, o poder de pessoas privadas de se apropriarem da riqueza social, as contradições entre valor de uso e valor de troca, entre propriedade privada e Estado. Para sermos exatos, Sen menciona essas oposições, mas em seu universo todas são manejáveis. O fato de que algumas possam se tornar contradições absolutas e foco de uma crise é descartado por suposições ou simplesmente atribuído a má gestão. A tentativa louvável e profundamente atraente de Sen de fundamentar uma abordagem inalienada da liberdade no processo pressupõe uma versão não contraditória do universo do capital. Esse é o universo utópico que, segundo Polanyi, temos de abandonar, se quisermos conduzir a sociedade a um mundo em que se possam alcançar liberdades substantivas reais, em vez de uma ideia de liberdade que nega a realidade social.

Não escolhi Sen por razões arbitrárias. Entre todos os economistas, acredito, ele é o que tem se dedicado mais a explorar as possibilidades da extensão da liberdade por meio de uma forma regulada e socialmente responsável de desenvolvimento capitalista do mercado, avaliado à luz de ideais humanistas nobres, em oposição a medidas grosseiras de desenvolvimento. Mas sua crença nuclear, para a qual ele não oferece provas definitivas, reside na ideia de que o sistema de mercado, propriamente regulado e gerido, é uma forma justa e eficaz de satisfazer as carências e necessidades humanas, e pode conduzir livremente à libertação dessas carências. As

---

[9] Amartya Sen, *Desenvolvimento como liberdade* (trad. Laura Teixeira Motta, São Paulo, Companhia das Letras, 2010), p. 377-8.

contradições inerentes à forma-dinheiro não são visíveis, apesar de os agiotas destruírem diariamente os meios de subsistência das populações pobres em sua amada Índia. Esse é o tipo de humanismo liberal que predomina no mundo das ONGs e organizações filantrópicas comprometidas de corpo e alma com a erradicação da pobreza e das doenças, mas sem nenhuma ideia concreta de como fazê-lo.

Em um surpreendente e revelador *mea-culpa* publicado no *New York Times*, Peter Buffett, compositor e filho do bilionário Warren Buffett, um lendário investidor, narra seu encontro com o mundo da filantropia capitalista depois de receber uma doação de seu pai para criar uma fundação de caridade alguns anos antes.

> Logo de cara [...] eu me dei conta do que comecei a chamar de colonialismo filantrópico [...]. Pessoas (inclusive eu) que tinham pouco conhecimento sobre um lugar achavam que podiam resolver um problema local [...] sem levar em consideração a cultura, a geografia ou as regras societais.

Gerentes de investimento, presidentes de empresas e chefes de Estado "procuravam respostas com a mão direita para os problemas que as outras pessoas presentes na sala tinham criado com a mão esquerda". Ainda que a filantropia tenha se tornado um negócio gigantesco (com 9,4 milhões de pessoas empregadas e gastos de US$ 316 bilhões só nos Estados Unidos), as desigualdades globais crescem descontroladamente, "enquanto mais vidas e mais comunidades são destruídas pelo sistema, que cria muita riqueza para poucos". A filantropia é uma "lavagem de consciência":

> permite que os ricos durmam melhor à noite, enquanto outros ganham apenas o suficiente para sobreviver. Toda vez que alguém se sente melhor porque fez uma coisa boa, do outro lado do mundo (ou da rua) alguém se vê preso num sistema que não permitirá o verdadeiro florescimento de sua natureza ou não lhe dará a oportunidade de viver uma vida feliz e realizada.[10]

É impressionante a concordância dos propósitos de Buffett com os de Sen e Marx, assim como a triste história de um reformismo burguês que não resolve os problemas sociais, apenas os desloca.

O trabalho desse poderoso "complexo beneficente-industrial" em pleno crescimento foi corrompido pela aplicação de princípios cada vez mais estritos de racionalidade econômica capitalista. O valor da filantropia é julgado, observa Buffett, "como se o retorno sobre o investimento fosse a medida do sucesso". A aplicação

---

[10] Peter Buffett, "The Charitable-Industrial Complex", *New York Times*, 26 jul. 2013.

de princípios de microfinanças a um setor informal reconceituado como uma microempresa com direitos de propriedade privada pode soar economicamente racional. Mas, pergunta Buffett, "do que se trata realmente? As pessoas vão aprender com certeza a se integrar ao nosso sistema de dívida e pagamento com juros. As pessoas vão sair dos dois dólares por dia para entrar no mundo de bens e serviços e poder comprar mais. Mas isso não é só alimentar a besta?". Na verdade, sim. E isso acontece no momento oportuno, em que a realização do capital é ameaçada pela queda da demanda efetiva em todo o mundo e as práticas de acumulação por espoliação, mediante o ônus da dívida e a servidão por dívida (e práticas predatórias menos legais) oferecem um suplemento lucrativo para alavancar a taxa geral de retorno do capital. Infelizmente, nesse ponto Buffett dá de cara com o muro de sua própria condição de tolerância repressora. "Não estou pedindo o fim do capitalismo", conclui sem nenhuma força, "estou pedindo humanismo". Mas as práticas que ele critica são exatamente as práticas do humanismo capitalista. A única resposta, que está muito além dos limites da versão contemporânea da tolerância repressiva, é um humanismo revolucionário que enfrente a besta (capitalista) que se alimenta muito bem graças à liberdade de que desfruta para dominar os outros com a mão esquerda enquanto os socorre com a direita.

Marx não criticou apenas o modo partidário pelo qual as concepções burguesas de autonomia e liberdade foram empregadas contra os interesses do povo comum; ele investigou profundamente o que a verdadeira riqueza poderia significar numa sociedade genuinamente livre. Como escreveu nos *Grundrisse*:

> De fato, porém, se despojada da estreita forma burguesa, o que é a riqueza senão a universalidade das necessidades, capacidades, fruições, forças produtivas etc. dos indivíduos, gerada pela troca universal? [O que é senão o] pleno desenvolvimento do domínio humano sobre as forças naturais, sobre as forças da assim chamada natureza, bem como sobre as forças de sua própria natureza? [O que é senão a] elaboração absoluta de seus talentos criativos, sem qualquer outro pressuposto além do desenvolvimento histórico precedente, que faz dessa totalidade do desenvolvimento um fim em si mesmo, *i.e.*, do desenvolvimento de todas as forças humanas enquanto tais, sem que sejam medidas por um padrão predeterminado? [O que é senão um desenvolvimento] em que o ser humano não se reproduz em uma determinabilidade, mas produz sua totalidade? Em que não procura permanecer como alguma coisa que deveio, mas é no movimento absoluto do devir? Na economia burguesa – e na época de produção que lhe corresponde –, essa exteriorização total do conteúdo humano aparece como completo esvaziamento.[11]

---

[11] Karl Marx, *Grundrisse*, cit., p. 399-400.

Nessa formulação, Marx não evita a questão da dominação ("domínio"). Ele reconheceu a força da contradição entre liberdade e dominação nas situações revolucionárias. Em *Sobre a questão judaica*, ele se pergunta por que

> o direito humano à liberdade deixa de ser um direito assim que entra em conflito com a vida *política*, ao passo que pela teoria a vida política é tão somente a garantia dos direitos humanos, dos direitos do homem individual e, portanto, deve ser abandonada assim que começa a entrar em contradição com os seus *fins*, com esses direitos humanos.[12]

O exemplo que Marx tinha em mente era a restrição à liberdade de imprensa durante a Revolução Francesa, um "enigma" que "ainda restaria resolver [...]: por que na consciência dos emancipadores políticos a relação está posta de cabeça para baixo, de modo que o fim aparece como meio e o meio como fim?"[13]. Marx chegou ao cerne do enigma da transformação da liberdade em escravidão bem antes de George Orwell.

Marx acreditava que tinha encontrado a resposta nos escritos de Rousseau:

> Quem ousa empreender a instituição de um povo deve sentir-se capaz de mudar, por assim dizer, a natureza humana; de transformar cada indivíduo que, por si mesmo, é um todo perfeito e solidário em parte de um todo maior, do qual esse indivíduo recebe, de certa forma, sua vida e seu ser; de alterar a constituição do homem para fortalecê-la; de substituir por uma existência parcial e moral a existência física e independente que todos recebemos da natureza. Deve, numa palavra, arrebatar ao homem suas próprias forças para lhe dar outras que lhe sejam estranhas e das quais não possa fazer uso sem o auxílio de outrem.[14]

Em outras palavras, um indivíduo totalmente socializado adquire uma subjetividade política diferente, uma concepção do que significa liberdade diferente daquela do indivíduo isolado.

Embora essa resposta seja superficial demais para carregar o peso histórico que teria de carregar, ela dá um direcionamento fértil à investigação. Defende-se melhor a liberdade humana para todos mediante um regime de direitos exclusivos de propriedade privada individual ou mediante direitos comuns geridos coletivamente por indivíduos associados? No final das contas, não estamos aqui diante da

---

[12] Idem, *Sobre a questão judaica* (trad. Nélio Schneider e Wanda Caldeira Brant, São Paulo, Boitempo, 2010), p. 51.
[13] Idem.
[14] Jean-Jacques Rousseau, *O contrato social* (trad. Antonio de Pádua Danesi, 3. ed., São Paulo, Martins Fontes, 1996), p. 50.

difícil escolha entre as liberdades individuais mobilizadas pela causa da dominação de classe capitalista e a luta dos espoliados por mais liberdades sociais e coletivas?

Note-se também um ponto importante na formulação de Rousseau que cumpre duas funções no pensamento de Marx. Transformações revolucionárias envolvem destruição criativa. Algo se perde, mas algo se ganha. Para Rousseau, o que se perdeu foi o individualismo isolado (que derivava de um estado de natureza na teoria rousseauniana, mas que pra Marx era um produto político da revolução burguesa). O individualismo isolado teve de recuar diante de recursos novos, porém "alheios". A burguesia teve de se alienar de seu passado individualizado para que os espoliados ganhassem liberdades futuras desalienadas. Isso vira do avesso a teoria da alienação proposta por Marx: o momento da alienação tem potencial tanto positivo quanto negativo em momentos importantes da transição revolucionária. Não existe contradição que não gere respostas potencialmente contraditórias.

Marx não mede palavras ao falar da necessidade de derrubar (ou "dominar") as concepções burguesas individualistas de riqueza e valor para liberar o potencial de florescimento humano criativo, porém coletivo, que nos rodeia de forma latente em todas as ocasiões. Curiosamente, até Margaret Thatcher acreditava que existia uma diferença, o que prova que até mesmo uma filha de quitandeiro ferozmente conservadora, e vagamente interessada em química, é capaz de pensamentos transcendentais. "Não é a criação de riquezas que está errada", disse ela (embora eu duvide que ela tivesse em mente o conceito marxiano de riqueza como plena realização de todas as capacidades e potencialidades humanas individuais), "mas o amor ao dinheiro pelo dinheiro".

O mundo da verdadeira liberdade é totalmente imprevisível. Como observa Eagleton:

> Uma vez removidos esses entraves ao florescimento humano, porém, é bem mais difícil dizer o que há de acontecer, porque homens e mulheres serão, então, muito mais livres para se comportar como lhes convier, dentro dos limites da sua responsabilidade uns com os outros. Se forem capazes de gastar mais do próprio tempo naquilo que hoje chamamos de atividades de lazer do que dando duro no trabalho, esse comportamento se tornará ainda mais difícil de prever. Digo "o que hoje chamamos de atividades de lazer" porque se de fato tivermos utilizado os recursos acumulados pelo capitalismo para liberar do trabalho um grande número de indivíduos, deixaremos de chamar de "lazer" o que eles farão com seu tempo.

Assim, poderíamos tirar enorme vantagem da automação e da inteligência artificial para libertar as pessoas, ao invés de aprisioná-las em trabalhos sem sentido. Diz Eagleton:

Para Marx, o socialismo é o ponto no qual começamos coletivamente a determinar nosso destino. Ele é a democracia assumida com plena seriedade em vez de uma democracia como (na maioria das vezes) uma farsa política. E o fato de que os indivíduos estejam mais livres significa que será mais difícil dizer o que eles estarão fazendo às cinco da tarde de uma quarta-feira.[15]

Mas isso não quer dizer que não haverá necessidade de autodisciplina, comprometimento e dedicação para aquelas tarefas complexas que livremente escolhemos realizar para nossa própria satisfação, bem como para o bem-estar dos outros. A liberdade está ligada, como já entendia Aristóteles, à vida boa, e a vida boa é uma vida ativa dedicada, como toda a natureza, à eterna busca da novidade. Uma versão inalienada da dialética entre liberdade e dominação é possível na jornada dos indivíduos, sempre em associação com os outros, para alcançar o ápice de suas potencialidades e de seus poderes. Mas essa busca de relações inalienadas não pode acontecer sem a experiência prévia da alienação e de suas possibilidades contraditórias.

---

[15] Terry Eagleton, *Marx estava certo*, p. 65-6.

Parte III
As contradições perigosas

As contradições mutáveis evoluem de modo diferente e fornecem grande parte da força dinâmica que está por trás da evolução histórica e geográfica do capital. Em alguns casos, seu movimento tende a ser progressivo (mas nunca sem um contratempo aqui ou um revés ali). A mudança tecnológica, de modo geral, é cumulativa, assim como a produção geográfica do espaço, embora nos dois casos haja fortes contracorrentes e reveses. Tecnologias viáveis são abandonadas e desaparecem, espaços e lugares que antes eram centros vigorosos de atividade capitalista tornam-se cidades-fantasma ou entram em decadência. Em outros casos, o movimento é como o de um pêndulo: oscila entre o monopólio e a concorrência ou se equilibra entre a pobreza e a riqueza. E em outros, como sucede com a liberdade e a dominação, o movimento é mais caótico e aleatório, e depende do fluxo e refluxo de forças políticas lutando umas com as outras, enquanto em outros ainda, como no campo complexo da reprodução social, as interseções entre a evolução histórica do capitalismo e as exigências específicas do capital são tão indeterminadas e entrelaçadas que a direção e a força do movimento se tornam episódicas e raramente consistentes. Os avanços (pois é isso que são) nos direitos das mulheres, das pessoas com deficiência, das minorias sexuais (o grupo social LGBT), assim como de grupos religiosos com códigos estritos sobre várias facetas da reprodução social (como casamento, família, criação de filhos etc.), tornam difícil precisar até que ponto o capital e o capitalismo trabalham contra ou a favor um do outro em termos de contradições fundamentais. E se isso é verdadeiro em relação às contradições da reprodução social, é ainda mais verdadeiro no caso complexo da dominação e da liberdade.

A configuração das contradições mutáveis fornece grande parte da energia e da força inovadora da coevolução de capital e capitalismo, e abre uma riqueza (e utilizo deliberadamente essa palavra para me referir a um florescimento potencial das capacidades humanas, e não das simples possessões) de possibilidades para novas iniciativas. Essas são as contradições e os espaços em que se encontra latente a esperança de uma sociedade melhor, e é deles que devem surgir arquiteturas e construções alternativas.

Como no caso das contradições fundamentais, as contradições mutáveis se cruzam, interagem e interferem entre si de maneira intrigante dentro do capital. A produção de espaço e as dinâmicas do desenvolvimento geográfico desigual foram profundamente impactadas pelas mudanças tecnológicas nas formas organizacionais (por exemplo, aparelhos de Estado e formas territoriais de organização) e nas tecnologias de transporte e produção do espaço. É no campo do desenvolvimento geográfico desigual que florescem as diferenciações na reprodução social e no equilíbrio entre liberdade e dominação, até se tornarem parte da produção do espaço e do desenvolvimento desigual. A criação de espaços heterotópicos, onde formas radicalmente diferentes de produção, organização social e poder político podem florescer durante algum tempo, implica um terreno de possibilidades anticapitalistas que se abre e se fecha perpetuamente. É também aqui que as questões de monopólio e centralização de poder versus descentralização e concorrência influenciam o dinamismo tecnológico e organizacional e estimulam a concorrência geopolítica por vantagem econômica. É desnecessário dizer que o equilíbrio entre pobreza e riqueza é constantemente modificado pela concorrência interterritorial, pelos fluxos migratórios e pelas inovações competitivas relacionadas à produtividade do trabalho e à criação de novas linhas de produtos.

É no quadro referencial dessas contradições interativas e dinâmicas que encontramos múltiplos projetos políticos alternativos. Muitos desses projetos constituem-se como respostas distintas do capital a suas próprias contradições e, por isso, visam sobretudo facilitar a reprodução do capital sob condições de incerteza e risco perpétuos, quando não de crises gerais. Mas mesmo nesses casos há inúmeras possibilidades para iniciativas que modifiquem o funcionamento do capital ou abram perspectivas com relação ao que poderia ser uma alternativa anticapitalista. Acredito, assim como Marx acreditava, que o futuro já está largamente presente no mundo que nos rodeia, e que a inovação política (como a inovação tecnológica) é uma questão de juntar de maneira diferente as possibilidades políticas existentes, que até agora se encontram isoladas e separadas. Os desenvolvimentos geográficos desiguais não podem senão gerar "espaços de esperança" e situações heterotópicas em que devem florescer novos modos de cooperação, pelo menos por algum tempo, antes de serem reabsorvidos pelas práticas dominantes do capital. As novas tecnologias (como a internet) abrem novos espaços de liberdade potencial que podem fazer avançar a causa da governança democrática. Iniciativas no campo da reprodução social podem produzir novos sujeitos políticos que queiram revolucionar e humanizar as relações sociais e cultivar uma abordagem mais esteticamente sensível e satisfatória da nossa relação metabólica com a natureza. Descrever essas possibilidades não é dizer que todas darão frutos, mas sim sugerir que qualquer política anticapitalista tem de ser persistente para perseguir as contradições e deslindar seu caminho rumo à construção de um universo alternativo, usando os recursos e as ideias disponíveis.

Isso nos leva às contradições perigosas, talvez até potencialmente fatais. Marx teria dito que o capital acabaria ruindo sob o peso de suas próprias contradições internas. Não consigo identificar em que obra Marx teria dito isso e, pela leitura que faço dele, acredito que é extremamente improvável que dissesse uma coisa dessas. Isso pressuporia um colapso mecânico do motor econômico do capitalismo, sem que nenhum agente humano jogasse areia na máquina ou militantemente interrompesse seu funcionamento e a substituísse. A posição de Marx, e nesse caso concordo plenamente com ele (contra certas correntes da tradição marxista/comunista e certas opiniões que muitos críticos atribuem a ele), é que provavelmente o capital continuará funcionando para sempre, mas provocará uma degradação progressiva da terra e um empobrecimento em massa, aumentando radicalmente a desigualdade social e a desumanização de grande parte da humanidade, a qual se verá submetida a uma negação cada vez mais repressiva e autocrática de seu potencial de florescimento humano individual (em outras palavras, uma intensificação da vigilância policial totalitária promovida pelo Estado, do sistema de controle militarizado e da democracia totalitária que já vivemos hoje em larga escala).

A negação intolerável do livre desenvolvimento das potencialidades e capacidades criativas humanas que resultará disso equivale a jogar fora a cornucópia de possibilidades que o capital nos transmitiu e desperdiçar a verdadeira riqueza das possibilidades humanas em nome de um aumento perpétuo da riqueza monetária e da satisfação de estreitos interesses econômicos de classe. Diante dessa perspectiva, a única política sensata é buscar transcender o capital e os limites de uma estrutura cada vez mais autocrática e oligárquica do poder de classe capitalista, bem como reconstruir as possibilidades imaginativas da economia com uma nova configuração, muito mais igualitária e democrática.

O Marx que defendo é, em suma, um humanista revolucionário, e não um determinista teleológico. Em sua obra há declarações que apoiam essa segunda posição, mas acredito que o conjunto de seus escritos, tanto os históricos quanto os político-econômicos, defendem a primeira interpretação. É por isso que rejeito a ideia de contradições "fatais" e prefiro defini-las como "perigosas", porque qualificá-las como fatais conotaria um aspecto falso de inevitabilidade e ruína cancerosa, ou mesmo de um fim apocalíptico. Certas contradições, no entanto, são mais perigosas do que outras, tanto para o capital quanto para a humanidade, e variam de lugar para lugar, de época para época. Se tivéssemos escrito sobre o futuro do capital e da humanidade há cinquenta ou cem anos, muito provavelmente teríamos nos concentrado em contradições diferentes das que cito aqui. A questão ambiental e o desafio de manter o crescimento exponencial não teriam chamado tanta atenção em 1945, quando era muito mais importante resolver as rivalidades geopolíticas e racionalizar os processos do desenvolvimento geográfico desigual, reequilibrando ao mesmo tempo (mediante intervenções do Estado) a unidade contraditória entre produção e realização. As três contradições que analiso aqui são mais perigosas no presente imediato, não só para a capacidade do motor econômico do capitalismo de se manter funcionando, mas também para a reprodução da vida humana sob condições minimamente razoáveis. Uma delas, e somente uma delas, é potencialmente fatal, mas será fatal apenas se surgir um movimento revolucionário que mude o caminho evolutivo ditado pela acumulação infinita do capital. Não está escrito nas estrelas se esse espírito revolucionário se consolidará a ponto de determinar mudanças radicais no modo como vivemos: isso depende totalmente da vontade humana. O primeiro passo para exercer essa vontade é ter plena consciência da natureza dos perigos e das escolhas que temos.

Contradição 15
Crescimento exponencial infinito

O capital gira sempre em torno do crescimento e cresce necessariamente a uma taxa composta. Essa condição da reprodução do capital é hoje, como pretendo argumentar, uma contradição extremamente perigosa, mas em ampla medida não é nem reconhecida nem analisada.

A maioria das pessoas não entende a matemática dos juros compostos, tampouco o fenômeno do crescimento exponencial (ou composto) e o perigo potencial que ele representa. Nem a ciência lúgubre da economia convencional, como Michael Hudson mostrou em um comentário recente, reconheceu a importância dos juros compostos para o endividamento crescente[1]. O resultado é que uma parte fundamental da explicação das turbulências financeiras que abalaram o mundo em 2008 foi obliterada. O crescimento exponencial perpétuo é, então, possível?

Em tempos recentes, houve um grande rebuliço entre alguns economistas que se perguntavam se a fé na antiga suposição do crescimento perpétuo fazia sentido. Robert Gordon, por exemplo, sugeriu que o crescimento econômico vivido nos últimos 250 anos "podia muito bem ser um episódio único na história humana, e não uma garantia de progresso infinito no mesmo ritmo". Sua argumentação se baseia amplamente numa visão geral da trajetória e dos efeitos das inovações sobre a produtividade do trabalho que sustentaram o crescimento da renda *per capita*. Gordon se une a

---

[1] Michael Hudson, *The Bubble and Beyond* (Dresden, Islet, 2012). Esse é um dos únicos textos de economia que conheço que leva a sério a questão do crescimento exponencial. Nas páginas seguintes, baseio-me em parte no que ele diz. Em 2011, quando falei da questão do crescimento exponencial com dois experientes editores de economia de um jornal importante, um deles menosprezou o assunto, considerando-o trivial, ou mesmo risível, enquanto o outro disse que ainda havia muitas fronteiras tecnológicas para explorar, portanto não havia motivos para se preocupar.

vários outros economistas quando afirma que as ondas de inovação do passado foram muito mais fortes que a onda mais recente, iniciada por volta de 1960 com base na eletrônica e na informatização. Segundo ele, essa última onda teve efeitos mais fracos do que se imagina e, seja como for, já se esgotou (o ápice foi a bolha da internet na década de 1990). Partindo desses argumentos, Gordon prevê que:

> o crescimento futuro do PIB real *per capita* será mais lento do que o registrado em qualquer outro período prolongado desde o fim do século XIX, e o crescimento do consumo real *per capita* será ainda mais lento para os 99% menos favorecidos no que se refere à distribuição de renda.

No caso dos Estados Unidos, a debilidade inerente da última onda de inovação é agravada por uma série de "ventos contrários", como a desigualdade social cada vez maior, os problemas derivados do custo crescente e da qualidade decrescente da educação, os impactos da globalização, a regulação ambiental, as condições demográficas (envelhecimento da população), as cargas tributárias cada vez mais pesadas e o "excesso" de endividamento público e privado[2]. Mas, segundo Gordon, mesmo na ausência desses "ventos contrários" o futuro ainda seria de relativa estagnação, em comparação com os últimos duzentos anos.

No momento em que escrevo, um dos componentes desses "ventos contrários" (a dívida pública) tornou-se um jogo de futebol político nos Estados Unidos, com repercussões em outros países. E tem sido foco de declarações e argumentos exagerados e pungentes na mídia e no Congresso. A carga supostamente enorme e monstruosa da dívida sobre as gerações futuras é evocada para promover cortes draconianos no orçamento público e no salário social (como sempre, é claro, em benefício da oligarquia). Na Europa, o mesmo argumento é usado para justificar a imposição de uma austeridade desastrosa para alguns países (como a Grécia), apesar de não precisarmos pensar muito para entender como essa austeridade pode

---

[2] Robert Gordon, "Is U.S. Economic Growth Over? Faltering Innovation Confronts the Six Headwinds", *Working Paper 18315*, Cambridge, National Bureau of Economic Research, 2012. A reação pública aos argumentos de Gordon é tratada em Thomas Edsall, "No More Industrial Revolutions", *New York Times*, 15 out. 2012. A reação pública em geral considerava que provavelmente Gordon tinha razão, mas era muito pessimista em relação ao impacto futuro das inovações. Martin Wolf, influente economista do *Financial Times*, no entanto, aceitou boa parte dos argumentos de Gordon e concluiu que as elites econômicas dariam as boas-vindas ao futuro que Gordon descreveu, mas os outros gostariam "muito menos [dele]. Acostumem-se, isso não vai mudar". Outras contribuições são encontradas em Tyler Cowen, *The Great Stagnation: How America Ate all the Low-Hanging Fruit of Modern History, Got Sick and Will (Eventually) Feel Better*, E-special from Dutton, 2011. Todos esses argumentos, contudo, são centrados nos Estados Unidos.

beneficiar os países mais ricos (como a Alemanha) e, de modo mais geral, os abastados portadores de títulos. Na Europa, os governos eleitos democraticamente na Grécia e na Itália foram derrubados de forma pacífica e substituídos por "tecnocratas" que contavam com a confiança dos mercados de ações.

Tudo isso tornou particularmente difícil chegar a uma visão clara da relação entre o aumento das obrigações de dívida, o crescimento exponencial da acumulação de capital e o perigo que os dois representam. Note-se que Gordon estava preocupado principalmente com o PIB *per capita*, o que é muito diferente do PIB agregado. Ambos são sensíveis às condições geográficas, mas de modo muito diferente. Uma análise superficial dos dados históricos disponíveis sobre o PIB total sugere que, apesar da relação pouco rígida entre riqueza e acúmulo de dívidas em toda a história do capital, o acúmulo de riquezas desde a década de 1970 está muito mais estritamente associado ao acúmulo de dívida pública, empresarial e privada. Suspeita-se de que, hoje, o acúmulo de dívidas é precondição para a acumulação de capital. Se essa suspeita for correta, isso quer dizer que o acúmulo de dívidas produz um resultado curioso: o esforço dos republicanos, de direita, e de grupos análogos na Europa (como o governo alemão) para reduzir ou eliminar a dívida é uma ameaça mais grave para o futuro do capital do que foi o movimento da classe trabalhadora.

O crescimento exponencial é, em essência, muito simples. Deposito US$ 100 numa poupança que rende 5% de juros anuais. No fim de um ano, tenho US$ 105, que, a uma taxa de juros constante, torna-se US$ 110,25 no ano seguinte (o número será maior se a acumulação for diária ou mensal). A diferença entre a soma no fim do segundo ano e uma progressão aritmética de juros, não composta, é muito pequena (apenas US$ 0,25). A diferença é tão pequena que nem vale a pena se preocupar com ela, por isso passa facilmente despercebida. Mas, depois de 30 anos de juros compostos a 5% ao ano, tenho US$ 432,19, contra os US$ 250 que teria se os juros seguissem uma progressão aritmética de 5%. Depois de 60 anos, tenho US$ 1.867,00, contra os US$ 400, e, depois de 100 anos, US$ 13.150, em vez de US$ 600. Prestemos atenção nesses números. A curva dos juros compostos sobe bem lentamente no início (ver figuras 1 e 2), começa a acelerar e, no fim, torna-se o que os matemáticos chamam de singularidade: sobe ao infinito. Qualquer pessoa que tenha feito uma hipoteca experimenta o inverso disso. Durante os primeiros vinte anos de uma hipoteca de trinta anos, o capital principal diminui muito lentamente; depois a queda se acelera e, nos últimos dois ou três anos, diminui rapidamente.

Há uma série de anedotas clássicas sobre essa qualidade dos juros compostos e do crescimento exponencial. Certa vez, um rei indiano quis recompensar o inventor do jogo de xadrez. O inventor pediu o equivalente a um grão de arroz no pri-

Figura 1. Juros compostos *versus* juros simples

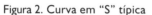

Figura 2. Curva em "S" típica

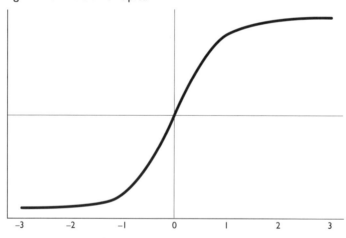

meiro quadrado do tabuleiro e que a quantia dobrasse de quadrado em quadrado até cobrir todo o tabuleiro. O rei concordou de imediato, porque o preço parecia baixo. O problema é que, ao chegar ao vigésimo primeiro quadrado, eram necessários mais de um milhão de grãos e, depois do quadragésimo primeiro quadrado (mais de um trilhão de grãos), não havia mais arroz no mundo para dar conta dos quadrados restantes. Outra versão da história diz que o rei ficou com tanta raiva por ter sido enganado que mandou decapitar o inventor. Essa versão da história é preciosa: mostra o caráter ardiloso dos juros compostos e como é fácil subestimar seu poder oculto. Nos últimos estágios do crescimento exponencial, a aceleração nos pega de surpresa.

Um exemplo dos perigos dos juros compostos é ilustrado pelo caso de Peter Thelluson, um rico banqueiro suíço que morava em Londres. Ele criou um fundo fiduciário de 600 mil libras que só poderia ser tocado 100 anos depois de sua morte, ocorrida em 1797. Com rendimento a juros compostos de 7,5%, o fundo chegaria a 19 milhões de libras (um valor maior do que a dívida nacional da Grã-Bretanha) em 1897, quando o dinheiro poderia ser dividido entre os afortunados descendentes de Thelluson. Mesmo se rendesse 4%, o governo da época calculou que a herança seria equivalente a toda a dívida pública de 1897. Os juros compostos poriam um imenso poder financeiro em mãos privadas. Para evitar isso, em 1800 o governo britânico aprovou uma lei que limitava esse tipo de fundo a períodos de 21 anos. O testamento foi contestado pelos herdeiros imediatos de Thelluson e quando o caso foi finalmente resolvido, em 1859, depois de muitos anos de processo, descobriu-se que toda a herança tinha sido engolida pelos custos legais[3]. Essa história inspirou o famoso caso Jarndyce contra Jarndyce no livro *A casa soturna*, de Charles Dickens[*].

No fim do século XVIII, o poder dos juros compostos era efusivamente comentado. Em 1772, o matemático Richard Price, num tratado que depois chamou a atenção de Marx, escreveu:

> O dinheiro que rende juros compostos cresce a princípio lentamente, mas, como a taxa de crescimento se acelera progressivamente, ela se torna tão rápida que ultrapassa toda fantasia. Um *penny* emprestado a juros compostos de 5% na época do nascimento de Cristo ter-se-ia hoje multiplicado numa soma maior que a que estaria contida em 150 milhões de planetas como a Terra, todos de ouro maciço. Emprestado a juros simples, porém, esse mesmo *penny*, no mesmo período de tempo, não teria ultrapassado 7 xelins e $4^{1}/_{2}$ *pence*.[4]

Note-se mais uma vez a surpresa com o resultado produzido pelo crescimento exponencial, que "ultrapassa toda fantasia". Será que também ficaríamos chocados com o resultado do crescimento exponencial? Curiosamente, o principal argumento de Price (em oposição à atual safra de alarmistas) é que seria fácil acabar com a dívida interna (como também mostrou o exemplo de Thelluson) recorrendo-se aos juros compostos!

---

[3] O caso de Thelluson é descrito em Michael Hudson, *The Bubble and Beyond*, cit.
[*] Ed. bras.: trad. Oscar Mendes, Rio de Janeiro, Nova Fronteira, 1986. (N. E.)
[4] Citado em Karl Marx, *O capital*, Livro III, cit.

Angus Maddison tentou a duras penas calcular a taxa de crescimento de toda a produção econômica global ao longo de séculos. Obviamente, quanto mais ele avançava no passado, mais incertos eram os dados. Significativamente, os dados anteriores a 1700 se basearam cada vez mais em estimativas populacionais para substituir a produção econômica total. Mas, mesmo em nossa época, há boas razões para se contestar os dados brutos, porque incluem uma série de "maus produtos nacionais brutos" (como consequências econômicas de acidentes de trânsito e furacões). Algumas economistas insistem em mudar a base da contabilidade nacional, argumentando que muitas das medidas utilizadas são equivocadas. No entanto, se partirmos das descobertas de Maddison, veremos que o capital vem crescendo, desde aproximadamente 1820, a uma taxa composta de 2,25%. Essa é a média mundial[5]. É óbvio que houve momentos (por exemplo, a Grande Depressão) e lugares (por exemplo, o Japão contemporâneo) em que a taxa de crescimento foi insignificante ou negativa, e outros momentos (como as décadas de 1950 e 1960) e lugares (como a China dos últimos vinte anos) em que o crescimento foi muito maior do que isso. Essa média está ligeiramente abaixo da média aceita em geral na imprensa econômica e em outros lugares (uma taxa mínima de crescimento de 3%). Quando o crescimento fica abaixo dessa norma, a economia é descrita como letárgica e, quando chega a níveis abaixo de zero, isso é considerado um indicador de recessão, ou, quando se prolonga, de depressão. Um crescimento muito acima de 5%, por outro lado, é visto nas "economias maduras" (ou seja, não na China contemporânea) como um sinal de "superaquecimento", que está sempre acompanhado da ameaça de inflação descontrolada. Nos últimos tempos, mesmo no período da "quebra" de 2007-2009, o crescimento global se manteve firmemente estável em torno de 3%, em grande parte nos mercados emergentes (como Brasil, Rússia, Índia e China – em suma, nos Brics). As "economias capitalistas avançadas" tiveram um crescimento de 1% ou menos entre 2008 e 2012.

Maddison calcula que a produção global em 1820 foi de 694 bilhões de dólares constantes de 1990 ("bilhão" na escala dos Estados Unidos, equivalente a mil milhões). Em 1913, subiu para US$ 2,7 trilhões (na escala dos Estados Unidos, um trilhão é mil bilhões); em 1973, chegou a US$ 16 trilhões e, em 2003, quase US$ 41 trilhões. Bradford DeLong faz uma estimativa diferente, começando com US$ 359 bilhões em 1850 (em dólares constantes de 1990), subindo para US$ 1,7 trilhão em 1920, US$ 3 trilhões em 1940, US$ 12 trilhões em 1970, US$ 41 trilhões em 2000 e US$ 45 trilhões em 2012. Os números de DeLong sugerem uma base inicial mais baixa e uma taxa de crescimento exponencial um pouco mais alta.

---

[5] Angus Maddison, *Phases of Capitalist Development* (Oxford, Oxford University Press, 1982); *Contours of the World Economy, 1-2030 AD* (Oxford, Oxford University Press, 2007).

Embora os números sejam muito diferentes (sinal de como essas estimativas são difíceis e muitas vezes arbitrárias), nos dois casos o efeito do crescimento exponencial (com uma variação temporal e geográfica considerável) é claramente visível[6].

Tomemos como normal uma taxa de crescimento exponencial de 3%. Essa é a taxa de crescimento que permite que a maioria dos capitalistas, ou talvez todos, tenham uma taxa de retorno positiva sobre o capital. Manter uma taxa de crescimento satisfatória hoje em dia significa encontrar oportunidades de investimento lucrativo para quase US$ 2 trilhões adicionais, em comparação com os "meros" US$ 6 bilhões necessários em 1970. Por volta de 2030, quando as estimativas sugerem que a economia global será de mais de US$ 96 trilhões, serão necessárias oportunidades de investimento lucrativo de mais ou menos US$ 3 trilhões. Depois os números se tornam astronômicos. É como se estivéssemos no vigésimo primeiro quadrado do tabuleiro de xadrez e não pudéssemos sair dele. E, no ponto em que estamos agora, essa não parece ser uma trajetória de crescimento possível. Se pensarmos em termos materiais, para manter a taxa composta de acumulação de capital, a enorme expansão em infraestrutura física, urbanização, força de trabalho, consumo e capacidade de produção ocorrida desde a década de 1970 até hoje teria de ser insignificante em comparação com a da próxima geração. Se dermos uma olhada no mapa da cidade mais próxima de nós em 1970 e o compararmos com um mapa atual, poderemos imaginar o que será dessa cidade se nos próximos vinte anos ela quadruplicar de tamanho e densidade.

No entanto, seria um tremendo erro supor que a evolução social humana é governada por fórmulas matemáticas. Foi esse o grande erro de Thomas Malthus quando defendeu pela primeira vez seu princípio da população em 1798 (quase ao mesmo tempo que Richard Price e outros comemoravam – se é que essa é a palavra correta – o poder do crescimento exponencial nas questões humanas). Os argumentos de Malthus são diretamente relevantes para a questão tratada aqui, mas também servem de lição. Ele afirmava que as populações humanas, como todas as espécies, têm tendência a crescer a uma taxa exponencial (ou seja, composta), ao passo que a produção de alimentos só pode crescer, na melhor das hipóteses, em progressão aritmética, dadas as condições de produtividade agrícola na época. O rendimento decrescente do trabalho agrícola geraria um abismo cada vez maior entre a taxa de crescimento populacional e a taxa de oferta de alimentos. A divergência crescente entre as duas curvas era vista como um indicador da pressão crescente da população sobre os recursos, e as consequências disso para a humanidade, segundo Malthus, seriam fome, pobreza, epidemias, guerra e patologias de todos os

---

[6] Bradford DeLong, "Estimating World GDP, One Million B.C.-Present". As estimativas se encontram no verbete "Gross World Product" da Wikipédia.

tipos, agindo como um freio brutal para manter o crescimento populacional dentro dos limites ditados por uma suposta capacidade biótica natural. As predições distópicas de Malthus não aconteceram. Reconhecendo o fato, Malthus ampliou seus princípios e incluiu mudanças no comportamento demográfico humano, as chamadas "restrições morais", como casamento em idade avançada, abstinência sexual e (tacitamente) outras técnicas de limitação populacional. Isso refrearia ou reverteria a tendência de crescimento exponencial da população[7]. Malthus também errou lastimavelmente quando não previu a industrialização da agricultura e a rápida expansão da produção global de alimentos pela colonização de terras improdutivas (em especial nas Américas).

Ao evocarmos a tendência da acumulação do capital ao crescimento exponencial, será que corremos o risco de repetir o erro de Malthus quando supôs que a evolução humana não reflete comportamentos humanos fluidos e adaptáveis, mas obedece a fórmulas matemáticas? Se sim, de que maneira o capital se adaptou e ainda se adapta para conciliar as disparidades entre o processo de acumulação, que é necessariamente exponencial (se é que esse é o caso), e as condições que podem limitar a capacidade de crescimento exponencial?

Há, no entanto, uma consideração prévia que devemos abordar. Se a população cresce exponencialmente (como supôs Malthus), então a economia tem de crescer a taxas iguais para que o padrão de vida possa se sustentar. Sendo assim, qual é a relação entre as trajetórias demográficas e a dinâmica de acumulação do capital?

Hoje, as únicas regiões em que a população cresce a uma taxa composta de 3% ou mais são a África, o sul da Ásia e o Oriente Médio. As taxas de crescimento populacional são negativas no Leste Europeu e tão baixas no Japão e em grande parte da Europa que a população apenas se mantém. Nesse caso, os problemas econômicos são causados por falta de oferta interna de trabalho e pelo ônus crescente da manutenção da população mais velha. Uma força de trabalho cada vez menor, que não para de diminuir, precisa produzir valor suficiente para pagar a aposentadoria de uma população idosa cada vez maior. Essa relação ainda é importante em algumas regiões do mundo. No início da história do capital, o rápido crescimento populacional ou a vasta reserva de mão de obra inexplorada, que ainda precisava ser urbanizada, ajudou inquestionavelmente a impulsionar a rápida acumulação de capital. De fato, podemos argumentar que o crescimento populacional, a partir do início do século XVII, foi precondição para a acumulação do capital. O papel daquilo que Gordon chama de "dividendo demográfico" para a promoção do crescimento populacional foi e continua sendo muito importante. Um bom exemplo foi

---

[7] Thomas Malthus, *Ensaio sobre o princípio da população* (trad. Eduardo Saló, Mem Martins, Europa-América, 1999).

a ampla incorporação das mulheres à força de trabalho na América do Norte e na Europa depois de 1945, mas isso não pode ser repetido. A força de trabalho mundial cresceu 1,2 bilhão entre 1980 e 2009, e metade desse crescimento se deveu apenas à China e à Índia. Isso também não vai se repetir com facilidade. Em muitas partes do mundo, porém, essa relação entre rápido crescimento populacional e rápida acumulação do capital está se rompendo, porque o crescimento populacional vem seguindo uma curva em "S", começando estável, acelerando-se exponencialmente e caindo lentamente até se estabilizar, o que indica um crescimento nulo ou negativo (por exemplo, na Itália e no Leste Europeu). É esse vácuo demográfico de crescimento zero em alguns países que atrai fortes fluxos de imigração (não sem perturbações sociais, resistências políticas e uma série de conflitos culturais).

Embora as projeções populacionais – mesmo de médio prazo – sejam particularmente ardilosas (e mudem rapidamente de ano para ano), espera-se que a população mundial se estabilize durante este século, atinja um máximo de 12 bilhões de pessoas (ou talvez menos, em torno de 10 bilhões) até o fim do século e, a partir de então, mantenha uma taxa estável de crescimento zero. Claramente, essa é uma questão importante para a dinâmica de acumulação do capital. Nos Estados Unidos, por exemplo, a criação de empregos desde 2008 não acompanhou a expansão da força de trabalho. A queda nas taxas de desemprego corresponde a um encolhimento da população em idade produtiva, que tenta participar da força de trabalho. Mas, haja o que houver, está muito claro que no futuro a acumulação de capital terá de se apoiar cada vez menos no crescimento demográfico para se manter ou impulsionar seu crescimento exponencial, e as dinâmicas de produção, consumo e realização do capital terão de se ajustar às novas condições demográficas. É difícil dizer quando isso vai acontecer, mas a maioria das estimativas sugere que será difícil repetir o amplo incremento da força de trabalho assalariada global ocorrido a partir de 1980, uma vez que estará esgotado por volta de 2030. De certo modo, isso não é tão ruim, pois, como vimos, a mudança tecnológica tende a produzir cada vez mais populações redundantes e até descartáveis entre os menos qualificados[8]. A lacuna entre os poucos trabalhadores altamente qualificados e a gigantesca reserva de trabalhadores de baixa e média qualificação desempregados e cada vez mais descartáveis parece estar aumentando, enquanto a definição das qualificações evolui rapidamente.

Desse modo, seria possível que a acumulação de capital abandonasse o crescimento exponencial dos últimos dois séculos e seguisse uma trajetória em "S", como ocorreu com a demografia de muitos países, culminando numa economia

---

[8] McKinsey Global Institute, "The World at Work: Jobs, Pay and Skills for 3.5 Billion People", *Report of the McKinsey Global Institute*, 2012.

estável de crescimento zero? A resposta a essa pergunta é um retumbante "não", e é importantíssimo entender por quê. A razão mais simples é que capital é busca de lucros. Para todos os capitalistas, realizar lucro positivo é ter mais valor no fim do dia do que tinha no início. Isso significa uma expansão da produção total do trabalho social. Sem essa expansão, o capital não existe. Uma economia capitalista de crescimento zero é uma contradição lógica e excludente, simplesmente impossível. É por isso que crescimento zero define uma condição de crise para o capital. Quando se prolonga, um crescimento zero como o que predominou em grande parte do mundo na década de 1930 é uma sentença de morte para o capitalismo.

Como então o capital pode continuar a se acumular e se expandir perpetuamente a taxas compostas? Como fará, se isso parece implicar a duplicação ou até a triplicação do tamanho das estonteantes mudanças físicas que vêm acontecendo no mundo nos últimos quarenta anos? A industrialização e a urbanização excepcionais da China nos últimos anos são uma antecipação do que teria de ser feito para se manter a acumulação do capital no futuro. Durante grande parte do século passado, muitos países tentaram imitar a trajetória de crescimento dos Estados Unidos. No século por vir, boa parte do mundo terá de imitar a trajetória da China (com todas as suas terríveis consequências para o meio ambiente), o que seria impossível para os Estados Unidos e a Europa, e impensável para quase todos os outros países (exceto, talvez, para a Turquia, o Irã e algumas partes da África). Também vale lembrar que nos últimos quarenta anos houve muitas crises traumáticas, geralmente locais, com efeito cascata no mundo inteiro, do Sudeste Asiático e da Rússia em 1998, passando pela Argentina em 2001, até o grandioso *crash* global de 2008, que abalou as raízes do mundo capitalista.

Mas é aqui que devemos parar para refletir sobre a lição dada pela visão distópica e equivocada de Malthus. Precisamos fazer a seguinte pergunta: como a acumulação do capital pode mudar seu funcionamento para se adaptar ao que parece ser uma situação crítica e assim se reproduzir? Na verdade, há uma série de adaptações já em andamento. É possível evitar as dificuldades e, se sim, é possível evitá-las indefinidamente? Que adaptações comportamentais, como aquelas "restrições morais" de Malthus (embora o termo "moral" seja pouco apropriado), podem remodelar a dinâmica acumulativa do capital e, ao mesmo tempo, preservar sua essência necessária de crescimento exponencial?

Há uma forma do capital que permite a acumulação sem limites: a forma-dinheiro. Isso acontece apenas porque a forma-dinheiro não se prende a nenhuma limitação física, como aquelas impostas pela mercadoria-dinheiro (o dinheiro metálico, como ouro e prata, que originalmente deu representação física à imaterialidade do trabalho social e cuja oferta global é amplamente fixa). O dinheiro fiduciário emitido pelo Estado pode ser criado sem limites. Hoje, a expansão da oferta monetária se realiza numa mistura de atividade privada e ação estatal (via o nexo Estado-finanças constituído por ministérios da Fazenda e bancos centrais). Nos Estados Unidos, quando o Federal Reserve se envolve na flexibilização quantitativa, simplesmente cria tanto dinheiro e liquidez quanto quer. Acrescentar alguns zeros à quantidade de dinheiro em circulação não é problema. O perigo, evidentemente, é que o resultado será uma crise inflacionária. Isso não está acontecendo porque o Federal Reserve tapou grande parte do buraco deixado no sistema bancário quando a confiança entre os bancos privados se perdeu e os empréstimos interbancários (que alavancaram a gigantesca criação de dinheiro no sistema bancário) colapsaram em 2008. A inflação não está no horizonte também por um segundo motivo: a organização sindical tem poder quase nulo (dadas as reservas disponíveis de trabalho descartável) para aumentar os salários e pressionar os preços (embora as lutas de classes na China tenham aumentado marginalmente o custo da mão de obra no país).

No entanto, é quase certo que a acumulação perpétua de capital a taxas exponenciais mediante a criação exponencial de dinheiro acabará em desastre, a não ser que venha acompanhada de outras adaptações. Vamos examinar algumas dessas adaptações, antes de decidir se elas têm relevância para o que poderia ser um futuro sustentável para a reprodução do capital sob certas condições de crescimento exponencial perpétuo.

O capital não consiste apenas em produção e circulação de valor. Ele é também destruição e desvalorização de capital. Certa proporção do capital é destruída no curso normal de sua circulação, à medida que se tornam disponíveis maquinaria e capital fixo novos e mais baratos. Em geral, grandes crises se caracterizam por uma destruição criativa, o que significa desvalorização em massa de mercadorias, equipamentos e instalações produtivas, dinheiro e trabalho. Sempre há desvalorização quando novas instalações substituem antigas antes do fim de sua vida útil, ou itens mais caros são substituídos por outros mais baratos em virtude das mudanças tecnológicas. A rápida desindustrialização dos antigos distritos industriais nas décadas de 1970 e 1980, tanto na América do Norte quanto na Europa, é um exemplo óbvio. Em tempos de crise, guerras ou desastres naturais, a desvalorização pode ser gigantesca. Na década de 1930 e na Segunda Guerra Mundial, as perdas foram consideráveis. Estimativas do FMI sugerem que a perda líquida global em 2008, durante a crise financeira, chegou quase ao valor de um ano inteiro de produção de bens e serviços em todo o mundo. Mas essas perdas, por maiores que tenham sido, causaram apenas uma breve interrupção na trajetória do crescimento exponencial. Em todo caso, assim como o valor das propriedades imobiliárias se recuperou, em especial nos Estados Unidos e no Reino Unido, onde a crise foi mais forte, outros valores ativos também se recuperaram (embora, como sempre, estejam agora nas mãos dos ricos, contribuindo para uma redistribuição regressiva maciça de riquezas que, na ausência de intervenções revolucionárias, sempre ocorre nos períodos de crise). A desvalorização teria de ser muito maior e mais duradoura do que foi em 2008 (mais próxima, talvez, das de 1930 e 1940) para realmente fazer alguma diferença.

O problema do desenvolvimento desigual da desvalorização e das lutas geopolíticas em torno de quem deve arcar com o custo da desvalorização é importante, em parte porque está relacionado com frequência à propagação da inquietação social e da instabilidade política. Assim, embora a desvalorização não funcione muito bem como antídoto para o crescimento exponencial global, suas concentrações geográficas têm uma influência significativa sobre a dinâmica do sentimento e da luta anticapitalistas. As duas "décadas perdidas" do desenvolvimento em quase toda a América Latina geraram um clima político de oposição ao neoliberalismo (mas não necessariamente ao capital) que serviu para proteger a região contra os piores impactos da crise de desvalorização de 2008. A imposição diferenciada de perdas, por exemplo, na Grécia e no sul da Europa equivale a uma versão geográfica da redistribuição de riqueza que ocorre entre ricos e pobres.

Reciprocamente, a privatização dos ativos públicos, a criação de novos mercados e novos cercamentos de bens comuns (de terra e água a direitos de propriedade intelectual) expandiram o terreno em que o capital atua livremente. A privatização do fornecimento de água, habitação social, educação, saúde e até atividades bélicas, a criação de um comércio de emissões de carbono e o patenteamento de material genético deram ao capital o poder de entrar em áreas da vida econômica, social e política que, até então, estavam fechadas. Essas oportunidades adicionais de mercado são importantes para manter o crescimento exponencial, mas, assim como acontece com a desvalorização, não acredito que tenham potencial para absorver o crescimento exponencial, particularmente no futuro (creio, no entanto, que tiveram um papel importante nas décadas de 1980 e 1990). Além disso, quando tudo – absolutamente tudo – é mercantilizado e monetizado, há um limite além do qual esse processo de expansão não consegue prosseguir. É difícil precisar se chegamos a esse limite, mas quase quatro décadas de estratégias neoliberais de privatização já fizeram muito, e em muitas partes do mundo não sobrou muita coisa para privatizar e cercar. Além disso, há muitos sinais de resistência política à imposição de novos cercamentos e mercantilizações das formas de vida além do que vemos agora, e algumas dessas lutas – por exemplo, contra a privatização da água na Itália e contra a patente de material genético – têm sido bem-sucedidas.

Consideremos, em terceiro lugar, os limites que podem ser encontrados em relação ao consumo final e à realização do capital. Uma das formas que o capital encontrou para manter o crescimento exponencial foram as transformações radicais na natureza, na forma, no estilo e no volume do consumo final (ajudado, é claro, pelo aumento populacional). Os limites econômicos disso são impostos pela demanda efetiva agregada (*grosso modo*, pagamentos e salários mais a renda disponível da burguesia). Nos últimos quarenta anos, essa demanda tem sido fortemente suplementada pela criação de dívida pública e privada. O que me interessa aqui, no entanto, é um importante limite físico determinado pela vida útil dos bens de consumo: quanto tempo eles duram e com que rapidez têm de ser substituídos?

O capital tem sistematicamente encurtado a vida útil dos bens de consumo, produzindo mercadorias que não duram, forçando uma obsolescência programada e às vezes instantânea, criando rapidamente novas linhas de produtos (como tem acontecido ultimamente com os aparelhos eletrônicos), acelerando a rotatividade pela mobilização da moda e da propaganda para enfatizar o valor da novidade e a falta de elegância do velho. O capital fez isso nos últimos duzentos anos ou mais e concomitantemente produziu uma quantidade gigantesca de lixo. Mas essa tendência se acelerou, capturando e infectando os hábitos de consumo de massa nos últimos quarenta anos, em especial nas economias capitalistas avançadas. As mudanças no consumo da classe média em países como China e Índia também são notáveis. O setor de publicidade e vendas é um dos maiores da economia estadunidense, e boa parte de sua atividade se dedica à redução da vida útil dos bens de consumo.

Mas ainda há limites físicos para a duração da vida útil de roupas e telefones celulares, por exemplo. Mais significativo, no entanto, é o movimento da produção e do consumo de espetáculos, uma forma efêmera de mercadoria que é consumida instantaneamente. Em 1967, Guy Debord escreveu um livro premonitório, *A sociedade do espetáculo*, e parece que os representantes do capital leram com muita atenção sua obra e adotaram suas teses como fundamento de suas estratégias de consumo[9]. Tudo está aí: programas de TV e produtos similares, filmes, shows, exposições, eventos esportivos e megaculturais e, é claro, turismo. Essas atividades dominam hoje o campo do consumo. Mais interessante, no entanto, é como o capital faz os consumidores produzirem seu próprio espetáculo via YouTube, Facebook, Twitter e outras redes sociais. Tudo isso pode ser consumido instantaneamente, ao mesmo tempo que absorve uma quantidade imensa do tempo livre das pessoas. Além disso, os consumidores produzem informação que depois é apropriada pelos donos da mídia para finalidades próprias. O público é simultaneamente constituído como produtor e consumidor, ou o que Alvin Toffler chamou de "prossumidor"[10]. Há um corolário importante aqui, e este leva a um tema que encontramos em outros âmbitos: o capital lucra não porque investe em produção

---

[9] Guy Debord, *A sociedade do espetáculo* (trad. Estela dos Santos Abreu, Rio de Janeiro, Contraponto, 1997).
[10] Alvin Toffler, *A terceira onda* (trad. João Távora, 29. ed., Rio de Janeiro, Record, 2007).

nesses campos, mas porque se apropria da renda e dos *royalties* gerados pelo uso da informação, do *software* e das redes que ele constrói. Essa é apenas uma das diversas indicações contemporâneas de que o futuro do capital está mais nas mãos dos rentistas e da classe rentista do que na dos capitalistas industriais.

Essas transformações no campo do consumo são o que Hardt e Negri parecem buscar quando propõem uma mudança grandiosa do campo do trabalho material para o campo do trabalho imaterial nas operações do capital[11]. Eles argumentam que a relação entre o capital e os consumidores não é mais mediada pelas coisas, mas pelas informações, imagens e mensagens, pela proliferação e comercialização de formas simbólicas que têm relação com a subjetividade política das populações e agem sobre elas. Isso resulta numa tentativa do capital e do Estado de se envolver na manipulação biológica das populações e na produção de novos sujeitos políticos. É claro que o tipo de gente que somos sempre foi moldado pelo mundo de mercadorias que habitamos. Os moradores dos subúrbios residenciais são um grupo especial de pessoas cuja subjetividade política é moldada por suas experiências diárias de vida, da mesma maneira que o líder comunista italiano Antonio Gramsci, preso durante anos, defendia que o que chamava de americanismo e fordismo produzia um novo tipo de sujeito humano por meio do trabalho fabril[12]. Não há dúvida de que a produção contemporânea de "novos" sujeitos políticos por meio de tudo, da propaganda subliminar à propaganda direta, gera um vasto campo de investimento capitalista. Denominá-lo "trabalho imaterial" é um pouco infeliz, dada a enorme quantidade de trabalho material (e a importância crucial da infraestrutura material) que sustenta esse tipo de atividade, mesmo quando se realiza no ciberespaço e produz efeito primeiro na mente e na crença das pessoas. A produção de espetáculos implica uma imensa quantidade de trabalho social material (como as cerimônias de abertura dos Jogos Olímpicos, que com passar dos anos se agigantaram de forma bastante consistente com os argumentos que apresentamos aqui).

Essas ideias que circulam hoje sobre uma revolução interna na forma predominante da acumulação do capital são muito semelhantes aos comentários contemporâneos sobre o advento de uma "sociedade da informação" e o desenvolvimento de um capitalismo "baseado no conhecimento". Muitos críticos parecem ter uma necessidade urgente de mostrar que o capital mudou de rumo nos últimos tempos. Talvez seja reconfortante explicar os conflitos recentes do capital como se estivéssemos lidando com as dores de parto de uma ordem capitalista totalmente nova, na qual o conhecimento e a cultura (e a biopolítica, seja lá o que ela for) sejam os pro-

---

[11] Michael Hardt e Antonio Negri, *Commonwealth* (Cambridge, Harvard University Press, 2009).
[12] Antonio Gramsci, *Cadernos do cárcere* (trad. Carlos Nelson Coutinho, Rio de Janeiro, Civilização Brasileira, 1999-2001), 2 v.

dutos principais, e não as coisas. Embora em parte isso seja verdade, seria um erro imaginar qualquer ruptura radical com o passado e um erro duplo presumir que as novas formas escapam às contradições do crescimento exponencial. O espetáculo, por exemplo, sempre foi um veículo importante de acumulação de capital; afinal de contas, quando houve uma forma de capital em que o conhecimento e a informação não foram uma fonte de lucros excessivos? Além disso, quando a dívida e as finanças foram irrelevantes e por que essa fase de financeirização é tão diferente da que ocorreu, digamos, no fim do século XIX? Embora seja verdade que o consumo de espetáculo, imagem, informação e conhecimento seja qualitativamente diferente do consumo de mercadorias materiais (como casas, carros, pão e roupas da moda), é um erro não reconhecer que a rápida expansão da atividade nessas esferas está enraizada na necessidade fútil (e explico mais adiante por que uso essa palavra) de escapar dos limites materiais do crescimento exponencial. Todas essas formas alternativas pertencem à luta do capital para resolver a necessidade de crescimento exponencial permanente.

Não me parece fortuito que os limites estabelecidos para a criação do dinheiro, atrelando-o a mercadorias-dinheiro como ouro e prata, tenham sido rompidos no início da década de 1970. A pressão da expansão exponencial sobre a oferta global fixa de metal foi simplesmente invencível naquele momento do desenvolvimento histórico do capital. Desde então, vivemos em um mundo em que prevalece a ausência potencial de limites da criação de dinheiro. Antes da década de 1970, a principal via de investimento do capital era a produção de valor e mais-valor nos setores da manufatura, mineração, agricultura e urbanização. Embora grande parte dessa atividade fosse financiada por endividamento, o pressuposto geral, que não estava equivocado, era de que a dívida acabaria sendo recuperada com a aplicação do trabalho social na produção de mercadorias como casas, carros, refrigeradores e similares. Mesmo no caso do financiamento de infraestruturas de longo prazo (como estradas, obras públicas, urbanização), havia uma presunção razoável de que a dívida seria paga com a produtividade crescente do trabalho social envolvido na produção. Também se poderia assumir que tudo isso geraria uma renda *per capita* crescente. O sistema rodoviário interestadual dos Estados Unidos, construído nas três décadas depois de 1960, teve um grande impacto sobre a produtividade agregada do trabalho e rendeu muitos frutos. Segundo Robert Gordon, essa foi a onda de inovação mais forte da história do capital[13].

Sempre existiram ciclos significativos daquilo que podemos chamar de "capital fictício" – investimento em hipotecas, dívida pública, infraestrutura urbana

---

[13] Robert Gordon, "Is U.S. Economic Growth Over? Faltering Innovation Confronts the Six Headwinds", cit.

e nacional etc. De tempos em tempos, perde-se o controle sobre esses fluxos de capital fictício, formam-se bolhas especulativas que explodem e geram sérias crises financeiras e comerciais. As famosas altas e baixas econômicas ligadas às ferrovias no século XIX, assim como o *boom* no mercado imobiliário na década de 1920 nos Estados Unidos, foram exemplos no passado. Ao promover essas atividades especulativas, os financistas criaram frequentemente maneiras tortas e inovadoras (e muitas vezes suspeitas) de juntar e canalizar capitais fictícios para realizar ganhos de curto prazo (os fundos de *hedge*, por exemplo, existem há muito tempo), mesmo quando os investimentos a longo prazo iam mal. Surgiram todos os tipos de esquemas financeiros malucos, o que levou Marx a falar do sistema de crédito como "a matriz de todas as formas absurdas de capital" e dizer que Émile Pereire, proeminente banqueiro do Segundo Império francês, tinha o "agradável caráter híbrido de vigaristas e profetas"[14]. Essa não é uma descrição ruim dos mestres do universo de Wall Street, de homens como Lloyd Blankfein, diretor-executivo da Goldman Sachs, que, ao ser criticado por um comitê do Congresso por não cuidar adequadamente dos negócios do povo, disse que eles estavam apenas fazendo o trabalho de Deus.

O fim da criação de dinheiro atrelado à mercadoria-dinheiro no início da década de 1970 ocorreu num momento em que as perspectivas de lucro em atividades produtivas eram particularmente baixas, um momento em que o capital começou a experimentar o impacto de um ponto de inflexão na trajetória do crescimento exponencial. Para onde iria o dinheiro excedente? Parte da resposta está no empréstimo como dívida pública aos países em desenvolvimento – uma forma muito particular de circulação de capital fictício –, porque, como afirmou Walter Wriston de forma memorável, "países não desaparecem, nós sempre sabemos onde encontrá-los". Mas Estados não são criados para ser empresas produtivas. O resultado foi que, alguns anos depois, estourou a crise da dívida no Terceiro Mundo, que se prolongou de 1982 até o início dos anos 1990. É importante notar que essa crise foi resolvida com troca das obrigações de dívida reais – que jamais seriam pagas – por obrigações do chamado "Plano Brady", recomendadas pelo FMI e pelo Departamento do Tesouro dos Estados Unidos, que depois seriam reembolsadas. As instituições de crédito, com poucas exceções, decidiram que era melhor receber o que podiam, em vez de esperar para recuperar a dívida total em suaves prestações. Os portadores de títulos, nesse caso, aceitaram fazer um bom desconto, em geral entre 30% e 50%, sobre o capital fictício posto em circulação[15].

---

[14] Karl Marx, *O capital*, Livro III, cit.
[15] Faço um resumo dessa questão em David Harvey, *A Brief History of Neoliberalism* (Oxford, Oxford University Press, 2005).

Outro caminho era investir o capital excedente não na produção, mas na compra de ativos (inclusive títulos de dívida). Um ativo é simplesmente um título de propriedade capitalizado, e seu valor é estabelecido por antecipação de certa corrente futura de rendimentos ou por algum estado futuro de escassez (por exemplo, de ouro ou de quadros de Picasso). O resultado dos fluxos de investimento nessas áreas foi um aumento geral no valor dos ativos – de terras a imóveis, de recursos naturais (petróleo em particular, é claro) à dívida urbana e ao mercado de artes. Paralelamente, surgiram mercados de ativos totalmente novos dentro do sistema financeiro – câmbio futuro, *swaps*, CDOs e uma série de instrumentos financeiros que deveriam dispersar o risco, mas que na verdade o aumentaram a tal ponto que fez a volatilidade das negociações de curto prazo se tornar um campo para ganhos especulativos engenhosos. Assim, o capital fictício se alimentou e gerou ainda mais capital fictício, sem se preocupar com a base de valor social da transação. Essa desconexão pôde florescer justamente porque a representação do valor (dinheiro) se distanciava cada vez mais do valor do trabalho social que deveria representar. O problema não foi a circulação do capital fictício – que sempre foi importante para a história da acumulação do capital –, mas o fato de que os novos canais pelos quais passava o capital fictício eram um labirinto de demandas compensatórias quase impossíveis de valorar, exceto por uma mistura de expectativas futuras, crenças e apostas de curto prazo completamente malucas nos mercados não regulamentados, sem nenhuma perspectiva de pagamento a longo prazo (a famosa história da Enron, que se repetiu na quebra do Lehman e do sistema financeiro global em 2008).

Grande parte do crescimento exponencial que ocorreu até a crise financeira de 2008 se deveu a ganhos especulativos oriundos das sucessivas bolhas de ativos (a alta e a queda das empresas ponto-com na década de 1990, a alta e a queda do mercado imobiliário nos anos 2000 nos Estados Unidos). No entanto, essa onda especulativa escondia algumas transações reais muito importantes para o comportamento dos investimentos desde a década de 1970. Alguns ativos que estavam sendo comprados (terras, imóveis, recursos naturais) eram seguros, lastreados e podiam ser conservados para a obtenção de ganhos a longo prazo. Isso tornou as altas e as quedas particularmente úteis para os investidores de longo prazo, que podiam comprar ativos a um preço muito baixo na esteira de uma crise com a perspectiva de obter bastante lucro no longo prazo. Foi o que fizeram muitos bancos e investidores internacionais na crise de 1997-1998 no Sudeste Asiático, e é o que fazem agora os investidores, comprando barato imóveis executados na Califórnia, por exemplo, para alugá-los enquanto o mercado imobiliário não volta ao normal. É isso que fazem os fundos de *hedge*, embora sob condições muito diferentes, quando vendem a descoberto nos mercados de capital fictício.

Mas isso significa que cada vez mais capital é investido em busca de renda, lucros e *royalties*, e menos na atividade produtiva. Essa tendência a uma forma rentista de capital é reforçada pelo imenso poder de extração de renda a partir de direitos de propriedade intelectual sobre material genético, sementes, atividades que exigem licença etc. Não surpreende que o governo dos Estados Unidos tenha lutado tanto, por intermédio de instituições internacionais, para proteger e impor à força um regime de direitos de propriedade intelectual (com os chamados acordos Trips*, no âmbito da Organização Mundial do Comércio).

Mas isso é mesmo capaz de absorver o crescimento exponencial? Teorias baseadas numa mudança completa para a produção imaterial vendem a perigosa ilusão de que o crescimento exponencial infinito é possível, sem que isso acarrete dificuldades materiais mais sérias. Hoje, quantidades cada vez maiores de capital circulam em forma fictícia, e a criação de dinheiro eletrônico é, em princípio, ilimitada (são apenas números numa tela). Portanto, não há barreiras para o crescimento ilimitado. A economia do espetáculo e da produção de conhecimento como forma de realização do capital reduz nitidamente a taxa de expansão da demanda por recursos e bens materiais. Mas a infraestrutura física exigida e a necessidade de gerar mais e mais energia em forma utilizável inviabilizam a ideia de que a produção pode se tornar imaterial. Se o consumo é limitado a essa forma imaterial, então o poder do dinheiro não pode ser transferido para as populações de baixa renda, que precisam de bens materiais básicos para viver. Ele tem de se concentrar numa fração relativamente pequena da população que seja capaz de consumir nessa forma fictícia. Provavelmente, a única forma política que o capital poderia assumir seria uma oligarquia repressiva. É aí que os mercados emergentes, como os que surgiram na esteira da crise financeira de 2008, levam vantagem: nos países de renda média, os mercados que se formam em consequência do crescimento da produção e da renda concentram-se muito mais nas carências e necessidades tangíveis de uma população em expansão. Como afirmou André Gorz há muito tempo, a tendência à produção imaterial e ao espetáculo parece muito mais o último suspiro do capital do que a abertura de um novo horizonte para a acumulação infinita.

Como ficamos, então, diante da necessidade de crescimento econômico exponencial infinito, sem o apoio de uma base material? Como vimos, há vários ajustes em andamento, porém, quanto mais detalhadamente eles são analisados, mais parecem sintomas de um problema subjacente, e não sinais ou caminhos para soluções de longo prazo. É claro que o capital pode construir uma economia (e, até certo ponto, já fez isso) a partir de um mundo fetichista de fantasia e imaginação assen-

---

* Agreement on Trade-Related Aspects of Intellectual Property Rights, ou Acordos sobre Aspectos dos Direitos de Propriedade Intelectual Relacionados ao Comércio. (N. E.)

tado em ficções piramidais que não duram. Um cenário possível é um esquema de Ponzi que ofusque todos os outros. Ironicamente, as inovações disponíveis hoje são mais facilmente empregadas para aumentar a atividade especulativa, e não para diminuí-la, como ilustra o caso das nanotransações na bolsa de valores. Esse tipo de economia, antes de qualquer desenlace, estará sujeito a crises periódicas e erupções vulcânicas. Nesse cenário, o capital não acabará com um estrondo ou uma lamúria, mas ao som de incontáveis bolhas de ativos estourando na paisagem geográfica desigual de uma acumulação de capital apática. É quase certo que tais rompimentos se misturem às revoltas provocadas pelo descontentamento popular, e que de modo geral borbulham sob a superfície da sociedade capitalista. Erupções vulcânicas pontuais, geradas pela fúria popular (como vimos em Londres em 2011, Estocolmo em 2013, Istambul em 2013, em dezenas de cidades brasileiras em 2013 etc.) já estão bastante em evidência. O descontentamento, deve-se notar, não visa unicamente a incapacidade técnica do capital de cumprir a promessa de um paraíso de emprego e consumo para todos, mas contesta cada vez mais as consequências degradantes para todos que têm de se submeter a regras e códigos sociais desumanos ditados pelo capital e por um Estado capitalista cada vez mais autocrático.

Existe, no entanto, um lado particularmente obscuro nessa análise, referente ao efeito contagioso que o crescimento exponencial provavelmente terá em muitas ou talvez em todas as contradições aqui identificadas. O impacto sobre as contradições ambientais provavelmente será imenso, como veremos em breve. A capacidade do capital de reequilibrar as relações entre produção e realização, bem como entre pobreza e riqueza, será menos ágil, e a lacuna entre o dinheiro e o trabalho social que ele supostamente representa aumentará à medida que mais capital fictício tiver de ser criado, com riscos cada vez maiores, para sustentar o crescimento exponencial. Da mesma forma, será extremamente difícil, ou talvez até impossível, reverter a mercantilização, a monetização e a comercialização de todos os valores de uso sem limitar consideravelmente o campo de acumulação do capital. Será mais difícil conter o temerário impulso à aceleração e as consequentes desvalorizações, em razão da crescente volatilidade dos desenvolvimentos geográficos desiguais. E por aí vai! As contradições, longe de conter os excessos umas das outras, como aconteceu algumas vezes no passado, serão muito mais propensas a explodir e contagiar umas às outras sob a pressão crescente de um crescimento exponencial necessário. Os valores de uso estarão fadados a ser uma consideração cada vez mais trivial num cenário de explosão de considerações sobre o valor de troca provocada pelas febres especulativas. Disso devem resultar alguns resultados bastante surpreendentes.

Existe, por exemplo, uma tendência de ameaça que poderia ser uma nota de rodapé na minha argumentação, mas tem uma curiosa ressonância com os temores dos economistas políticos do passado em relação ao futuro do capital. O capital vai acabar, diz Ricardo, quando a terra e os recursos naturais se tornarem tão escassos que toda a renda será absorvida pelo salário necessário para cobrir o elevado preço dos alimentos ou, então (o que dá no mesmo), como rendimento de uma classe rentista poderosíssima, mas improdutiva. Essa classe improdutiva espremerá tanto o capital industrial que impossibilitará suas operações produtivas. Uma classe parasitária de rentistas sugará o capital industrial até secá-lo, a tal ponto que não será mais possível mobilizar o trabalho social nem produzir valor. Sem a produção de valor social, o capital acabará. Para fazer essa previsão, Ricardo se apoiou nas suposições equivocadas de Malthus sobre os ganhos decrescentes do trabalho na terra. Por isso, os economistas que vieram depois dele desconsideravam em geral a ideia de uma taxa decrescente de lucro (embora Marx tenha tentado mantê-la viva, recorrendo a um mecanismo diferente). Keynes, por exemplo, que viveu em circunstâncias muito diferentes, aguardava com otimismo a eutanásia do rentista e a construção de um regime de crescimento perpétuo apoiado pelo Estado (cujas possibilidades foram parcialmente realizadas no período posterior a 1945).

Hoje o que impressiona é o poder crescente dos rentistas improdutivos e parasitários, não apenas os proprietários das terras e de todos os seus recursos, mas os donos dos ativos, os todo-poderosos portadores de títulos, os donos do poder monetário independente (que se tornou um meio de produção fundamental em si mesmo) e os donos de patentes e direitos de propriedade, que não passam de uma reivindicação do trabalho social livre de qualquer obrigação de mobilizá-lo para um uso produtivo. As formas parasitárias do capital estão em ascensão. Seus representantes andam pelas ruas em limusines e povoam restaurantes e coberturas sofisticados em todas as grandes cidades do mundo – Frankfurt, Londres, Nova York, São Paulo, Sydney, Tóquio... Essas são as chamadas cidades criativas, onde a criatividade é medida pelo êxito com que os "mestres do universo" sugam a vida da economia global para sustentar uma classe cujo único objetivo é multiplicar sua riqueza e seu poder, já gigantescos. Nova York tem uma grande concentração de talento criativo: contadores e advogados tributaristas criativos, financistas criativos armados com instrumentos financeiros novinhos em folha, manipuladores de informações criativos, vendedores de milagres e vigaristas criativos, assessores de imprensa criativos, e todos transformam a cidade num maravilhoso lugar para se estudar cada um dos fetiches que o capital é capaz de conceber. O fato de que a única classe no mundo que se beneficiou da (fraca) recuperação econômica depois de 2009 seja formada pelo 1% mais rico da população, e não haja nenhum protesto visível da parte da população que ficou para trás na depressão econômica, é um atestado do sucesso do projeto. Os parasitas venceram a batalha. Os portadores de títulos e os banqueiros centrais dominaram o mundo. Há poucas dúvidas de que esse sucesso só pode ser ilusório e de que eles provavelmente não ganharão a guerra pela sobrevivência do capital. Depois de "lavar a consciência" com seus colegas filantropos, na tentativa de corrigir, como diz Peter Buffett, com a mão direita os danos que foram causados com a esquerda, os oligarcas podem dormir tranquilos. A incapacidade desses homens de ver como estão perto do abismo lembra Luís XV da França dizendo profeticamente: *"Après moi, le déluge"* ["Depois de mim, o dilúvio"]. O capital pode não acabar num dilúvio. O Banco Mundial adora nos garantir que uma maré de desenvolvimento está prestes a salvar todos os barcos. Talvez seja mais verdadeira a metáfora de que o nível exponencialmente maior do mar e as tempestades cada vez mais intensas estejam prestes a afundar todos os barcos.

Contradição 16
A relação do capital com a natureza

A ideia de que o capitalismo se deparou com uma contradição fatal na forma de uma crise ambiental iminente é generalizada em certos círculos. A meu ver, essa é uma tese plausível, mas controversa. Sua plausibilidade deriva basicamente das pressões ambientais acumulativas que surgem do crescimento exponencial do capital; no entanto, existem quatro razões fundamentais para duvidarmos dela.

Em primeiro lugar, o capital tem uma longa história de sucesso na resolução de seus problemas ambientais, não importa que se refiram ao uso dos recursos "naturais", à capacidade de absorver os poluentes ou enfrentar a degradação do *habitat*, a perda de biodiversidade, a qualidade cada vez pior do ar, da água e da terra etc. Vistas em retrospecto, as velhas previsões de que a civilização e o capitalismo teriam um fim apocalíptico, em consequência da escassez e dos desastres naturais, parecem insensatas. Em toda a história do capital, os pessimistas gritaram "fogo" com muita precipitação e com muita frequência. Em 1798, Thomas Malthus, como vimos, errou ao prever uma catástrofe social (fome generalizada, doenças, guerra), na medida em que o crescimento exponencial da população superava a capacidade de produção de alimentos. Na década de 1970, Paul Ehrlich, ambientalista destacado, afirmou que a fome em massa seria iminente no fim da década, mas isso não aconteceu. Ele chegou a apostar com o economista Julian Simon que o preço dos recursos naturais subiria drasticamente por causa da escassez: perdeu a aposta[1]. O fato de tais predições – e houve muitas – terem dado errado no passado não garante, é claro, que a catástrofe não seja iminente desta vez, mas dá bons motivos para sermos céticos.

---
[1] Paul Sabin, *The Bet: Paul Ehrlich, Julian Simon, and Our Gamble over Earth's Future* (New Haven, Yale University Press, 2013).

Em segundo lugar, a "natureza" que supostamente exploramos e esgotamos, e que supostamente nos limita ou "se vinga", está interiorizada na circulação e na acumulação do capital. A capacidade de crescimento de uma planta, por exemplo, está incorporada no agronegócio em sua busca de lucro, e é o reinvestimento desse lucro que faz a planta crescer de novo no ano seguinte. Características e elementos naturais são agentes ativos em todos os pontos do processo de acumulação do capital. O fluxo monetário é uma variável ecológica, e a transferência de nutrientes através de um ecossistema também deve constituir um fluxo de valor.

Embora não se possa criar nem destruir matéria, é possível alterar radicalmente sua configuração. A engenharia genética, a criação de novos compostos químicos, sem falar nas grandes mudanças ambientais (como a criação de ecossistemas inteiros pela urbanização e a fixação do capital na terra em fazendas, campos e fábricas), vão muito além da longa história de alterações ambientais induzidas pelo homem que transformou a Terra num lugar muito mais acolhedor para a vida humana e, nos últimos três séculos, para a atividade lucrativa. Muitos organismos produzem ativamente uma natureza que favorece sua própria reprodução, e os seres humanos não são uma exceção. O capital, como forma específica da atividade humana, faz o mesmo, mas cada vez mais em benefício do capital, e não da humanidade.

A tese da "dominação da natureza", que predomina amplamente nos textos científicos e na imaginação popular desde o Esclarecimento (de Descartes em diante), não cabe nesse esquema conceitual. Isso suscita alguns problemas para a reflexão sobre a relação entre o capital e a natureza. O pensamento cartesiano errava ao encarar capital e natureza como duas entidades separadas em sua interação causal, e agrava o erro imaginando que um domina o outro (ou, no caso da natureza, "se vinga" do outro). Versões mais sofisticadas incorporam ciclos de retroalimentação. O pensamento alternativo proposto aqui não é fácil de entender a princípio. O capital é um sistema ecológico em constante funcionamento e evolução, no qual natureza e capital são constantemente produzidos e reproduzidos. Essa é a maneira correta de refletir sobre ele[2]. Assim, as únicas questões que interessam são: que tipo de sistema ecológico é o capital, como ele evolui e por que é propenso a crises?

O ecossistema é construído a partir da unidade contraditória entre capital e natureza, da mesma maneira que a mercadoria é uma unidade contraditória entre valor de uso (sua forma material e "natural") e valor de troca (sua valoração social). É importante recordar ainda a definição de tecnologia como apropriação humana de coisas e processos naturais para facilitar a produção. A natureza resultante não só evolui de maneira imprevisível e espontânea (em razão das mutações aleatórias

---

[2] Trato dessa questão com mais detalhes em David Harvey, *Justice, Nature and the Geography of Difference* (Oxford, Basil Blackwell, 1996).

autônomas e das interações dinâmicas embutidas no processo evolutivo em geral), como é ativa e constantemente remodelada e reconfigurada pelas ações do capital. Isso é o que Neil Smith chamou de "produção da natureza", que hoje em dia chega ao nível da biologia molecular e do sequenciamento de DNA[3]. A direção tomada por essa produção da natureza é uma questão aberta, e não fechada. É evidente também que se trata de uma questão cheia de consequências inesperadas. Os refrigeradores que facilitaram o fornecimento de alimentos não contaminados a uma população urbana cada vez maior foram identificados anos depois como a fonte dos clorofluorcarbonos (CFCs) que estavam destruindo a camada de ozônio que nos protege do excesso de radiação solar!

O terceiro ponto fundamental é que o capital transformou a questão ambiental em um grande negócio. As tecnologias ambientais são cotadas a valores altíssimos nas bolsas de todo o mundo. Quando isso acontece, como no caso das tecnologias em geral, a engenharia da relação metabólica com a natureza torna-se uma atividade autônoma em relação às necessidades reais. A natureza se torna, ainda segundo Neil Smith, "uma estratégia de acumulação". Por exemplo, quando se inventa um novo medicamento ou se descobre uma nova maneira de reduzir as emissões de carbono, é preciso dar-lhes um uso, e isso pode implicar não a satisfação, mas a criação de uma necessidade. Uma droga como o Prozac, por exemplo, a princípio não combatia nenhuma doença, então inventou-se uma e criou-se a chamada "geração Prozac". Entra em jogo a mesma "evolução combinatória" que se impõe no caso da mudança tecnológica. Novas drogas provocam efeitos colaterais que exigem outras drogas para controlá-los, e novas tecnologias ambientais criam problemas ambientais que exigem outras tecnologias.

Para lucro próprio, o capital busca compreender a dialética de como só podemos mudar a nós mesmos se mudarmos o mundo (e vice-versa). Todos os projetos ecológicos e ambientais são projetos socioeconômicos (e vice-versa). Sendo assim, tudo depende do propósito dos projetos socioeconômicos e ecológicos: bem-estar das pessoas ou taxa de lucro? Em áreas como saúde pública e água potável, essa dialética tem funcionado em benefício das pessoas, às vezes à custa dos lucros. Consequentemente, o apoio popular ao ambientalismo das grandes empresas tem sido útil tanto para o capital quanto para as políticas ambientais. Parte dessa política, infelizmente, é simbólica, e não substantiva. Isso é conhecido como "*greenwashing*" – disfarçar um projeto com fins lucrativos como um projeto para melhorar o bem-estar das pessoas. O maior presente de Al Gore ao movimento ambientalista, que procurava medidas para amenizar o aquecimento global, foi a

---

[3] Neil Smith, "Nature as Accumulation Strategy", *Socialist Register*, 2007, p. 19-41.

criação de um mercado de emissões de carbono que se tornou uma grande fonte de ganho especulativo para os fundos de *hedge*, mas fez muito pouco para refrear a emissão de carbono no mundo. Suspeita-se que esse era o objetivo desde o princípio. As novas formas organizacionais que foram desenvolvidas para preservação dos peixes nos oceanos implicam um modo de privatização que privilegia o capital corporativo e financeiro de larga escala à custa da pesca em pequena escala.

Em quarto lugar, e talvez essa seja a ideia mais desconfortável de todas, o capital pode perfeitamente continuar a circular e se acumular sob condições de catástrofe ambiental. Desastres ambientais criam oportunidades abundantes para um "capitalismo do desastre" lucrar com prodigalidade. Não necessariamente a morte por inanição de pessoas expostas e vulneráveis e a destruição generalizada de *habitats* prejudicarão o capital (a não ser que provoquem rebelião e revolução), justamente porque grande parte da população mundial já se tornou redundante e descartável. Além disso, o capital nunca hesitou em destruir as pessoas, quando se trata de lucrar. Foi o que aconteceu nos casos trágicos de incêndio e desabamento nas fábricas de tecidos em Bangladesh, que custaram a vida de mais de mil trabalhadores. O descarte de resíduos tóxicos é altamente concentrado em comunidades pobres e vulneráveis (nos Estados Unidos, alguns dos piores sítios de descarte estão localizados nas reservas indígenas) ou em regiões pobres do mundo (baterias tóxicas são tratadas na China em condições insalubres, e navios velhos são desmontados no litoral da Índia e de Bangladesh a um custo humano considerável). Acredita-se que a péssima qualidade do ar no norte da China reduziu mais de cinco anos, desde a década de 1980, a expectativa de vida da população. Essa distribuição injusta dos danos ambientais pode estimular movimentos em favor da justiça ambiental. Mas até agora os protestos sociais não constituem uma ameaça significativa à sobrevivência do capital.

A grande questão subjacente é: sob quais circunstâncias essas dificuldades internas podem ser perigosas, se não fatais, para a reprodução do capital? Para respondê-la, precisamos entender melhor como funciona a unidade contraditória entre o capital e a natureza. Será útil analisarmos aqui como as sete contradições fundamentais do capital afetam essas questões. O capital vê necessariamente a natureza – e devo destacar que ela poderia ser e é considerada de modo muito diferente dentro do capitalismo como um todo – como uma grande reserva de valores de uso potenciais (de processos e coisas) que podem ser usados direta ou indiretamente (por meio da tecnologia) na produção e na realização de valores das mercadorias. A natureza é "um imenso posto de gasolina" (para citar Heidegger), e os valores de uso naturais são monetizados, capitalizados, comercializados e trocados como mercadorias. Só então a racionalidade econômica do capital pode se impor no mundo. A natureza é fracionada e dividida na forma de direitos de propriedade privada garantidos pelo Estado. A propriedade privada implica o cercamento dos bens naturais comuns. Embora seja difícil cercar determinados aspectos da natureza (como o ar que respiramos e os oceanos em que pescamos), podemos imaginar uma variedade de alternativas (em geral com a ajuda do Estado) para monetizar e comercializar todos os aspectos dos bens comuns do mundo natural. Muitas vezes as intervenções do Estado servem para corrigir falhas do mercado. Mesmo que pareçam progressistas, o efeito dessas intervenções é promover a penetração dos processos de mercado e das valorações do mercado em todos os aspectos de nosso mundo vivido. É o caso do comércio de carbono e do crescente mercado de direitos de poluição e compensação ambiental. Quando os bens comuns são privatizados, todos os objetos, coisas e processos existentes neles recebem um valor (às vezes de forma arbitrária, por ordem burocrática), pouco importando se neles foi investido trabalho social ou não. É assim que o capital cria seu ecossistema característico.

Desse modo, as pessoas são livres para extrair riqueza social da posse de uma natureza mercantilizada, inclusive capitalizando-a como riqueza monetária. Isso cria uma base para a formação de uma classe rentista (e proprietária de terras) potencialmente poderosa, que regula o acesso à reserva de valores de uso em virtude de seu poder de monopólio de classe e da renda que extrai da terra. Essa classe é "dona" da natureza da qual precisamos para viver e pode ameaçar a perpetuação do capital, monopolizando toda a riqueza para si. Ricardo (seguindo Malthus) acreditava que o capital estava condenado, como vimos antes, porque as taxas de lucro cairiam inevitavelmente quando a extração de renda e o preço dos alimentos aumentassem. O poder dos rentistas aumenta porque muitos recursos, sendo encontrados em lugares geograficamente específicos, estão sujeitos à concorrência monopolista e, portanto, à extração de rendas de monopólio. O solo urbano e o mercado imobiliário, bem como o mundo dos chamados recursos "naturais", são lugares fecundos para uma classe rentista próspera acumular ainda mais riqueza e poder. Esse poder dos rentistas se estende àquele aspecto da natureza que é interiorizado na circulação do capital como tecnologia. Patentes e direitos de propriedade são estabelecidos a mando dos que produzem natureza na forma de novas tecnologias. Em troca de uma renda monopólica, concedem-se licenças privadas sobre materiais genéticos (sementes, por exemplo), novos métodos e até novos sistemas organizacionais de propriedade privada. Dessa maneira, nas últimas décadas os direitos de propriedade intelectual se tornaram um campo vital de acumulação.

O controle que a classe rentista (por exemplo, proprietários de terra e titulares de direitos de propriedade mineral, agrícola e intelectual) exerce sobre os ativos e os recursos "naturais" permite que crie e manipule a escassez e especule sobre o valor dos ativos que controla. Esse poder é evidente há muito tempo. Hoje, é geralmente aceita, por exemplo, a ideia de que quase todos os períodos de fome dos últimos duzentos anos foram produzidos socialmente, e não determinados pela natureza.

Cada vez que a alta no preço do petróleo provoca um coro de comentários sobre os limites naturais do "pico do petróleo", há um período de remorso pesaroso quando se compreende que foram os especuladores e os cartéis do petróleo que empurraram os preços para cima. Os "assenhoramentos de terra" praticados hoje no mundo inteiro (em especial na África) têm mais a ver com a competição crescente para monopolizar a cadeia de alimentos e recursos com o intuito de extrair renda do que com o temor de que, a qualquer momento, a natureza possa limitar a produção de alimentos e a extração de minérios. O aumento do preço dos alimentos – que vem gerando tanta inquietação nos últimos tempos (e até revoluções no norte da África) – pode ser atribuído em grande parte à manipulação do sistema de valores de troca com o objetivo de obter lucro.

A concepção capitalista da natureza como simples mercadoria reificada gera certa resistência. Há uma batalha entre o modo como o capital conceitua e usa a relação metabólica com a natureza para construir seu próprio ecossistema e os diferentes conceitos de natureza (e atitudes em relação a ela) que existem na sociedade civil e até mesmo no aparelho estatal. Infelizmente, o capital não pode mudar sua maneira de analisar e decompor a natureza em mercadorias e direitos de propriedade privada. Contestar esse fato seria contestar o funcionamento do motor econômico do capitalismo e negar a aplicabilidade da racionalidade econômica do capital à vida social. É por isso que o movimento ecológico, quando vai além de uma política meramente cosmética ou de melhoria, deve ser anticapitalista. O conceito de natureza que sustenta várias filosofias ambientalistas opõe-se radicalmente àquele que o capital tem de impor para se reproduzir. O movimento ambientalista, aliado a outros movimentos, poderia ser uma ameaça séria à reprodução do capital, mas até agora a política dos ambientalistas, por diversas razões, não avançou muito nessa direção. Muitas vezes eles preferem ignorar a ecologia que o capital está construindo e se prendem a questões que podem ser separadas da dinâmica central do capital. Contestar um depósito de lixo, aqui, ou salvar uma espécie ameaçada ou um *habitat* valioso, ali, nunca será fatal para a reprodução do capital.

Agora podemos entender melhor duas coisas. Em primeiro lugar, como é importante que o capital vista o manto da responsabilidade ambiental como fundamento legítimo do ambientalismo das grandes empresas do futuro. Desse modo, ele poderá dominar os discursos ecológicos – isto é, definir a natureza segundo seus termos (em geral monetizados, com o auxílio de análises de custos e benefícios) – e tentar resolver a contradição entre capital e natureza de acordo com seus interesses de classe. Em segundo lugar, quanto mais dominante for o motor econômico do capital nas várias transformações sociais que constituem o capitalismo mundial, maior será o domínio das regras que regem a relação metabólica do capital com a natureza nos discursos públicos, nas políticas públicas e na política *tout court*.

Baseado em que, portanto, eu poderia alçar a uma contradição perigosa, ou talvez até potencialmente fatal, a questão da relação metabólica mutável do capital com a natureza? O fato de o capital ter sido bem-sucedido na resolução dessa dificuldade não garante que o será desta vez. É claro que ser "bem-sucedido" é definido aqui nos termos do capital, ou seja, de lucratividade sustentável. Essa é uma ressalva importante, porque os aspectos ecológicos negativos acumulativos das adaptações anteriores do capital continuam conosco, inclusive o legado dos danos causados no passado. A cada fase da história, a linha básica a partir da qual funciona o ecossistema do capital é muito diferente. Boa parte da floresta tropical, por exemplo, não existe mais, e a concentração de dióxido de carbono na atmosfera está subindo há algum tempo. A suburbanização e o estilo de vida suburbano estão se difundindo (por exemplo, na China). Esse modo de vida está profundamente arraigado nas preferências culturais, na psique das pessoas e numa paisagem física marcada por um alto consumo de energia e pelo desperdício de terra, ar e água.

A diferença desta vez é que estamos num ponto de inflexão importante na taxa de crescimento exponencial da atividade capitalista, e isso tem um impacto exponencial nos níveis de estresse e risco ambiental na ecologia do capital. Para começar, há uma pressão intensa para mercantilizar, privatizar e incorporar cada vez mais aspectos de nosso mundo vivido (inclusive as próprias formas de vida) nos circuitos do capital. Até a identificação genética é reivindicada hoje como propriedade privada. Isso também aumenta a pressão em áreas como mudança climática, perda de diversidade dos *habitats* e capacidade volátil e imprevisível de garantir segurança alimentar e proteção contra novas doenças. A meu ver, há fortes indícios de propagação cancerosa e degradação da qualidade do ecossistema do capital. Boa parte disso está associada também à rápida urbanização e à construção de ambientes urbanizados (às vezes chamados de "segunda natureza") de baixíssima qualidade (como é o caso da urbanização recente da Ásia).

A luta interna do capital em torno de formas de melhorar suas próprias condições ecológicas é contínua e cada vez mais aguda. Consequências ambientais são vivenciadas pelas empresas capitalistas como uma transferência de custos, ou o que os economistas chamam de "externalidades" – definidas como custos reais com os quais o capital não tem de arcar (por exemplo, a poluição que é jogada sem nenhum custo no meio ambiente ou sobre os outros). Até mesmo os economistas de direita reconhecem que isso é uma falha do mercado, um motivo justo para uma intervenção do Estado, com aplicação de impostos compensatórios e ações reguladoras. Mas, como sempre, incertezas e consequências imprevisíveis se ligam tanto à ação quanto à inação nesses assuntos. O maior perigo é que poderes políticos e empresariais recalcitrantes posterguem a ação necessária, e que o ponto de virada irreversível seja ultrapassado antes de o problema ser identificado e resolvido. O ciclo reprodutivo das sardinhas na costa californiana, por exemplo, era desconhecido, e a pesca irrestrita continuou na década de 1930, até que os cardumes chegaram à reprodução zero sem que ninguém se desse conta do problema. As sardinhas nunca mais voltaram àquela região[4]. No caso do Protocolo de Montreal, o horizonte temporal era longo, porque os CFCs presentes na estratosfera levam anos para se dissipar. Compreensivelmente, o capital não lida bem com horizontes temporais desse tipo. Esse é um dos grandes problemas no combate às consequências de longo prazo das mudanças climáticas e da perda de biodiversidade.

Sob a pressão do crescimento exponencial contínuo, é muito provável que a degradação cancerosa se acelere. Não excluo momentos com aparência apocalíptica nesse processo. Está aumentando a frequência com que ocorrem eventos climáticos extremos, por exemplo. Mas eventos catastróficos localizados podem facilmente ser absorvidos pelo capital, uma vez que o predatório "capitalismo do desastre" está sempre disposto a reagir. Na verdade, o capital prospera e evolui por meio da volatilidade dos desastres ambientais localizados, que não só criam novas oportunidades de negócios, como também fornecem um disfarce conveniente para esconder as falhas do capital: a "mãe natureza", caprichosa, imprevisível e teimosa, é quem leva a culpa pelas desgraças que em boa parte são causadas pelo capital. Em contrapartida, a degradação lenta e cancerígena representa um grande problema, para o qual o capital não está preparado e cuja gestão depende da criação de novas instituições e novos poderes.

A escala temporal e geográfica do ecossistema do capital tem mudado em função do crescimento exponencial. Enquanto no passado os problemas eram tipicamente localizados (um rio poluído aqui, uma nuvem tóxica ali), hoje se tornaram mais regionais (chuva ácida, concentrações baixas de ozônio e buracos na camada de ozônio) ou globais (mudança climática, urbanização global, destruição de *habitats*, extinção de espécies e perda de biodiversidade, degradação de ecossistemas oceânicos, florestais e terrestres, e uso descontrolado de compostos químicos artificiais, como fertilizantes e pesticidas, cujos efeitos colaterais são desconhecidos e podem ter uma variedade inimaginável de impactos sobre a terra e a vida em todo o planeta). Em muitos casos, as condições ambientais locais melhoraram, mas os problemas regionais e, sobretudo, globais aumentaram. Consequentemente, hoje a contradição entre capital e natureza excede as ferramentas tradicionais de gestão e ação. No passado as forças do mercado e os poderes estatais se combinavam para resolver os problemas, como o catastrófico nevoeiro tóxico de Londres em 1952, que levou a medidas corretivas na Usina Termelétrica de Battersea, uma vez que

---

[4] Arthur McEvoy, *The Fisherman's Problem: Ecology and Law in the California Fisheries, 1850-1980* (Cambridge, Cambridge University Press, 1990).

esta havia liberado nas camadas superiores da atmosfera poluentes sulforosos resultantes da queima do carvão (gerando depois um problema regional de chuva ácida na Escandinávia que exigiu complicados acordos transnacionais para ser resolvido). Os problemas causados pela poluição não são apenas deslocados de um lugar para o outro. Eles também são resolvidos por dispersão e mudança de escala. Foi o que Larry Summers propôs quando trabalhou como diretor econômico do Banco Mundial. A África, disse ele, era "subpoluída" e seria razoável usá-la como depósito de lixo dos países avançados. Na medida em que muitas das contradições já se "espalharam pelo mundo" nas últimas décadas, temos cada vez menos espaços vazios (se não consideramos depósitos de lixo no espaço cósmico). Isso pode se tornar um problema grave com a aceleração do crescimento exponencial.

Atualmente, quem fala e toma medidas efetivas em relação aos complexos problemas interativos que ocorrem em escala global? *Grosso modo*, os encontros internacionais para discutir os problemas ambientais não levam a lugar nenhum. Ocasionalmente, como no caso da chuva ácida e dos CFCs, acordos transnacionais são celebrados, então a ação não é de todo impossível. Mas esses acordos são apenas uma gota num mar de problemas graves que vêm surgindo gradualmente no ecossistema global do capital. Se o capital não conseguir resolver essas contradições, não será por causa das barreiras naturais, mas de suas próprias falhas econômicas, políticas, institucionais e ideológicas. No caso da mudança climática, por exemplo, o problema não é que não sabemos o que está acontecendo, ou que não sabemos o que fazer (por mais complicado que pareça) em termos amplos. O problema é a arrogância e os interesses particulares de certas facções do capital (e de certos governos e aparelhos de Estado capitalistas), que têm o poder de contestar, atrapalhar e evitar ações que ameacem seus lucros, sua competitividade e seu poder econômico.

O ecossistema do capital é global desde os primórdios, é claro. O comércio internacional de mercadorias implica uma transferência real ou virtual de insumos de uma parte do mundo para outra (água, energia, minério, biomassa e nutrientes, bem como os efeitos do trabalho humano). Esse comércio é a cola que mantém o ecossistema do capital, e é a expansão desse comércio que amplifica e intensifica as atividades dentro do ecossistema. A categoria da transferência ecológica virtual é importante. Ela se refere, digamos, ao modo como a energia usada para fazer alumínio no Canadá chega aos Estados Unidos na forma-mercadoria de alumínio, em oposição à transferência direta de energia do Canadá para os Estados Unidos através de redes elétricas ou oleodutos. O ecossistema do capital está cheio de desigualdades e desenvolvimentos geográficos desiguais, justamente por causa do padrão desigual dessas transferências. Benefícios se amontoam numa parte do mundo em detrimento de outra. Transferências de benefícios ecológicos de uma parte do mundo para outra consolidam as tensões geopolíticas. Isso ajuda a explicar por que a abordagem boliviana do uso da "sua" natureza é tão radicalmente diferente da dos Estados Unidos. Os bolivianos querem manter seu petróleo no subsolo. Por que permitir que seja extraído para ser usado nos Estados Unidos, por exemplo, a troco de uma ninharia em *royalties*? Por que meus recursos deveriam subsidiar seu estilo de vida?

A valorização da natureza ou, como preferem definir os economistas ecológicos, o valor monetário do fluxo de serviços que a natureza fornece ao capital é arbitrário. Às vezes ela leva à exploração indiscriminada dos valores de uso disponíveis até causar um colapso ambiental. Com frequência o capital esgota e até destrói permanentemente os recursos latentes na natureza em determinados lugares. Isso acontece em particular quando o capital é geograficamente móvel. Após esgotarem o solo que utilizavam, os produtores de algodão do sul dos Estados Unidos e os cafeicultores brasileiros simplesmente se transferiam para terras mais férteis, onde as colheitas eram mais fáceis e lucrativas. As colônias foram exploradas em razão de seus recursos, sem nenhum respeito pelo bem-estar das populações locais (geralmente indígenas). A mineração e a exploração de energia e recursos florestais costumam seguir uma lógica semelhante. Mas os efeitos ambientais são localizados: deixam para trás uma paisagem geográfica desigual de cidades mineiras abandonadas, solos esgotados, depósitos de lixo tóxico e valores patrimoniais desvalorizados. Os benefícios ambientais situam-se em outro lugar.

Essas práticas de extração e exploração tornam-se duplamente vorazes e violentas nos sistemas de domínio imperial e colonial. A mineração, a erosão e a extração irregular de recursos deixaram uma chaga nas paisagens do mundo todo, levando em alguns casos à destruição irreversível dos valores de uso necessários para a sobrevivência humana. Em alguns lugares e momentos, é possível construir uma lógica capitalista mais benigna, que combine os princípios de uma gestão ambiental séria com uma lucratividade sustentável. O Dust Bowl dos anos 1930*, por exemplo, levou à difusão de práticas conservadoras de uso da terra (financiadas pelo Estado) e a um projeto de agricultura mais sustentável, embora baseada no alto uso de capital e energia, além de produtos químicos e pesticidas – características do lucrativo agronegócio contemporâneo.

A existência de práticas destrutivas em um lugar não significa necessariamente que existam práticas semelhantes em outro lugar. Pessimistas destacam práticas predatórias em um lugar, e cornucopianos apontam práticas equilibradas em outro.

---

* Dust Bowl foi um período de grandes tempestades de areia nos Estados Unidos e no Canadá, provocadas pela seca e pelo uso intensivo do solo. A remoção da vegetação original e a aragem profunda tornaram o solo suscetível à ação do vento. Grandes nuvens de areia se erguiam durante dias e agravam a seca. Houve três grandes ondas: em 1934, 1936 e 1939-1940. (N. E.)

Ambas coexistem na dinâmica do ecossistema do capital. Infelizmente, carecemos de conhecimentos e instrumentos para chegar a uma estimativa global das perdas e dos benefícios em valores de uso ou mesmo em dinheiro para o planeta (embora imagens de satélite possam ajudar em certos aspectos dos primeiros). Também é extremamente difícil explicar as transferências ecológicas reais e virtuais que ocorrem através do comércio de mercadorias. As siderúrgicas de Sheffield e Pittsburgh fecham e a qualidade do ar melhora milagrosamente, em meio ao desemprego; a China abre siderúrgicas e a poluição atmosférica aumenta radicalmente, reduzindo a expectativa de vida no país. Mais uma vez, os problemas de poluição não são resolvidos, mas deslocados. Contudo, benefícios e perdas desiguais quase sempre resultam em proveito para os ricos e poderosos, deixando os pobres e os vulneráveis em situação ainda pior. Foi nisso, no fim das contas, que sempre consistiu o imperialismo extrativo.

Na ausência de conhecimento seguro sobre o funcionamento do ecossistema do capital, é difícil emitir um juízo claro sobre a degradação ambiental como elemento fatal para a expansão contínua do capital. A situação em si indica, talvez, um perigo fundamental: além de não termos os instrumentos necessários para fazer uma boa gestão do ecossistema do capital, temos de enfrentar uma incerteza considerável em relação a toda uma gama de questões socioecológicas que é preciso abordar. Sabemos que a escala espacial e a escala temporal das questões ambientais mudaram radicalmente, e que o quadro institucional que possibilita a gestão nessas escalas está claramente atrasado. Também sabemos que as medidas necessárias para nos proteger dessas mudanças catastróficas podem não ser criadas e aplicadas a tempo, mesmo que haja vontade política das partes envolvidas para aplicar ações preventivas.

A postura geral que parece prudente adotar diante dessas ressalvas é a seguinte: não há nada de natural nos chamados desastres naturais, e a humanidade sabe o suficiente para atenuar ou controlar a ameaça da maioria das catástrofes ambientais (ainda que não de todas). É improvável, porém, que o capital tome as ações necessárias sem luta, tanto entre suas facções beligerantes quanto com os outros que são afetados pela conveniente transferência de custos que vem ocorrendo. Os problemas persistem por razões políticas, institucionais e ideológicas e não podem ser atribuídos aos limites naturais.

Se há sérios problemas na relação entre o capital e a natureza, então isso é uma contradição interna, e não externa, do capital. Não podemos sustentar que o capital tem o poder de destruir seu próprio ecossistema e ao mesmo tempo, arbitrariamente, negar que ele tem uma força potencial semelhante para se sanear e resolver (ou ao menos equilibrar de modo apropriado) suas contradições internas. O capital, normalmente impulsionado ou estimulado pelos poderes do Estado (que muitas vezes são incoerentes no que diz respeito às políticas ambientais adotadas em conjunto), ou influenciado pela pressão da sociedade capitalista em geral, tem reagido muito bem a essas contradições. Os rios e o ar no norte da Europa e da América do Norte são muito mais limpos hoje do que eram uma geração atrás, e a expectativa de vida não caiu, como aconteceu no norte da China, mas aumentou. Restringindo o uso de CFCs, o Protocolo de Montreal reprimiu (embora imperfeitamente) uma séria ameaça ambiental. Os efeitos nocivos do DDT também foram reprimidos, apenas para citar um exemplo entre muitos. No caso do Protocolo de Montreal, o que fez a diferença foi a conversão de Margaret Thatcher, conservadora e entusiasta do livre-mercado, em ativa defensora do acordo intergovernamental (em parte porque tinha formação em química e entendia os problemas técnicos envolvidos). Quanto à mudança climática, há muita gente em posição de poder negando sua existência e impedindo que se adotem ações de melhoria, e até agora não apareceu nenhuma Margaret Thatcher para nos salvar. A defesa da causa climática está nas mãos de alguns dos países mais pobres e mais diretamente ameaçados do mundo, como Bolívia e Ilhas Maldivas. Sendo assim, não estamos em condições de saber se o capital seria capaz de fazer os ajustes necessários para resolver efetivamente o problema.

A maior parte das informações disponíveis hoje não sustenta a tese de um colapso iminente do capitalismo diante dos perigos ambientais. Não vamos ficar sem energia, apesar do "pico do petróleo"; há terra e água suficientes para alimentar durante muitos anos uma população em crescimento, mesmo que esse crescimento seja exponencial. Caso haja escassez deste ou daquele recurso, somos inteligentes o bastante para descobrir substitutos. Os recursos são avaliações tecnológicas, econômicas e culturais dos valores de uso da natureza. Se tivermos a sensação de que haverá alguma escassez natural, podemos simplesmente mudar a tecnologia, a economia e as crenças culturais. Mesmo os problemas relacionados ao aquecimento global, à diminuição de biodiversidade e à configuração de novas doenças – que ganharam o *status* de principais ameaças à vida humana – podem ser resolvidos de forma adequada se superarmos nossa visão de mundo estreita e nossas deficiências políticas. Obviamente, é pedir demais uma resposta de nossas instituições políticas. Por isso, certamente teremos guerras por recursos, fome em alguns lugares e milhões de refugiados ambientais em outros, além de turbulências frequentes no comércio. Mas nada disso é ditado pelos limites da natureza. Não poderemos culpar ninguém, exceto a nós mesmos, se boa parte da humanidade cair na miséria e na fome – e, se isso acontecer, será mais um indicador da estupidez e da venalidade humanas do que qualquer outra coisa. Infelizmente, há sinais abundantes de que ainda teremos de enfrentar muita fome e penúria, bem como indícios de que o próprio capital fomenta-as e prospera com elas. Mas isso não dará um fim ao capital.

Isso nos leva ao âmago do que poderia ser tão ameaçador para o futuro do capital dentro da unidade metabólica contraditória de capital e natureza. As duas respostas são um tanto surpreendentes. A primeira diz respeito ao poder crescente da classe rentista de se apropriar de toda a riqueza e renda sem levar em conta a produção. A propriedade, a mercantilização e a escassez "natural" da terra permitem que uma classe improdutiva de proprietários de terra extraia rendas de monopólio à custa do capital produtivo, em última instância reduzindo a taxa de lucro a zero (e, consequentemente, o incentivo ao reinvestimento). Isso corresponde, como vimos, a um conceito mais amplo de rentista, que combina o proprietário tradicional de terras com todas as formas de propriedade imobiliária que são improdutivas em si, mas facilitam a apropriação de renda e riqueza. A apropriação das forças naturais e a ocupação dos pontos fundamentais do ecossistema do capital podem representar uma ameaça de estrangulamento do capital produtivo.

O segundo motivo por que essa contradição pode ser fatal reside em uma dimensão totalmente diferente e repousa sobre a resposta humana alienada ao tipo de sistema ecológico que o capital constrói. Esse ecossistema é funcionalista, projetado e tecnocrático. É privatizado, comercializado, monetizado e voltado para a maximização da produção de valores de troca (rendas, em particular) por meio da apropriação e da produção de valores de uso. Como todos os outros aspectos do capital, ele é cada vez mais automatizado. Emprega capital e energia intensivos e geralmente exige pouquíssima mão de obra. Na agricultura, tende à monocultura, à extração e, é claro, à expansão perpétua sob pressão do crescimento exponencial. Na urbanização, os subúrbios são igualmente monocultores, têm um estilo de vida que maximiza de forma espantosamente perdulária o consumo de bens materiais e gera um efeito social isolador e individualizante. O capital controla as práticas pelas quais nos relacionamos coletiva e individualmente com a natureza. Ele não considera nada além dos valores estéticos funcionalistas. Em sua abordagem nociva da beleza pura e da infinita diversidade do mundo natural (do qual todos fazemos parte), exibe qualidades totalmente infrutíferas. Se a natureza é fecunda, dada à perpétua criação de novidade, o capital corta essa novidade em pedaços e junta as partes em tecnologia pura. O capital carrega dentro de si uma definição seca não só da diversidade abundante do mundo natural, mas da tremenda potencialidade da natureza humana para fazer evoluir livremente suas capacidades e potencialidades. A relação do capital com a natureza e com a natureza humana é extremamente alienante.

O capital não pode senão privatizar, mercantilizar, monetizar e comercializar todos os aspectos possíveis da natureza. Só assim pode absorver cada vez mais a natureza para que se torne uma forma de capital – uma estratégia de acumulação – que chega ao nosso DNA. Essa relação metabólica se expande e se intensifica necessariamente como resposta ao crescimento exponencial do capital; ela é imposta em terrenos cada vez mais problemáticos. As formas de vida, o material genético, os processos biológicos, o conhecimento da natureza e a inteligência para usar suas qualidades, capacidades e potencialidades (sejam artificiais ou distintivamente humanas), tudo isso é subsumido na lógica da comercialização. A colonização do nosso mundo vivido pelo capital se acelerou. A acumulação exponencial sem fim e cada vez mais irracional do capital é acompanhada de uma extensão sem fim e cada vez mais irracional da ecologia do capital ao nosso mundo vivido.

Isso provoca reações, reviravoltas e resistências. O prazer de contemplar um pôr do sol, o cheiro da chuva fresca ou o prodígio de uma tempestade, até a brutalidade de um tornado, não podem ser reduzidos a uma medida monetária crua. A reclamação de Polanyi de que a imposição da forma-mercadoria no mundo natural é não só "esquisita", mas também inerentemente destrutiva, vai muito além da ideia de que as forças e potências naturais são abaladas e destruídas até se tornarem inúteis para o capital. O que se destrói é nossa capacidade de sermos humanos de qualquer outra maneira que não seja aquela exigida e ditada pelo capital. Muitas pessoas veem isso como uma ofensa à "verdadeira" natureza e, por extensão, à possibilidade de uma natureza humana diferente e melhor.

A ideia de que o capital exige a destruição de uma natureza humana digna e sensível já foi entendida há muito tempo. Provocou desde cedo uma revolta estética, liderada pelo movimento romântico, contra uma abordagem puramente científica da modernidade capitalista. Na ecologia pura, levou a uma visão não antropocêntrica da construção de nós mesmos em relação ao mundo que nos cerca. Na ecologia política e social, produziu análises anticapitalistas fortemente críticas. Na obra crítica da Escola de Frankfurt, promoveu o surgimento de um marxismo mais sensível ao meio ambiente, na qual a dialética e a "revolta" da natureza ganham posição de destaque[5]. A chamada "revolta da natureza" não é a de uma mãe natureza furiosa e atormentada (como creem certas tradições indígenas, e como gostam de retratá-la os apresentadores dos canais de meteorologia). Na verdade, trata-se de uma revolta da nossa própria natureza contra quem temos de nos tornar para sobreviver no ecossistema que o capital necessariamente constrói. Essa revolta atravessa todo o espectro político – os conservadores das regiões rurais estão tão

---

[5] Arne Naess, *Ecology, Community and Lifestyle* (Cambridge, Cambridge University Press, 1989); William Leiss, *The Domination of Nature* (Boston, Beacon, 1974); Martin Jay, *A imaginação dialética: história da Escola de Frankfurt e do Instituto de Pesquisas Sociais 1923-1950* (trad. Vera Ribeiro, Rio de Janeiro, Contraponto, 2008); Murray Bookchin, *The Philosophy of Social Ecology: Essays on Dialectical Naturalism* (Montreal, Black Rose, 1990); Richard Peet, Paul Robbins e Michael Watts, *Global Political Ecology* (Nova York, Routledge, 2011); John Bellamy Foster, *A ecologia de Marx: materialismo e natureza* (trad. Maria Tereza Machado, Rio de Janeiro, Civilização Brasileira, 2005).

indignados quanto os liberais e os anarquistas das cidades com a mercantilização, monetização e comercialização de todos os aspectos da natureza.

Estão plantadas as sementes de uma revolta humanista contra a inumanidade pressuposta na redução da natureza e da natureza humana à pura forma-mercadoria. A alienação da natureza é a alienação do potencial da nossa espécie. Isso gera um espírito de revolta no qual palavras como dignidade, respeito, compaixão, cuidado e afeto se tornam *slogans* revolucionários, e valores como verdade e beleza substituem os cálculos frios do trabalho social.

Contradição 17
A revolta da natureza humana: alienação universal

Não é de todo impossível que, a um certo custo, o capital consiga sobreviver às contradições examinadas até aqui. Poderia fazê-lo, por exemplo, apoiado numa elite oligárquica capitalista que supervisionaria a eliminação genocida da população excedente e descartável do mundo, ao mesmo tempo que escravizaria o restante e construiria ambientes artificiais isolados para se proteger da devastação de uma natureza externa que se tornou tóxica, infértil e destrutivamente selvagem. Há muitas histórias distópicas que descrevem uma grande variedade de mundos semelhantes, e seria um equívoco vê-las como projetos impossíveis para o futuro de uma humanidade menos-que-humana. Na verdade, há algo assustadoramente próximo em algumas dessas histórias, como na ordem social retratada na trilogia adolescente *Jogos vorazes*, de Suzanne Collins*, ou nas sequências futuristas e anti-humanistas de *Cloud Atlas*, de David Mitchell. Claramente, qualquer ordem social desse tipo só poderia existir com base no controle mental fascista e no exercício contínuo da vigilância e da violência policial, acompanhados de repressões militares periódicas. Quem não percebe elementos desse mundo distópico já em execução ao nosso redor está enganando a si mesmo de maneira extremamente cruel.

O resultado, no entanto, não é que o capital não pode sobreviver a suas contradições, mas que o custo dessa sobrevivência se torna inaceitável para a maioria da população. A esperança é que, muito antes de as tendências distópicas passarem de uns poucos ataques de *drones*, aqui, e do uso ocasional de gases venenosos contra o povo por parte de governantes malucos, ali, ou de políticas homicidas e incoerentes contra todas as formas de oposição, em um lugar, e de desastres ambientais e

---

* Ed. bras.: trad. Alexandre D'Elia, Rio de Janeiro, Rocco, 2010-2011. (N. E.)

fome generalizada, em outro, para uma verdadeira avalanche de lutas catastróficas e desigualmente armadas em todo o mundo, jogando os ricos contra os pobres e os capitalistas privilegiados e seus covardes acólitos contra todo o resto... a esperança é que surjam movimentos sociais e políticos que digam "Já basta!" e mudem nosso modo de viver e amar, sobreviver e nos reproduzir. Deveria ser óbvio que isso significa substituir o motor econômico e suas racionalidades econômicas irracionais associadas. O que não está claro é como isso deveria ser feito ou, ainda mais obscuro, qual motor econômico poderia substituir o motor do capital, dados o estado atual do pensamento e a lamentável escassez de um debate público construtivo em torno de tal questão. Nessa análise, entender as contradições do capital é mais do que útil, pois, como disse o dramaturgo alemão Bertolt Brecht, "a esperança está latente nas contradições".

Quando escavamos essa zona de esperança latente, devemos aceitar desde o princípio algumas proposições básicas. Em *O enigma do capital*, eu concluí: "O capitalismo nunca vai cair por si próprio. Terá de ser empurrado. A acumulação do capital nunca vai cessar. Terá de ser interrompida. A classe capitalista nunca vai entregar voluntariamente seu poder. Terá de ser despossuída"[1]. Ainda tenho a mesma opinião e acredito que é vital que outros a tenham também. Obviamente, para realizar a tarefa serão necessários um movimento político forte e muito comprometimento individual. Esse movimento não funcionará sem uma visão ampla e convincente de uma alternativa em torno da qual se possa aglutinar uma subjetividade política coletiva. Que tipo de visão pode dar vida a esse movimento político?

Podemos tentar mudar o mundo gradualmente, pouco a pouco, favorecendo determinado aspecto de uma contradição (como o valor de uso) em detrimento de outro (como o valor de troca), ou promovendo o enfraquecimento e a dissolução das contradições particulares (como a que permite o uso do dinheiro para a apropriação privada da riqueza social). Podemos tentar mudar as trajetórias definidas pelas contradições mutáveis (buscando tecnologias não militaristas e mais igualdade num mundo de liberdades democráticas). Como procurei mostrar aqui, entender as contradições do capital ajuda a desenvolver uma visão de longo prazo da *direção* geral que deveríamos seguir. Da mesma maneira que o advento do capitalismo neoliberal na década de 1970 direcionou o desenvolvimento do capital para a privatização e a comercialização, para o domínio mais enfático do valor de troca e para uma absoluta paixão fetichista pelo poder monetário, um movimento antineoliberal pode nos colocar num rumo estratégico totalmente diferente nas próximas décadas. Há indícios na literatura e nos movimentos sociais de que existe ao menos a vontade de

---

[1] David Harvey, *O enigma do capital*, cit., p. 209.

redesenhar um capitalismo baseado em relações mais sensíveis ecologicamente e em níveis mais elevados de justiça social e governança democrática[2].

Há virtudes nessa abordagem gradual. Ela propõe um movimento pacífico e não violento rumo àquele tipo de mudança social que testemunhamos nos primeiros estágios dos protestos das praças Tahrir, Syntagma e Taksim, embora nos três casos as autoridades estatais e policiais tenham respondido com uma violência e uma brutalidade inacreditáveis, provavelmente porque esses movimentos tiveram a ousadia de ir além dos limites da tolerância repressiva. Ela tenta unir estrategicamente as pessoas em torno de temas comuns, porém limitados. Também pode ter impactos de longo alcance se houver efeitos contagiosos em cascata de uma contradição para outra. Imagine como seria o mundo se a dominação do valor de troca e o comportamento alienado associado à busca de poder monetário, como descreveu Keynes, fossem simultaneamente reduzidos e o poder das pessoas privadas para lucrar com a riqueza social fosse radicalmente reprimido. Imagine, ainda, se a alienação da experiência contemporânea do trabalho, do consumo compensatório que nunca satisfaz, dos níveis incalculáveis de desigualdade econômica e discordância na relação com a natureza diminuísse por conta de uma onda de descontentamento popular com os excessos do capital. Viveríamos num mundo mais humano, com níveis bem reduzidos de desigualdade social e conflitos, e muito menos opressão e corrupção na política.

Isso não diz como os movimentos de oposição – altamente fragmentados, mas numerosos – podem convergir e se juntar num movimento solidário mais unificado contra o domínio do capital. A abordagem gradual não registra e não enfrenta a maneira como as contradições do capital se relacionam entre si para formar um todo orgânico. Precisamos urgentemente de uma concepção mais catalítica que fundamente e anime a ação política. Uma subjetividade política coletiva tem de se aglutinar em torno de conceitos fundamentais sobre a constituição de um motor econômico alternativo, caso os poderes do capital sejam confrontados e superados. Sem isso, o capital não pode ser espoliado nem suplantado. Para mim, o conceito mais apropriado aqui é o de *alienação*.

O verbo "alienar" tem uma variedade de sentidos. Como termo jurídico, significa transferir para outrem um direito de propriedade. Alieno um pedaço de terra quando o vendo a alguém. Como relação social, refere-se à alienação (transferência, desvio) de afetos, lealdades e confiança de uma pessoa, instituição ou causa política para outra. A alienação (perda) de confiança (em pessoas ou instituições como a lei, os bancos, o sistema político) pode ser extremamente nociva para o

---

[2] Ver discussão em Immanuel Wallerstein et al., *Does Capitalism Have a Future?*, cit.

tecido social. Como termo psicológico passivo, "alienação" significa se isolar e se distanciar de uma ligação afetiva valiosa. Ela é vivenciada e interiorizada como tristeza e pesar por uma perda indefinível, que não pode ser recuperada. Como estado psicológico ativo, significa sentir raiva e hostilidade quando se é ou se sente oprimido, desprovido ou espoliado, e extravasar essa raiva e hostilidade contra o mundo, muitas vezes partindo para o ataque sem razão definida nem objetivo racional. Comportamentos alienados podem surgir, por exemplo, porque as pessoas se sentem frustradas com a falta de oportunidades de vida, ou porque sua busca de liberdade acaba em dominação.

Essa diversidade de significados é útil. O trabalhador aliena legalmente o uso de sua força de trabalho por determinado período para o capitalista e recebe em troca um salário. Durante esse tempo, o capitalista exige lealdade e atenção do trabalhador, e o trabalhador deve confiar que o capitalismo é o melhor sistema de geração de riqueza e bem-estar para todos. No entanto, o trabalhador é isolado de seu produto, dos outros trabalhadores, da natureza e de todos os outros aspectos da vida social enquanto durar o contrato de trabalho e geralmente até depois (dada a natureza exaustiva do trabalho). Privação e despossessão são vivenciadas e interiorizadas pelo trabalhador como uma sensação de perda e pesar diante da frustração de seus instintos criativos. Por fim, ele abandona a melancolia e o mau humor e sente raiva da fonte imediata de sua alienação: o chefe que o faz trabalhar demais ou o cônjuge que quer jantar e fazer sexo sem se solidarizar com seu cansaço. Nesse estado totalmente alienado, o trabalhador joga areia no motor da máquina no trabalho ou atira xícaras no cônjuge em casa.

O tema da alienação está presente em muitas das contradições que examinei aqui. O contato tátil com a mercadoria – seu valor de uso – é perdido e a relação sensorial com a natureza é obstruída pela dominação do valor de troca. O valor social e o significado do trabalho ficam obscurecidos na forma representacional do dinheiro. A capacidade de tomar decisões coletivas de maneira democrática é perdida na batalha perpétua entre as racionalidades conflitantes dos interesses privados isolados e dos poderes de Estado. A riqueza social desaparece no bolso de pessoas privadas (produzindo um mundo de riqueza privada e miséria pública). Os produtores diretos de valor são alienados do valor que produzem. A formação de classes cria um abismo intransponível entre as pessoas. A proliferação da divisão do trabalho torna cada vez mais difícil ver o todo em relação a partes cada vez mais fragmentadas. Todas as perspectivas de igualdade ou justiça sociais se perdem, e a universalidade da igualdade perante a lei é anunciada como a suprema virtude burguesa. Transbordam os ressentimentos acumulados diante da acumulação por espoliação no âmbito da realização do capital (por exemplo, despejos e execuções hipotecárias). A liberdade se torna dominação, a escravidão é liberdade.

O problema político catalítico que deriva disso é identificar, enfrentar e superar as muitas formas de alienação produzidas pelo motor econômico do capital e canalizar a energia contida, a fúria e a frustração para uma oposição anticapitalista coerente. Será que nos atrevemos a esperar uma relação inalienada (ou no mínimo menos alienada e mais humanamente aceita) com a natureza, o outro, o trabalho que executamos e o modo como vivemos e amamos? Para isso acontecer, temos de entender a fonte de nossas alienações. E é exatamente isso que o estudo das contradições do capital tanto contribui para esclarecer.

A abordagem marxista tradicional da transformação revolucionária para o socialismo/comunismo é focalizar a contradição entre as forças produtivas (tecnologia) e as relações sociais (classe). Na tradição dos partidos comunistas, essa transição era vista não como uma questão subjetiva, psicológica e política, mas científica e técnica. A discussão desconsiderou a alienação, porque era um conceito não científico com ares de humanismo e desejo utópico articulados pelo jovem Marx nos *Manuscritos econômico-filosóficos* de 1844, e não pela ciência objetiva de *O capital*. Essa postura cientificista não conseguiu capturar a imaginação política das alternativas viáveis, apesar das crenças apaixonadas dos defensores da causa comunista. Tampouco conseguiu apresentar uma razão espiritualmente convincente e subjetiva (em vez de cientificamente necessária e objetiva) para mobilizar as armas no oceano da luta anticapitalista. Não conseguiu nem sequer enfrentar a loucura da razão econômica e política prevalecente (em parte porque o comunismo científico abarcou muito dessa razão econômica e seu apego fetichista à produção pela produção). Na verdade, não conseguiu desmascarar os fetichismos e as ficções difundidas em nome das classes dominantes para proteger a si mesmas de qualquer dano. Por isso, o movimento comunista tradicional estava em constante perigo de reproduzir involuntariamente esses fetichismos e ficções. Além disso, foi vítima das visões estáticas e dogmáticas dos líderes de um partido de vanguarda todo-poderoso. O centralismo democrático, que funcionava muito bem na oposição e em momentos de repressão violenta, mostrou que era um fardo desastroso à medida que o movimento se aproximava do exercício de seu poder legítimo. Sua busca de liberdade produziu dominação.

No entanto, há mais do que um grão de verdade na ideia de uma contradição central entre as revoluções nas forças produtivas e suas relações sociais conflituosas e contraditórias. Há, como vimos no caso da Contradição 8, uma profunda conexão entre a evolução técnica do capital e a transformação radical do trabalho e do valor social. Mas existem outras implicações quando abordamos essa e outras contradições (como as que surgem das divisões do trabalho) do ponto de vista da alienação. André Gorz foi o primeiro a esclarecer essa questão, por isso apenas sigo seu raciocínio.

"A racionalização econômica do trabalho" que ocorre com o desenvolvimento capitalista dos poderes tecnológicos, escreve Gorz, produz "indivíduos que, alienados em seu trabalho, serão necessariamente alienados em seu consumo e, consequentemente, em suas necessidades". Quanto mais dinheiro os indivíduos tiverem disponível (e, como vimos, o dinheiro tem o potencial de crescer sem limite, mesmo quando é depositado em contas bancárias individuais), mais suas necessidades individuais aumentarão, se esses indivíduos tiverem de representar o papel econômico de "consumidores racionais" ("racionais" do ponto de vista do capital). Desse modo, estabelece-se uma relação dialética, uma espiral de interações, entre o desejo de dinheiro e uma economia de necessidades fomentada no interior da ordem social. A ideia de uma boa vida estável e de um bem viver com exigências modestas é substituída por um desejo insaciável de obter mais e mais poder financeiro para dominar mais e mais bens de consumo. O resultado é "eliminar a antiga ideia de liberdade e autonomia existencial" e trocar a liberdade verdadeira pelas liberdades limitadas de uma luta interminável para participar do mercado e ganhá-lo[3].

Vamos analisar os detalhes desse argumento. Segundo Gorz:

> A questão essencial é até que ponto as habilidades e faculdades empregadas por um trabalho constituem uma cultura ocupacional, e até que ponto há unidade entre a cultura ocupacional e a cultura da vida cotidiana – entre trabalho e vida. Até que ponto, em outras palavras, o envolvimento do indivíduo no trabalho implica o enriquecimento ou o sacrifício de seu ser individual.

Aparentemente, a tecnologia do trabalho é indiferente a essa questão, mas, como vimos, grande parte da dinâmica da mudança tecnológica foi planejada para desempoderar e diminuir o trabalhador. Essa trajetória para a inovação é profundamente incompatível com o enriquecimento da vida do trabalhador. A tecnologia não origina e não pode originar uma cultura distintiva acima e além do que ela mesma domina. A violência da tecnologia está na maneira como ela corta o elo entre a pessoa e a interação sensorial com o mundo. Isso é, diz Gorz, "uma forma de repressão que nega nossa própria sensibilidade". A ternura e a compaixão não são permitidas. A natureza, como vimos, é tratada "de modo instrumental":

> [isso] violenta a natureza, nosso próprio corpo e o corpo das outras pessoas. A cultura da vida cotidiana é – com toda a perturbadora ambiguidade que essa criação antinômica

---

[3] André Gorz, *Critique of Economic Reason*, cit., p. 22.

contém – uma cultura da violência ou, em sua forma mais extrema, uma sistemática, planejada, sublimada e degradada *cultura da barbárie*.[4]

Evidentemente, isso fica mais claro quando pensamos em ataques de *drones* e câmaras de gás. Mas o argumento de Gorz é que isso também penetra profundamente no núcleo da vida cotidiana através dos instrumentos que usamos diariamente para vivê-la, entre eles os que manipulamos no trabalho.

Há, é claro, um desejo profundo na cultura popular de humanizar de alguma maneira os impactos dessa cultura infrutífera da tecnologia. Vemos isso no modo como os replicantes em *Blade Runner, o caçador de androides* adquirem sentimentos, ou o clone Sonmi-451 aprende uma linguagem expressiva em *Cloud Atlas*, ou ainda os robôs de *Wall-E* aprendem a chorar e se preocupar, enquanto os seres humanos, abarrotados de bens de consumo compensatórios, flutuam passivamente, cada um em uma poltrona mágica, sobre um mundo em ruínas que os robôs tentam pôr em ordem; ou então, mais negativamente, como HAL, o computador de *2001: uma odisseia no espaço*, se transforma num vigarista. A mera impossibilidade desse sonho de tecnologia humanizadora não impede sua repetida manifestação. Assim, onde podemos encontrar uma maneira mais humana de reconstruir nosso mundo?

Continua Gorz:

> O trabalho não é apenas criação de riqueza econômica; ele também é sempre um meio de autocriação. Portanto, também devemos perguntar, a propósito dos conteúdos do nosso trabalho, se o trabalho produz o tipo de homens e mulheres que gostaríamos que constituísse a humanidade.[5]

Sabemos que muitos, talvez a maioria, dos trabalhadores não são felizes com o que fazem. Por exemplo, uma pesquisa extensa realizada pela Gallup nos Estados Unidos mostrou que cerca de 70% das pessoas que trabalham em tempo integral ou odiavam ir para o trabalho ou se afastaram mentalmente dele, tornando-se sabotadores que espalham descontentamento e cuja perda de eficiência pesa no bolso do empregador. Os 30% que se sentiam comprometidos com o trabalho eram basicamente o que Gorz chamou de trabalhadores "reprofissionalizados" (designers, engenheiros e gestores de sistemas tecnológicos altamente complexos). Essa classe de trabalhadores, pergunta Gorz, está "mais próxima de um possível ideal de humanidade do que o tipo mais tradicional de trabalhador? As tarefas complexas que recebem preenchem a vida deles, dão sentido a ela, sem ao mesmo tempo

---
[4] Ibidem, p. 86.
[5] Ibidem, p. 80.

distorcê-la? Como, em suma, esse trabalho é vivido?". A violência da cultura técnica pode ser transcendida?

A resposta de Gorz é desencorajadora. Certamente a tecnologia pode ser usada "para aumentar a eficiência do trabalho e reduzir o esforço envolvido e as horas de dedicação", mas isso tem um preço. "Ela separa o trabalho da vida, e a cultura ocupacional da cultura da vida cotidiana; requer uma dominação despótica do sujeito em troca de uma dominação maior da natureza; reduz o campo da experiência vivida e da autonomia existencial; separa o produtor do produto até que aquele não conheça mais o propósito do que faz". Se isso não é uma alienação total dentro do processo de trabalho, então o que é?

"O preço que temos de pagar pela tecnicização só é aceitável", continua Gorz, "se houver economia de tempo e trabalho. Esse é o objetivo declarado e não pode haver outro. É nos permitir produzir mais e melhor em menos tempo e com menos esforço." Não há nenhuma ambição aqui de que "o trabalho preencha a vida do indivíduo e seja sua principal fonte de sentido". Isso define o cerne da contradição dentro do processo de trabalho. Ao poupar tempo e esforço no trabalho, a tecnologia destrói todo o sentido para o trabalhador. "Um trabalho com o efeito e o objetivo de poupar trabalho não pode, ao mesmo tempo, enaltecer o trabalho como principal fonte de identidade e realização pessoal. O significado da revolução tecnológica atual não pode ser reabilitar a ética do trabalho e a identificação com o trabalho." Ela só poderia ter sentido se libertasse o trabalhador da árdua tarefa laboral em troca de "atividades não laborais em que todos nós, inclusive o novo tipo de trabalhador, desenvolvêssemos aquela dimensão da nossa humanidade que não encontra saída no trabalho tecnicizado"[6].

> Quer tome a forma de desemprego, marginalização e falta de estabilidade no emprego, quer de uma redução geral das horas de trabalho, a crise da sociedade baseada no trabalho (ou seja, baseada no trabalho segundo o sentido econômico da palavra) obriga os indivíduos a procurar fora do trabalho as fontes de identidade e pertencimento social.

É somente fora do trabalho que o trabalhador tem a possibilidade de se realizar pessoalmente, adquirir autoestima e, consequentemente, "a estima dos outros"[7].

A sociedade como um todo foi forçada a fazer uma escolha existencial: ou a esfera econômica da acumulação do capital era cerceada para permitir o livre desenvolvimento das capacidades e potencialidades humanas sem a tirania do mercado e do trabalho, "ou então a racionalidade econômica teria de fazer com que as neces-

---

[6] Ibidem, p. 87-8.
[7] Ibidem, p. 100.

sidades dos consumidores crescessem pelo menos tão rápido quanto a produção de mercadorias e serviços mercantilizados". Esse é exatamente o problema que Martin Ford identifica, exceto que ele evita falar de qualquer alternativa à racionalidade econômica capitalista. Mas nessa última eventualidade – o caminho que foi realmente escolhido – "o consumo teria de ser [organizado] a serviço da produção. A produção não teria mais a função de satisfazer as necessidades existentes da maneira mais eficiente possível; ao contrário, as necessidades é que teriam cada vez mais a função de permitir à produção continuar crescendo". O resultado foi paradoxal:

> A eficiência máxima ilimitada na [realização] do capital exigia uma ineficiência máxima ilimitada na satisfação das necessidades, e um desperdício máximo ilimitado no consumo. Era preciso romper as fronteiras entre necessidades e desejos; era preciso criar o desejo de produtos mais caros, mas com um valor de uso igual ou menor que os anteriores; era preciso tornar absolutamente necessário o que antes era apenas desejado. Em suma, era preciso criar uma demanda, criar consumidores para os produtos que fossem mais rentáveis de se produzir e, com esse objetivo, reproduzir incessantemente novas formas de escassez no cerne da opulência, pela inovação acelerada e obsolescência, pela reprodução de desigualdades em um nível cada vez mais elevado.[8]

Para a maioria das pessoas, a criação de necessidades tinha prioridade sobre a satisfação de necessidades.

"A racionalidade econômica precisava elevar continuamente o nível de consumo sem aumentar a taxa de satisfação; recuar a fronteira do suficiente, manter a impressão de que não pode haver o suficiente para todos." A estratificação do consumo, em que o consumismo de uma classe ociosa abastada e parasita dava as ordens e mostrava o caminho, tornou-se crucial para garantir a realização de valor. É isso que Thorstein Veblen expõe de maneira tão brilhante em *Teoria da classe ociosa*, publicado em 1899. No entanto, hoje sabemos que, se essa classe não existisse, teria de ser inventada[9]. O consumismo alienante é necessário para resolver o dilema de uma demanda efetiva em queda, produzida pela contenção salarial e pelo desemprego induzido tecnologicamente na massa dos trabalhadores. Estes, mergulhados num mar de consumo cada vez mais ostensivo, veem-se tentando maximizar freneticamente sua renda, trabalhando cada vez mais para atender a necessidades artificialmente exacerbadas e manter-se no nível dos outros.

---

[8] Ibidem, p. 114.
[9] Thorstein Veblen, *A teoria da classe ociosa: um estudo econômico das instituições* (trad. Olívia Krähenbühl, São Paulo, Abril Cultural, 1983).

Em vez de trabalhar menos horas, como permitiriam as novas tecnologias, a massa da população se vê trabalhando mais. Observe que isso também tem um fim social. Permitir tempo livre para que mais indivíduos busquem seus objetivos de realização é terrível para as perspectivas do controle sólido e contínuo do capital sobre o trabalho, tanto no local de trabalho quanto no mercado. Na "racionalidade econômica [capitalista] não há lugar para o tempo autenticamente livre, que não produz nem consome riquezas mercantis", escreve Gorz. "Ela exige o emprego em tempo integral dos indivíduos empregados, em virtude não de uma necessidade objetiva, mas de sua lógica originária; os salários devem ser fixados de maneira a incentivar os trabalhadores ao máximo esforço." As reivindicações salariais dos sindicatos "são, na verdade, as únicas reivindicações que não destroem a racionalidade do sistema econômico". O consumo racional – quer dizer, racional em relação à acumulação perpétua do capital – torna-se uma necessidade absoluta para a sobrevivência do capital.

> As reivindicações relacionadas às horas e à intensidade do trabalho, sua organização e natureza, por outro lado, carregam no ventre um radicalismo subversivo; não podem ser resolvidas com dinheiro, atacam a racionalidade econômica em sua substância e, através dela, o poder do capital. A "ordem mercantilista" é fundamentalmente desafiada quando as pessoas descobrem que nem todos os valores são quantificáveis, que o dinheiro não pode comprar tudo, e aquilo que ele não pode comprar é essencial, ou talvez o mais essencial.[10]

Como diz uma famosa campanha publicitária: "Existem coisas que o dinheiro não compra, para todas as outras existe Mastercard".

> Persuadir os indivíduos de que os serviços e bens de consumo que são oferecidos a eles compensam adequadamente os sacrifícios que devem fazer para consegui-los e que esse consumo constitui um refúgio de felicidade individual que os separa da multidão faz parte da esfera da publicidade comercial.

Aqui os "loucos" [*mad men*] da publicidade (hoje responsáveis por grande parte da atividade econômica nos Estados Unidos) desempenham o papel principal no que se refere aos estragos causados na ordem social. Sua missão é persuadir as pessoas a consumir bens que "não são nem necessários nem meramente úteis". As mercadorias "são sempre apresentadas como se tivessem um elemento de luxo, de superflui-

---

[10] André Gorz, *Critique of Economic Reason*, cit., p. 116.

dade, de fantasia, que designa o comprador como 'uma pessoa feliz e privilegiada' e assim o protege das pressões do universo racionalizado e da obrigação de se conduzir de maneira funcional". Gorz define esses bens como "bens compensatórios":

> [eles] mais desejados por sua inutilidade – talvez até mais desejados por causa disso – do que por seu valor de uso, porque é esse elemento de inutilidade (enfeites e dispositivos supérfluos, por exemplo) que simboliza a evasão do comprador do universo coletivo para o refúgio da soberania privada.[11]

É justamente esse consumismo do excesso, essa inutilidade que os "loucos" da publicidade vendem tão bem. Esse consumismo do excesso é profundamente alheio à satisfação das carências, das necessidades e dos desejos humanos. Até o papa atual concorda com essa visão. "As possibilidades ilimitadas de consumo e de distração que esta sociedade oferece", queixa-se ele numa exortação apostólica, levam a "uma espécie de alienação que nos afeta a todos, pois 'alienada é a sociedade que, nas suas formas de organização social, produção e consumo, torna mais difícil a realização deste dom e a constituição dessa solidariedade inter-humana'."[12]

Mas, como afirma Gorz, "os trabalhadores funcionais, que aceitam ser alienados em seu trabalho porque as possibilidades de consumo que este oferece são uma compensação adequada para eles, só podem existir se, simultaneamente, tornarem-se consumidores socializados. No entanto, apenas um setor da economia de mercado e da publicidade comercial é capaz de produzir esses consumidores socializados"[13]. Foi exatamente no que resultou o movimento revolucionário de 1968, com toda sua retórica pomposa de liberdade individual, autonomia e justiça social – perdido no mundo do consumismo alienado, afogando-se numa riqueza de bens compensatórios, cuja propriedade era interpretada como sinal de liberdade de escolha no mercado dos desejos humanos.

O progresso do consumismo alienado ou compensatório tem sua própria dinâmica destrutiva. Requer que aquilo que Schumpeter chamou de "destruição criativa" se instale sobre a terra. A vida cotidiana na cidade, as formas estabelecidas de vida, de relação e de socialização são sucessivamente desfeitas para dar passagem à última moda ou tendência. As demolições e os deslocamentos que

---
[11] Ibidem, p. 45-6.
[12] Papa Francisco, "Exortação Apostólica *Evangelii Gaudium* do Santo Padre Francisco ao episcopado, ao clero, às pessoas consagradas e aos fiéis leigos sobre o anúncio do Evangelho no mundo atual", 24 nov. 2013, §196. Disponível em: <https://w2.vatican.va/content/francesco/it/apost_exhortations.index.html>.
[13] André Gorz, *Critique of Economic Reason*, cit., p. 46.

dão passagem à gentrificação ou disneyficação rompem os tecidos da vida urbana para dar lugar ao espalhafatoso e colossal, ao efêmero e passageiro. Espoliação e destruição, deslocamento e construção tornam-se veículos de uma acumulação de capital vigorosa e especulativa, à medida que a figura do financista e do rentista, do construtor, do proprietário de terras e do prefeito empreendedor sai das sombras e surge sob os holofotes da lógica da acumulação do capital. O motor econômico que é a circulação e a acumulação de capital devora cidades inteiras apenas para depois cuspir novas formas urbanas, apesar da resistência das pessoas, que se sentem totalmente alienadas dos processos que não só remodelam o ambiente em que vivem, mas também redefinem o tipo de pessoa que elas devem se tornar para sobreviver. Os processos da reprodução social são reprojetados de fora para dentro pelo capital. A vida cotidiana é deturpada pela circulação de capital. A coalizão dos que resistem a essa redefinição forçada da natureza humana constitui um grupo de indivíduos apartados que periodicamente eclode em motins e movimentos potencialmente revolucionários, do Cairo a Istambul, de Buenos Aires a São Paulo, de Estocolmo a El Alto.

No entanto, tudo isso repousa sobre a posse de dinheiro suficiente, a necessidade opressora que persuade "estratos sociais antes não remunerados a buscar trabalho assalariado", o que depois aumenta "a necessidade de consumo compensatório". Como resultado, "ser pago torna-se o objetivo primordial da atividade, até chegar ao ponto em que qualquer atividade que não tenha compensação financeira deixa de ser aceitável. O dinheiro suplanta outros valores e torna-se sua única medida". Há, além disso, "um incentivo para se retirar rumo à esfera privada e dar a ela prioridade, um incentivo para buscar vantagens 'pessoais'". Isso, por sua vez:

> contribui para a desintegração das redes de solidariedade e assistência mútua, da coesão social e familiar e do nosso senso de pertencimento. Os indivíduos socializados pelo consumo (alienado) não são mais indivíduos socialmente integrados, mas indivíduos encorajados a "ser eles mesmos", distinguindo-se dos outros e somente se parecendo com esses outros na recusa (socialmente canalizada para o consumo) de assumir a responsabilidade pela situação comum praticando uma ação comum.[14]

Os afetos e as lealdades a lugares e formas culturais específicos são vistos como anacronismos. Não é isso que a difusão da ética neoliberal propôs e acabou realizando?

Mas, quanto mais tempo se liberou da produção, mais imperativo se tornou absorver esse tempo no consumo e no consumismo, dado que, como argumen-

---

[14] Ibidem, p. 46-7.

tamos antes, na "racionalidade econômica [capitalista] não há lugar para o tempo autenticamente livre, que não produz nem consome riquezas mercantis". O perigo constante é que os indivíduos livremente associados e criadores de si mesmos, liberados dos afazeres da produção e abençoados com toda uma gama de tecnologias que economizam trabalho e tempo para ajudar a consumi-las (micro-ondas, lavadoras e secadoras, aspiradores de pó, além de banco eletrônico, cartões de crédito e automóveis), comecem a construir uma alternativa ao mundo não capitalista. Eles podem se sentir inclinados a rejeitar a racionalidade econômica capitalista dominante, por exemplo, e começar a escapar de suas regras opressivas e muitas vezes cruéis de disciplina do tempo. Para evitar tais eventualidades, o capital deve não só encontrar maneiras de absorver mais bens e serviços mediante a realização, mas também ocupar, de alguma maneira, o tempo livre disponibilizado pelas novas tecnologias. E nisso ele foi muito bem-sucedido. As pessoas têm cada vez menos tempo livre para atividades criativas em meio à difusão de tecnologias de economia de tempo na produção e no consumo.

Como se dá esse paradoxo? Gastamos muito tempo, é claro, para gerir, operar e manter toda a parafernália doméstica que nos cerca para economizar tempo, e quanto mais parafernálias temos, mais tempo elas nos tomam. A mera complexidade desses aparelhos de suporte nos enreda em e-mails e telefonemas intermináveis para assistências técnicas, companhias telefônicas e operadoras de cartão de crédito, seguradoras etc. Não há dúvida também de que os hábitos culturais com que cercamos a adoração fetichista aos dispositivos tecnológicos atrai o lado lúdico da nossa imaginação e nos coloca inutilmente assistindo a novelas, navegando pela internet ou jogando no computador durante horas a fio. A cada esquina somos cercados por "armas de destruição em massa".

Mas nada disso explica por que o tempo voa da maneira como tem voado. A meu ver, a razão mais profunda está na forma estruturada como capital tem tratado o tema do tempo de consumo como barreira potencial à acumulação. A produção e a comercialização de bens que não duram, tornam-se obsoletos ou saem de moda, junto com a produção de eventos e espetáculos consumidos instantaneamente, culmina, como argumentamos, numa inversão impressionante de categorias à medida que os consumidores produzem seus próprios espetáculos no Facebook. Embora a renda que o capital obtém com as redes sociais seja fundamental, essa forma de consumo também toma uma quantidade inacreditável de tempo. As tecnologias da comunicação são uma faca de dois gumes: podem ser manejadas por uma juventude educada e excluída, com propósitos políticos e até revolucionários, ou podem absorver tempo em papos inúteis, fofocas e conversas descompromissadas (enquanto produzem continuamente valor para outros, como os acionistas do Google e do Facebook).

É difícil, se não impossível, refutar a racionalidade econômica capitalista quando a vida, os processos mentais e as orientações políticas das pessoas são tomados e absorvidos pelo trabalho pseudoatarefado de grande parte da produção contemporânea ou pela busca do consumo alienado. Perder-se em nossos e-mails e no Facebook não é ativismo político. Gorz entendeu bem a questão: "Se a economia de tempo de trabalho não serve para liberar tempo, e se o tempo liberado não é para 'a livre autorrealização dos indivíduos', então essa economia de tempo de trabalho é totalmente desprovida de sentido"[15]. A sociedade pode estar indo na direção da "redução programada e gradual das horas de trabalho, sem perda de renda real, em conjunção com políticas que permitirão que esse tempo liberado se torne o tempo para a livre autorrealização de todos". Mas tal desenvolvimento emancipatório é extremamente ameaçador para o poder da classe capitalista, e as resistências e barreiras são fortes.

> O desenvolvimento das forças produtivas pode reduzir por si só a quantidade de trabalho necessária, mas não pode criar as condições que farão com que essa liberação de tempo seja uma liberação para todos. A história pode pôr ao nosso alcance a oportunidade de uma liberdade maior, mas não nos isenta da necessidade de aproveitarmos a oportunidade e nos beneficiarmos dela. Nossa liberação não acontecerá como resultado do determinismo material – pelas nossas costas, por assim dizer. O potencial de liberação contido num processo só pode ser realizado se os seres humanos se apossam dele e se fazem livres.

Enfrentar coletivamente as múltiplas alienações que o capital produz é uma maneira convincente de se mobilizar contra o motor econômico engasgado que leva tão imprudentemente o capitalismo de uma crise a outra, com consequências potencialmente desastrosas para nossa relação com a natureza e com os outros. A alienação universal exige uma resposta política vigorosa. Mas que resposta seria essa?

Repito: não existe resposta não contraditória a uma contradição. Uma análise da variedade de respostas políticas que são dadas hoje à alienação universal leva a um quadro profundamente perturbador. A ascensão de partidos fascistas na Europa (particularmente virulenta e proeminente na Grécia, Hungria e França) e a organização do Tea Party, uma facção do Partido Republicano que surgiu com o objetivo singular de impedir o financiamento e forçar a interrupção de atividades [*shut down*] do governo dos Estados Unidos e derrubá-lo, são manifestações de grupos da população profundamente alienados que buscam soluções políticas. Não recuam diante da violência e estão convencidos de que a única maneira de preservar suas

---

[15] Ibidem, p. 184.

liberdades é uma política de dominação total. Essa corrente política se apoia e até certo ponto se combina com respostas militarizadas cada vez mais violentas a todo e qualquer movimento que ameace romper os muros daquela tolerância repressiva tão crucial para a perpetuação da governamentalidade liberal. Consideremos como exemplo: a repressão policial indevidamente violenta do movimento Occupy nos Estados Unidos; a resposta ainda mais violenta aos protestos pacíficos na Turquia, que começaram na praça Taksim; as ações policiais na praça Syntagma, em Atenas, remetendo às táticas fascistas da Aurora Dourada; a contínua brutalidade policial contra os manifestos estudantis no Chile; o ataque organizado do governo aos protestos contra a falta de segurança no trabalho em Bangladesh; a militarização da resposta à Primavera Árabe no Egito; o assassinado de líderes sindicais na Colômbia e muito mais. E tudo isso vem acontecendo sob uma rede em franca expansão de vigilância, monitoramento e ativismo legislativo punitivo por parte do aparelho estatal, que visa travar uma guerra contra o terror e tem tendência a considerar qualquer dissidência anticapitalista ativa e organizada como um ato de terrorismo.

Há um amplo consenso tanto na extrema direita como na extrema esquerda do espectro político estadunidense de que o sistema do Estado, tal como se constitui hoje, está excedendo seus poderes e que isso tem de ser combatido. Isso indica uma alienação generalizada de um sistema estatal que assumiu historicamente a tarefa de tentar construir um consenso e uma coesão social (geralmente partindo do apelo a uma ficção construída sobre a identidade e a unidade nacional) entre linhas partidárias e de classe. A análise de Foucault sobre a governamentalidade é útil aqui. O Estado autocrático, absolutista e centralizado legado ao mundo pela Europa, depois de uma fase de militarismo fiscal nos séculos XVI e XVII, teve de ser adaptado aos princípios e práticas da burguesia, o que significou uma adesão à política utópica de um *laissez-faire* impossível. Essa transição foi realizada com sucesso na Inglaterra, onde se usou a liberdade como meio para criar a governamentalidade (como Amartya Sen defendeu depois para o mundo em desenvolvimento). Isso significou que o Estado capitalista teve de interiorizar certas limitações aos seus poderes autocráticos e transferir a produção de consenso a indivíduos que funcionavam livremente, interiorizando ideias de coesão social em torno do Estado-nação. Mas, acima de tudo, eles tiveram de concordar com a regulamentação da atividade pelos procedimentos do mercado. Estabeleceram-se limites claros ao poder centralizado. Nos Estados Unidos, a política do Tea Party e a política dos autonomistas e dos anarquistas convergem na tentativa de limitar ou até mesmo destruir o Estado, embora a direita o faça em nome do puro individualismo e a esquerda, em nome de um associacionismo ancorado no individualismo. Particularmente interessante é como o modo existente de produção e suas articulações políticas definem tanto o espaço quanto o formato de suas próprias formas principais de oposição.

As práticas hegemônicas do neoliberalismo nas arenas econômica e política deram origem a formas de oposição descentralizadas e interligadas em rede.

A resposta especificamente de direita à alienação universal é compreensível, mas também assustadora em suas implicações. Não se pode dizer, depois de tudo, que as respostas da direita a esse tipo de problema não tiveram consequências históricas importantes no passado. Será que não podemos aprender com a história e formular respostas anticapitalistas mais apropriadas que deem uma solução progressista às contradições do nosso tempo?

Conclusão
Perspectivas de um futuro feliz, mas controverso: a promessa do humanismo revolucionário

Desde tempos imemoriais há seres humanos que acreditam que são capazes de construir, individual ou coletivamente, um mundo melhor do que aquele que herdaram. Muitos acreditam que, no decurso dessa construção, poderão se refazer como pessoas diferentes, talvez até melhores. Incluo-me no grupo que acredita nas duas proposições. Em *Cidades rebeldes*, por exemplo, argumentei:

> a questão sobre o tipo de cidade que queremos não pode ser separada da questão sobre o tipo de pessoas que queremos ser, o tipo de relações sociais que buscamos, as relações com a natureza que estimamos, o estilo de vida que desejamos, os valores estéticos que sustentamos. O direito à cidade [...] é muito mais do que o direito de acesso individual ou grupal aos recursos que a cidade detém: é o direito de mudar e reinventar a cidade de acordo com o que deseja nosso coração [...] A liberdade de fazer e refazer a nós mesmos e a nossa cidade é [...] um dos direitos humanos mais preciosos e mais negligenciados.[1]

Talvez por essa razão intuitiva, ao longo de toda a sua história a cidade tem sido uma imensa demonstração de desejos utópicos por um futuro mais feliz e épocas menos alienantes.

A crença de que podemos, pelo pensamento consciente e pela ação, mudar para melhor o mundo em que vivemos e também a nós mesmos define certa tradição humanista. A versão secular dessa tradição coincide e se inspira muitas vezes no ensinamento religioso sobre dignidade, tolerância, compaixão, amor e respeito pelos outros. O humanismo, tanto religioso quanto secular, é uma visão de mundo que

---

[1] David Harvey, *Rebel Cities*, cit., p. 4.

mede seu êxito em termos de liberação das potencialidades, capacidades e poderes humanos. Defende a visão aristotélica do florescimento desinibido dos indivíduos e da construção da "boa vida". Ou, como define o homem do Renascimento contemporâneo Peter Buffett, um mundo que garanta aos indivíduos "o verdadeiro florescimento de sua natureza, ou a oportunidade de viver uma vida feliz e realizada"[2].

Essa tradição de pensamento e ação teve altos e baixos, conforme a época e o lugar, mas parece nunca morrer. Teve de competir, é claro, com doutrinas mais ortodoxas que, de modos diversos, atribuem nosso destino e nossa sorte aos deuses, a um criador ou deidade específicos, às forças cegas da natureza, às leis sociais evolutivas impostas por herança genética e mutações, pelas leis férreas da economia que ditam a evolução tecnológica, ou outra tecnologia oculta ditada pelo espírito do mundo. O humanismo também tem seus excessos e seu lado obscuro. O caráter um tanto libertino do humanismo renascentista fez Erasmo, um de seus principais defensores, temer que a tradição judaico-cristã fosse substituída pelo epicurismo. O humanismo caiu algumas vezes numa visão prometeica e antropocêntrica das capacidades e potencialidades humanas em relação a tudo que existe (inclusive a natureza), a ponto de alguns iludidos acreditarem que nós, sendo próximos de Deus, somos *Übermenschen* [super-homens] que dominam o universo. Essa forma de humanismo se torna ainda mais nociva quando determinados grupos são vistos como indignos de serem considerados humanos. Esse foi o destino de muitas populações indígenas nas Américas quando enfrentaram os colonizadores. Rotulados de "selvagens", foram considerados parte da natureza, e não da humanidade. Tais tendências continuam vivas e ativas em certos círculos, o que levou a radical feminista Catherine MacKinnon a escrever um livro sobre a questão, *Are Woman Human?*[3]. O fato de que, aos olhos de muitas pessoas, essas exclusões tenham um caráter sistemático e genérico na sociedade moderna é indicado pela popularidade da formulação de Giorgio Agamben sobre o "estado de exceção" em que muitas pessoas vivem hoje no mundo (o principal exemplo são os residentes de Guantánamo)[4].

Há inúmeros sinais de que a tradição humanista esclarecida está viva e ativa, talvez até ensaiando um retorno. Esse é claramente o espírito que anima a multidão de pessoas no mundo inteiro que trabalham em ONGs e instituições de caridade cuja missão é melhorar as chances e perspectivas de vida dos menos afortunados. Também há tentativas inúteis de disfarçar o próprio capital com o traje humanista do "capitalismo consciente", como gostam de chamá-lo alguns presidentes de empresa, uma

---

[2] Peter Buffett, "The Charitable-Industrial Complex", cit.
[3] Catherine MacKinnon, *Are Women Human? And Other International Dialogues* (Cambridge, Harvard University Press, 2007).
[4] Giorgio Agamben, *Estado de exceção* (trad. Iraci D. Poleti, São Paulo, Boitempo, 2004).

espécie de ética empreendedora que mais parece uma lavagem de consciência, acompanhada de propostas sensíveis para melhorar a eficiência dos trabalhadores, fingindo ser boas para eles[5]. Tudo de sórdido que acontece é absorvido como dano colateral não intencional de um sistema econômico motivado pelas melhores das intenções éticas. O humanismo, no entanto, é o espírito que inspira inúmeros indivíduos a se entregarem generosamente, muitas vezes sem recompensa material, para contribuir de maneira altruísta para o bem-estar dos outros. Humanismos cristãos, judeus, islâmicos e budistas têm gerado muitas organizações religiosas e caritativas, além de figuras icônicas como Mahatma Gandhi, Martin Luther King, Madre Teresa e Desmond Tutu. Na tradição secular, há muitas variedades de pensamento e prática humanistas, inclusive correntes explícitas de humanismo cosmopolita, liberal, socialista e marxista. E, é claro, filósofos morais e políticos conceberam nos últimos séculos uma enorme variedade de sistemas éticos rivais de pensamento que se baseiam em uma variedade de ideais de justiça, razão cosmopolita e liberdade emancipatória que, de tempos em tempos, oferecem um lema revolucionário. "Liberdade, igualdade e fraternidade" era o lema da Revolução Francesa. A primeira Declaração de Independência dos Estados Unidos, seguida da Constituição e, talvez mais significativamente, daquele comovente documento chamado Declaração de Direitos foram importantes para a motivação de movimentos políticos e formas constitucionais subsequentes. As constituições notáveis que Bolívia e Equador adotaram recentemente mostram que a arte de escrever constituições progressistas como base para a regulação da vida humana não morreu. E a extensa literatura que essa tradição nos legou não foi perdida para quem busca uma vida com mais sentido. Basta pensarmos na influência de *Os direitos do homem*, de Thomas Paine*, ou *Reivindicação dos direitos da mulher*, de Mary Wollstonecraft**, sobre o mundo anglófono para entender o que estou dizendo (quase toda tradição no mundo tem textos análogos para celebrar).

Há dois lados negativos bem conhecidos nisso tudo, com os quais já nos deparamos. O primeiro é que, por mais nobres que sejam os sentimentos universais demonstrados de início, muitas vezes é difícil evitar que a universalidade das reivindicações humanistas seja desvirtuada em benefício de interesses, grupos e classes particulares. É isso que produz o colonialismo filantrópico do qual Peter Buffett se queixa com tanta eloquência. É isso que transforma o nobre cosmopolitismo e a busca de paz perpétua de Kant em ferramenta de dominação cultural imperialista e colonial, representada atualmente pelo cosmopolitismo à la Hotel Hilton da CNN

---

[5] John Mackey, Rajendra Sisodia e Bill George, *Conscious Capitalism: Liberating the Heroic Spirit of Business* (Cambridge, Harvard Business Review Press, 2013).
* Ed. bras.: trad. Jaime A. Clasen, Petrópolis, Vozes, 1989. (N. E.)
** Ed. bras.: trad. Ivania Pocinho Motta, São Paulo, Boitempo, 2016. (N. E.)

e pelo turista inveterado de classe executiva. É isso que contamina as doutrinas dos direitos humanos consagradas em uma declaração da ONU que privilegia os direitos individuais e a propriedade privada da teoria liberal à custa das relações coletivas e das reivindicações culturais. É isso que transforma os ideais e as práticas da liberdade em ferramenta de governamentalidade para reproduzir e perpetuar a riqueza e o poder da classe capitalista. Outro problema é que a imposição de qualquer sistema particular de crenças e direitos sempre implica um poder disciplinador, exercido em geral pelo Estado ou por alguma outra autoridade institucionalizada apoiada pela força. A dificuldade aqui é óbvia. A declaração da ONU implica o cumprimento dos direitos humanos individuais por parte do Estado, mas o Estado é muito frequentemente o primeiro a violar esses direitos.

Em suma, o problema da tradição humanista é que ela não tem uma boa compreensão de suas próprias contradições internas inevitáveis, o que se evidencia com mais clareza na contradição entre liberdade e dominação. O resultado é que, hoje, as tendências e os sentimentos humanistas são apresentados de maneira um tanto precipitada e constrangida, exceto quando têm o apoio da autoridade e da doutrina religiosa. Consequentemente, não existe uma defesa vigorosa das proposições ou perspectivas de um humanismo secular, apesar de inúmeras obras individuais que defendem a tradição ou discutem suas virtudes óbvias (como acontece no mundo das ONGs). Suas armadilhas perigosas e contradições fundamentais – em especial questões sobre coerção, violência e dominação – são evitadas porque é muito complicado abordá-las. O resultado é o que Frantz Fanon caracterizou como "humanitarismo insípido". Há muitos indícios disso evidentes em sua recente retomada. A tradição burguesa e liberal do humanismo secular forma uma base ética piegas para uma ação moralizadora altamente ineficaz sobre o triste estado em que se encontra o mundo e para a formulação de campanhas igualmente ineficazes contra a pobreza crônica e a degradação ambiental. É provavelmente por isso que o filósofo francês Louis Althusser lançou uma influente e feroz campanha na década de 1960 para que fosse eliminado da tradição marxista todo o falatório sobre o humanismo socialista e a alienação. Althusser afirmava que o humanismo do jovem Marx, tal como era expresso nos *Manuscritos econômico-filosóficos* de 1844, se afastava do Marx científico de *O capital* por uma "ruptura epistemológica" que não podemos ignorar. O humanismo marxista, escreveu ele, é pura ideologia, teoricamente vazio e politicamente enganoso, se não perigoso. A devoção ao "humanismo absoluto da história humana", como a de um marxista dedicado como Antonio Gramsci, que passou tantos anos encarcerado, era, na opinião de Althusser, completamente inapropriada[6].

---

[6] Louis Althusser, *The Humanist Controversy and Other Writings* (Londres, Verso, 2003); Peter Thomas, *The Gramscian Moment: Philosophy, Hegemony and Marxism* (Chicago, Haymarket, 2010).

O aumento enorme e a natureza das atividades cúmplices das ONGs humanistas nas últimas décadas parecem sustentar as críticas de Althusser. O crescimento do complexo beneficente-industrial reflete sobretudo a necessidade de ampliar a "lavagem de consciência" de uma oligarquia mundial que, apesar da estagnação econômica que vivemos, duplicou sua riqueza e seu poder em poucos anos. O trabalho dessas ONGs tem feito muito pouco ou quase nada para resolver a degradação e a espoliação dos indivíduos ou a proliferação da degradação ambiental. Isso é um problema estrutural, porque se exige que as organizações que combatem a pobreza façam seu trabalho sem intervir na acumulação perpétua de riqueza, da qual tiram seu próprio sustento. Se todo mundo que trabalha para uma organização de combate à pobreza assumisse da noite para o dia uma política contra a riqueza, em pouco tempo estaríamos vivendo num mundo muito diferente. Haveria poucos doadores para financiar isso – suspeito que nem Peter Buffett. E as ONGs, que hoje estão no centro do problema, não aceitariam a mudança (apesar de que muitos indivíduos no mundo das ONGs estariam dispostos a aceitá-la, mas simplesmente não poderiam fazê-lo).

Então de que tipo de humanismo precisamos para transformar progressivamente o mundo em um lugar diferente, povoado por pessoas diferentes, por uma ação anticapitalista?

Acredito que necessitamos urgentemente de um humanismo *revolucionário* secular que possa se aliar aos humanismos religiosos (articulados mais claramente nas versões protestante e católica da Teologia da Libertação, bem como nos movimentos análogos dentro das culturas religiosas hindus, islâmicas, judaicas e indígenas) para enfrentar a alienação em suas muitas formas e mudar radicalmente o mundo a partir de suas bases capitalistas. O humanismo revolucionário secular tem uma tradição forte e poderosa, embora problemática, em relação à teoria e à prática política. Essa é uma forma de humanismo totalmente rejeitada por Althusser. Mas, apesar da influente intervenção deste, tal humanismo tem uma expressão forte e articulada nas tradições marxistas e radicais, bem como além delas. Ele é muito diferente do humanismo liberal burguês. Recusa a ideia de que exista uma "essência" humana imutável, ou dada de antemão, que nos obriga a refletir profundamente sobre como podemos nos tornar um novo tipo de ser humano. Alia o Marx de *O capital* com o Marx dos *Manuscritos econômico-filosóficos* de 1844 e mira no centro das contradições daquilo que qualquer programa humanista deve estar disposto a abraçar para mudar o mundo. Reconhece claramente que as perspectivas de um futuro feliz para a maioria são invariavelmente frustradas pela inevitabilidade de se causar infelicidade a outros. Em um mundo mais igualitário, a oligarquia financeira despossuída, que não vai mais poder comer caviar e tomar champanhe em iates ancorados nas Bahamas, sem dúvida vai reclamar de seu destino e da diminuição de sua fortuna. Como bons humanistas liberais que somos, podemos até nos condoer por eles. Os humanistas revolucionários não sentem a mínima pena. Podemos não concordar com essa forma bruta de lidar com tais contradições, mas temos de reconhecer a honestidade fundamental e a autoconsciência de seus praticantes.

Consideremos, como exemplo, o humanismo revolucionário de uma figura como Frantz Fanon. Fanon era psiquiatra e trabalhou em hospitais em meio a uma guerra amarga e violenta contra o colonialismo (retratada de forma memorável em *A batalha de Argel*, de Gillo Pontecorvo – um filme, aliás, que o exército dos Estados Unidos usa em treinamentos contra insurgência). Fanon escreveu extensivamente sobre a luta pela liberdade e autonomia dos povos colonizados contra os colonizadores. Sua análise, embora específica ao caso argelino, ilustra as questões que surgem em qualquer luta libertária, inclusive aquelas entre capital e trabalho. Contudo, seus termos são resolutamente mais dramáticos e facilmente compreensíveis, porque incorpora a dimensão da opressão e da degradação racial, cultural e colonial que conduz a uma situação revolucionária ultraviolenta para a qual parece não existir saída pacífica. Para Fanon, a questão fundamental é como recuperar o sentido de humanidade a partir das práticas e experiências desumanizadoras da dominação colonial. Escreve ele em *Os condenados da terra*:

> Uma vez que nós e os nossos semelhantes somos liquidados como cães, não nos resta senão utilizar todos os meios para restabelecermos nosso peso de homem. Cumpre, portanto, que pesemos da maneira mais opressiva possível sobre o corpo do nosso carrasco para que seu espírito extraviado reencontre enfim sua dimensão universal. [Desse modo,] o homem reivindica e afirma a um só tempo sua humanidade ilimitada.[7]

Sempre há "lágrimas a serem derramadas, atitudes inumanas a serem combatidas, modos condescendentes de discurso a serem descartados, homens a serem humanizados". A revolução, para Fanon, não era apenas uma transferência de poder de um grupo da sociedade para outro. Ela implicava a reconstrução da humanidade – no caso de Fanon, uma humanidade pós-colonial distinta – e uma mudança radical no sentido dado ao ser humano. "A descolonização é, em verdade, criação de homens novos. Mas esta criação não recebe sua legitimidade de nenhum poder sobrenatural; a 'coisa' colonizada se faz no processo mesmo pelo qual se liberta"[8]. Portanto, numa situação colonial, argumenta Fanon, era inevitável que a luta pela libertação se constituísse em termos nacionalistas. Mas "o nacionalismo, se não se torna explícito, se

---

[7] Frantz Fanon, *Os condenados da terra* (trad. José Laurêncio de Melo, Rio de Janeiro, Civilização Brasileira, 1968), p. 255.
[8] Ibidem, p. 26-7.

não é enriquecido e aprofundado, se não se transforma rapidamente em consciência política e social, em humanismo, conduz a um beco sem saída"[9].

Evidentemente, Fanon choca muitos humanistas liberais por endossar uma violência necessária e rejeitar o consenso. Como é possível a não violência, pergunta ele, numa situação estruturada pela violência sistemática praticada pelos colonizadores? Qual é o sentido de uma população faminta fazer greve de fome? Por que, como perguntava Herbert Marcuse, deveríamos ser persuadidos pelas virtudes da tolerância para com o intolerável? Em um mundo dividido, onde o poder colonial define os colonizados como sub-humanos e maus por natureza, é impossível haver consenso. "Não se negocia com o mal", disse de forma memorável Dick Cheney, vice-presidente de Bush. Ao qual Fanon tinha uma resposta pronta:

> O trabalho do colono é tornar impossíveis até os sonhos de liberdade do colonizado. O trabalho do colonizado consiste em imaginar todas as combinações eventuais para aniquilar o colono. [...] A teoria do "indígena mal absoluto" corresponde à teoria do "colono mal absoluto".[10]

Nesse mundo dividido, não há espaço para negociação ou consenso. É isso que mantém os Estados Unidos e o Irã separados desde a Revolução Iraniana. "A zona habitada pelos colonizados", diz Fanon, "não é complementar da zona habitada pelos colonos. Estas duas zonas [...], regidas por uma lógica puramente aristotélica, obedecem ao princípio da exclusão recíproca".[11] Na falta de uma relação dialética entre as duas, a única maneira de acabar com a diferença é pela violência. "Destruir o mundo colonial é, nem mais nem menos, abolir uma zona, enterrá-la profundamente no solo ou expulsá-la do território."[12] Não há nada de piegas num programa assim. Como observou claramente Fanon:

> Para o povo colonizado, essa violência, porque constitui seu único trabalho, reveste caracteres positivos formadores. Essa práxis violenta é totalizante, visto que cada um se transforma em um elo violento da grande cadeia, do grande organismo surgido como reação à violência primordial do colonialista. [...] Ao nível dos indivíduos, a violência desintoxica. Desembaraça o colono de seu complexo de inferioridade, de suas atitudes contemplativas ou desesperadas. Torna-o intrépido, reabilita-o a seus próprios olhos. Mesmo que a luta armada seja simbólica, e mesmo que seja desmobilizado por uma

---

[9] Ibidem, p. 167.
[10] Ibidem, p. 73.
[11] Ibidem, p. 28.
[12] Ibidem, p. 30.

descolonização rápida, o povo tem tempo de se convencer de que a libertação foi o assunto de todos e de cada um.[13]

No entanto, o que mais impressiona em *Os condenados da terra*, ou o que o torna tão dolorosamente humano e enche nossos olhos de lágrimas quando fazemos uma leitura mais atenta, é a segunda metade do livro, na qual o autor faz uma descrição devastadora dos traumas psíquicos daqueles que, dos dois lados, foram obrigados pelas circunstâncias a participar de uma luta violenta pela libertação. Hoje temos muito mais conhecimento sobre os danos psíquicos sofridos pelos soldados dos Estados Unidos e de outros países envolvidos nas ações militares no Vietnã, Afeganistão e Iraque, e do terrível flagelo causado em sua vida pelo estresse pós-traumático. É sobre isso que Fanon escreveu com tanta compaixão durante a luta revolucionária contra o sistema colonial na Argélia. Depois da descolonização, há muito trabalho não só para recuperar a psique de pessoas cujo espírito foi prejudicado, mas também para amenizar o que Fanon via claramente como os perigos dos efeitos persistentes (e até da replicação) do modo colonial de ser e pensar.

> O objetivo do colonizado [...] é provocar o fim da dominação. Mas deve ele também velar pela liquidação de todas as mentiras cravadas em seu corpo pela opressão. Num regime colonial como o que existia na Argélia, as ideias professadas pelo colonialismo influenciavam não somente a minoria europeia como também o argelino. Libertação total é a que diz respeito a todos os setores da personalidade. [...] A independência não é uma palavra a exorcizar, mas uma condição indispensável à existência de homens e mulheres verdadeiramente libertos, isto é, donos de todos os meios materiais que tornam possível a transformação radical da sociedade.[14]

Não levanto a questão da violência aqui, como tampouco o fez Fanon, porque eu ou ele sejamos a favor da violência. Ele deu destaque à violência porque muitas vezes a lógica das situações humanas se deteriora a ponto de não restar opção. Até Gandhi reconheceu isso. Mas essa opção tem consequências potencialmente perigosas. O humanismo revolucionário tem de oferecer uma resposta filosófica para essa dificuldade, algum conforto diante das tragédias incipientes. Embora a principal tarefa do humanista seja "domar a ferocidade do homem e tornar agradável a vida no mundo", como disse Ésquilo há 2.500 anos, isso não pode ser feito sem enfrentarmos e tratarmos a imensa violência que corrobora a ordem colonial e neocolonial. Foi o que Mao e Ho Chin Minh tiveram de enfrentar, o que Che Guevara

---
[13] Ibidem, p. 73-4.
[14] Ibidem, p. 266-7.

tentou fazer, e o que muitos líderes e pensadores políticos – como Amílcar Cabral em Guiné-Bissau, Julius Nyerere na Tanzânia, Kwame Nkrumah em Gana e Aimé Césaire, Walter Rodney, C. L. R. James e muitos outros – combateram com tanta convicção em palavras e ações nas lutas pós-coloniais.

Mas será que a ordem social do capital é essencialmente diferente de suas manifestações coloniais? Certamente, na metrópole, essa ordem tentou se distanciar do cálculo mordaz da violência colonial (retratando-a como algo que se deve necessariamente aplicar àqueles outros não civilizados "do lado de lá", para seu próprio bem). Na metrópole, teve de dissimular a inumanidade ostensiva que demonstrava no exterior. "Do lado de lá" as coisas podiam ser afastadas do nosso campo de visão e audição. Só agora, por exemplo, está sendo plenamente reconhecida a cruel violência dos britânicos contra o movimento Mau-Mau, no Quênia, na década de 1960. Quando o capital se aproxima dessa inumanidade na metrópole, ele tipicamente desperta uma resposta semelhante à dos colonizados. Quando admite a violência racial na metrópole, como fez nos Estados Unidos, produz movimentos como Panteras Negras e Nação do Islã, e líderes como Malcolm X e, no fim de sua vida, Martin Luther King, que entendeu que havia uma conexão entre raça e classe e sofreu as consequências disso. Mas o capital aprendeu a lição. Quanto mais raça e classe se entrelaçam organicamente, mais rápido queima o estopim da revolução. Mas o que Marx deixa muito claro em *O capital* é a violência diária que se constitui na dominação do capital sobre o trabalho no mercado e no ato de produção, assim como no terreno da vida diária. É muito fácil encontrar relatos das condições contemporâneas de trabalho, por exemplo, nas fábricas de eletrônicos de Shenzhen, nas confecções de Bangladesh ou nas fabriquetas clandestinas de Los Angeles, e inseri-los no clássico capítulo sobre a "jornada de trabalho" de *O capital*, sem notar nenhuma diferença. É surpreendentemente fácil comparar as condições de vida das classes trabalhadoras, dos desempregados e dos marginalizados de Lisboa, São Paulo e Jacarta com a descrição clássica de 1844 de Engels, em *A situação da classe trabalhadora na Inglaterra*, e não encontrar nenhuma diferença substantiva[15].

O poder e o privilégio oligárquicos da classe capitalista estão conduzindo o mundo todo a uma mesma direção. O poder político, sustentado por uma vigilância, um policiamento e uma violência militarizada que só fazem se intensificar, está sendo usado para atacar o bem-estar de populações consideradas substituíveis e descartáveis. Testemunhamos diariamente a desumanização sistemática de pessoas descartáveis. Hoje, o poder implacável da oligarquia é exercido através de uma democracia totalitária que se dedica a perturbar, fragmentar e suprimir imediata-

---

[15] Friedrich Engels, *A situação da classe trabalhadora na Inglaterra* (trad. B. A. Schumann, São Paulo, Boitempo, 2008).

mente qualquer movimento político coerente contra a riqueza (como o *Occupy*). A arrogância e o desdém com que os abastados encaram os menos afortunados – mesmo (em particular) quando rivalizam entre si para mostrar quem é mais caridoso – são fatos notáveis da nossa condição atual. A "lacuna de empatia" entre a oligarquia e o resto é imensa e está aumentando. Os oligarcas confundem renda superior com valor humano superior e êxito econômico com prova de conhecimento superior do mundo (e não prova de controle superior das artimanhas jurídicas e contábeis). Eles não sabem ouvir a dor do mundo porque não podem e não vão assumir voluntariamente seu papel na construção dessa dor. Eles não veem e não podem ver suas próprias contradições. Os bilionários irmãos Koch fazem doações caridosas a uma universidade como o MIT, a ponto de construir uma linda creche para o meritório corpo docente, e ao mesmo tempo gastam milhões de dólares financiando um movimento político (liderado pelo Tea Party) no Congresso dos Estados Unidos que faz cortes nos auxílios-alimentação e nega assistência social, creches e bônus para alimentação a milhões de pessoas que vivem na pobreza absoluta ou perto dela.

É nesse clima político que as revoltas imprevisíveis e violentas que vêm ocorrendo pontualmente em todo o mundo (da Turquia e do Egito ao Brasil e à Suécia apenas em 2013) se parecem cada vez mais com os tremores que antecedem um terremoto: elas farão as lutas revolucionárias pós-coloniais da década de 1960 parecerem brincadeira de criança. Se o capital tem um fim, este virá certamente daí, e provavelmente suas consequências imediatas não serão boas para ninguém. É isso que Fanon nos ensina com tanta clareza.

A única esperança é que a humanidade veja o perigo antes que a podridão avance e os danos humanos e ambientais sejam grandes demais para se recuperar. Diante do que o papa Francisco chamou com toda a razão de "globalização da indiferença", é imperioso que, como diz Fanon, "as massas europeias resolvam despertar, sacudir o cérebro e cessar de tomar parte no jogo irresponsável da bela adormecida no bosque"[16]. Se a bela adormecida despertar a tempo, talvez possamos ter um final mais parecido com um conto de fadas. O "humanismo absoluto da história humana", escreveu Gramsci, "não visa a resolução pacífica das contradições existentes na história e na sociedade, mas é a própria teoria dessas contradições". A esperança está latente nelas, disse Bertolt Brecht. Como vimos, há contradições convincentes o bastante no campo do capital para semear o solo da esperança.

---

[16] Frantz Fanon, *Os condenados da terra*, cit., p. 85.

Epílogo
Ideias para a prática política

O que esse raio X das contradições do capital nos diz sobre a prática política anticapitalista? Obviamente, não nos mostra com exatidão o que fazer em lutas ferozes e sempre complicadas em torno dessa ou daquela questão. No entanto, pode nos ajudar a planejar uma direção geral para a luta anticapitalista, ao mesmo tempo que defende e fortalece a causa da política anticapitalista. Quando os pesquisadores de opinião fazem sua pergunta predileta: "Você acha que o país está na direção certa?", presumem que as pessoas tenham noção de qual deveria ser a direção certa. Sendo assim, o que nós, que acreditamos que o capital está na direção errada, consideramos ser a direção certa, e como devemos avaliar nosso progresso rumo à realização de nossos objetivos? Ou, ainda, de que modo devemos apresentar esses objetivos como propostas sensatas e modestas (porque é isso que são), em comparação com os argumentos absurdos para aumentar o poder do capital como resposta às necessidades gritantes da humanidade? Apresentamos aqui algumas diretrizes (derivadas das dezessete contradições) para construir e, esperançosamente, animar a prática política. Devemos lutar por um mundo em que:

1. A provisão direta de valores de uso adequados para todos (habitação, educação, segurança alimentar etc.) tenha precedência sobre a provisão desses valores por intermédio de um sistema de mercado que maximize os lucros, concentre os valores de troca em poucas mãos privadas e distribua bens com base na capacidade de pagamento.

2. Seja criado um meio de troca que facilite a circulação de bens e serviços, mas limite ou elimine a capacidade de pessoas privadas acumularem dinheiro como forma de poder social.

3. A oposição entre propriedade privada e poder público seja substituída tanto quanto possível por regimes de direitos comuns – com particular ênfase no conhecimento humano e na terra como bens comuns mais fundamentais – cuja criação, gestão e proteção sejam feitas por assembleias e associações populares.
4. A apropriação do poder social por pessoas privadas seja não apenas impedida por barreiras econômicas e sociais, mas também malvista no mundo inteiro como um desvio patológico.
5. A oposição de classe entre capital e trabalho se dissipe em associações de produtores que decidam livremente o que, como e quando produzir, em colaboração com outras associações, considerando a satisfação das necessidades sociais comuns.
6. A vida cotidiana seja desacelerada – a locomoção seja lenta e agradável – para maximizar o tempo dedicado às atividades livres, realizadas num ambiente estável e bem cuidado, protegido dos episódios dramáticos da destruição criativa.
7. Populações associadas avaliem e informem mutuamente suas necessidades a fim de criar a base para as decisões relacionadas à produção (no curto prazo, considerações relativas à realização devem dominar as decisões relativas à produção).
8. Sejam criadas novas tecnologias e formas de organização para aliviar o peso de todas as formas de trabalho social, eliminar as distinções desnecessárias das divisões técnicas do trabalho, liberar tempo para atividades livres individuais e coletivas e diminuir a pegada ecológica das atividades humanas.
9. As divisões técnicas do trabalho sejam reduzidas pelo uso de automação, robotização e inteligência artificial. As divisões técnicas do trabalho restantes que forem consideradas essenciais sejam dissociadas tanto quanto possível das divisões sociais do trabalho. Haja rodízio nas funções de administração, liderança e policiamento entre todos os indivíduos da população. Sejamos liberados do domínio dos especialistas.
10. O monopólio e o poder centralizado sobre o uso dos meios de produção sejam dados a associações populares, através das quais as capacidades competitivas descentralizadas dos indivíduos e dos grupos sociais sejam mobilizadas para produzir diferenciações nas inovações técnicas, sociais, culturais e de estilo de vida.
11. Exista a maior diversificação possível nos modos de viver e ser, nas relações sociais e com a natureza, nos hábitos culturais e nas crenças dentro das associações territoriais, comuns e coletivas. Os representantes das associações se reúnam regularmente para avaliar, planejar e realizar tarefas comuns, assim como para resolver problemas comuns em diferentes escalas: biorregional, continental e global.

12. Todas as desigualdades de provisão material sejam abolidas, exceto as implícitas no princípio "de cada um ou uma segundo suas capacidades, e a cada um ou uma segundo suas necessidades".

13. Seja gradualmente eliminada a distinção entre trabalho necessário realizado para pessoas distantes e trabalho realizado para a reprodução de si, da unidade familiar e da comunidade, de modo que o trabalho social seja incorporado no trabalho familiar e comum, e o trabalho familiar e comum torne-se a principal forma de trabalho social inalienado e não monetizado.

14. Todos tenhamos o mesmo direito a educação, saúde, habitação, segurança alimentar, produtos básicos e acesso livre ao transporte para garantir a base material que assegure que não haja carências e nos dê liberdade de ação e movimento.

15. A economia convirja para o crescimento zero (mas com espaço para desenvolvimentos geográficos desiguais) num mundo em que o máximo desenvolvimento das capacidades e dos poderes humanos individuais e coletivos e a contínua busca de novidade prevaleçam como normas sociais e suplantem a mania do crescimento exponencial perpétuo.

16. A apropriação e a produção de energias naturais para atender às necessidades humanas prossiga em ritmo acelerado, mas com o máximo de respeito pelos ecossistemas, com o máximo de atenção para com a reciclagem de nutrientes, energia e matéria física em seus locais de origem e com um grande sentido de reencantamento pela beleza do mundo natural, do qual fazemos parte e com o qual podemos contribuir e já contribuímos com nosso trabalho.

17. Seres humanos inalienados e pessoas criativas inalienadas surjam munidos de um novo e confiante sentido de si e de ser coletivo. Da experiência das relações sociais íntimas adquiridas livremente e da empatia por diferentes modos de vida e produção surja um mundo em que todos serão igualmente considerados merecedores de dignidade e respeito, mesmo que haja conflito sobre a definição apropriada de boa vida. Esse mundo social evolua continuamente por meio de revoluções permanentes das capacidades e dos poderes humanos. A busca perpétua da novidade continue.

É desnecessário dizer que nenhuma dessas diretrizes transcende ou substitui a importância de lutar contra todas as formas de discriminação, opressão e repressão violenta do capitalismo. Da mesma maneira, nenhuma dessas lutas deveria transcender ou substituir a luta contra o capital e suas contradições. Obviamente, alianças de interesse se fazem necessárias.

Apêndice
O livro mais perigoso que já escrevi*

17 contradições... é o livro mais perigoso que já escrevi. É também o mais recente (e talvez o último) de uma série de livros à qual me refiro, em retrospecto, como "Projeto Marx". Digo "em retrospecto" porque só recentemente me dei conta de que esse projeto estava em andamento. Uma combinação de mudanças históricas radicais com a lógica do que eu vinha fazendo me estimulou a passar de um assunto ou de um livro para outro, depois outro e mais outro.

O projeto começou no fim dos anos 1990, mas tornou-se mais explícito depois de 2000. Eu aguardava com ansiedade aquele ano, não por ser o começo de um novo milênio, mas porque imaginava que nele me aposentaria. Hoje, quinze anos e uns doze livros depois, eis-me aqui perguntando o que aconteceu. Em parte, atribuo isso à minha transferência para o Graduate Center de Nova York, em 2001, que se revelou o melhor movimento que já fiz na carreira. Saí da miséria de uma vida de extremo isolamento no elitista Johns Hopkins para uma posição privilegiada na atmosfera confusa, turbulenta e politicamente carregada de uma grande universidade pública, com colegas formidáveis (mais notadamente Cindi Katz e Neil Smith, bem como os bons amigos da antropologia) e alunos de pós-graduação politizados. Foram esses alunos que insistiram para que eu fizesse uma série de vídeos sobre *O capital*, de Marx; e foram eles também que realizaram o trabalho habilidoso de gravar os vídeos, criar o site e mantê-lo no ar. Tenho uma dívida imensa para com esses alunos, em particular Chris Caruso.

Mas do que se trata esse "Projeto Marx"? Estava claro há tempos que Marx não era bem compreendido, muito menos adotado, e era preciso trabalhar duro para

---

* Versão reduzida do texto apresentado pelo autor em debate na Associação de Geógrafos Estadunidenses, publicada em 19 maio 2015. (N. E.)

tornar sua obra mais acessível. Não só por causa da ignorância geral, fundada na rejeição e nas distorções da direita, mas também pelas apresentações mais dogmáticas da esquerda sectária. E, ao mesmo tempo, o marxismo acadêmico parecia empenhado em tornar o pensamento de Marx ainda mais complicado do que já era. Eu, de certa forma, contribuí para isso quando escrevi *Os limites do capital** (uma obra que, na época de sua publicação, em 1982, foi definida por um crítico como "mais um marco para a geografia e mais uma pedra de moinho pendurada no pescoço dos estudantes de pós-graduação"). Nitidamente havia um espaço onde eu poderia fazer bom uso da experiência de ter ensinado o Livro I de *O capital* pelo menos uma vez por ano desde 1971. Na década de 1970, ensinei o livro três vezes ou mais em alguns anos, tanto na universidade quanto fora dela (na universidade, era sempre como complemento à minha carga horária, por isso ninguém podia dizer que eu estava negligenciando meus deveres acadêmicos em favor da política!). Nesses anos, meu objetivo era facilitar e esclarecer os argumentos de Marx, sem reduzi-los nem recorrer a simplificações. Tentei não impor nenhuma leitura específica de Marx, embora seja impossível, obviamente, não basear os ensinamentos na nossa própria interpretação (minha leitura é apenas uma entre muitas plausíveis). Queria abrir uma porta para o pensamento de Marx, de modo que os leitores pudessem transpô-la e, uma vez do outro lado, pudessem chegar a seus próprios entendimentos. Foi nesse espírito que a série de vídeos e os livros *Para entender O Capital*** foram construídos.

Também senti necessidade de ilustrar a importância contemporânea do pensamento de Marx para a política. Essa necessidade trazia em si uma obrigação de identificar não apenas o que deveríamos aprender com Marx, mas também o que ele deixou incompleto, desconsiderou inadvertidamente ou apenas (Deus me livre!) entendeu errado – mas não só isso. Ela também implicava o reconhecimento do que estava ou não desatualizado em seu pensamento. A pergunta que não me saía da cabeça era: o que é possível aprender lendo Marx hoje, e o que precisamos fazer por nós mesmos para entender o mundo que nos cerca? Foi assim que comecei a ilustrar a utilidade do método de Marx, bem como de suas teorizações concretas, pondo em prática o meu entendimento acerca deles na análise de eventos e problemas contemporâneos – daí os livros sobre o novo imperialismo, a breve história do neoliberalismo, a dinâmica espacial do desenvolvimento geográfico desigual, as interpretações da crise de 2007-2008 (*O enigma do capital*) e a análise

---

* Ed. bras.: trad. Magda Lopes, São Paulo, Boitempo, 2013. (N. E.)
** Ed. bras.: *Para entender O Capital: Livro I* e *Para entender O Capital: Livros II e III* (trad. Rubens Enderle, São Paulo, Boitempo, 2013-2014). (N. E.)

da urbanização capitalista, tema que abordei em *Espaços de esperança** e *Cidades rebeldes*; também tive muito tempo para pensar e repensar no livro sobre a Paris do Segundo Império**. Esse último livro, um exercício daquilo que chamo de materialismo histórico-geográfico, esclarece o período entre a análise de Marx sobre a chegada de Luís Bonaparte ao poder, na esteira da fracassada revolução de 1848 (*O 18 de brumário de Luís Bonaparte****), e o que aconteceu na Comuna de Paris de 1871 (*A guerra civil na França*****). Não foi uma escolha consciente da minha parte estudar Paris com isso em mente (comecei a trabalhar no assunto em 1976 porque estava interessado na obra de Haussmann). Apenas muito tempo depois é que percebi que fiz a ponte entre duas obras políticas seminais de Marx!

Cada um dos meus livros explorou um aspecto específico da análise de Marx em relação a um assunto ou situação particular. Eu esperava que o efeito cumulativo fosse um estímulo a ler Marx de maneira aberta e cuidadosa, como um caminho para os estudos práticos.

Isso nos leva a *17 contradições...* Nesse livro, eu tinha dois objetivos. O primeiro era definir o que pode implicar o anticapitalismo. Achei que essa análise era necessária porque, embora muitas pessoas se digam fiéis a uma posição política anticapitalista, não está nada claro o que poderiam ou deveriam querer dizer com isso. O segundo era oferecer razões racionais para se tornar anticapitalista à luz do estado atual das coisas.

Decidi abordar tais questões a partir da análise das contradições em parte porque Marx, em seus escritos, enfatizou diversas vezes que crises do tipo que o mundo viveu em 2007-2008 são manifestações superficiais de contradições internas do capital. "Crises mundiais devem ser vistas como a concentração real e o ajuste forçoso de todas as contradições da economia burguesa", escreveu ele. "As contradições existentes na produção burguesa são conciliadas por um processo de ajuste que, ao mesmo tempo, no entanto, manifesta-se como crise, *como uma fusão violenta de fatores desconectados, que funcionam independentemente uns dos outros, mas são correlatos.*" No entanto, não encontrei nenhuma explicação sistemática dessas contradições. Mao e Althusser elaboraram de forma poderosa o tema da contradição em geral, mas não desenvolveram nada sobre as análises de Marx a respeito das contradições internas do capital. De vez em quando, a literatura marxista evocava uma ou outra contradição em bases *ad hoc* ou, pior, respondia a uma situação que desafiava o entendimento fácil, afirmando: "Muito bem, essa é uma contradição

---

* Ed. bras.: trad. Adail Ubirajara Sobral e Maria Stela Gonçalves, 7. ed., São Paulo, Loyola, 2015. (N. E.)
** Ed. bras.: *Paris, capital da modernidade* (trad. Magda Lopes, São Paulo, Boitempo, 2015). (N. E.)
*** Ed. bras.: trad. Nélio Schneider, São Paulo, Boitempo, 2011. (N. E.)
**** Ed. bras.: trad. Rubens Enderle, São Paulo, Boitempo, 2011. (N. E.)

típica do capital!". Frequentemente, a ideia de contradição era usada como ponto final nas conversas. Meu objetivo era inverter isso e fazer da ideia de contradição o início da conversa, em particular sobre o que seria uma política anticapitalista e como poderíamos entender as crises. Embora a forma de manifestação de algumas contradições tenha se desenvolvido desde a época de Marx, descobri que a estrutura das contradições do capital é surpreendentemente constante.

Retornar às obras de Marx (sobretudo aos *Grundrisse*) para procurar as contradições do capital se revelou uma tarefa hercúlea, e logo ficou claro que eu teria de reduzir as contradições a uma estrutura sistêmica com que pudesse lidar. Daí o mágico número 17. Não tenho nenhuma pretensão exclusiva de que as minhas escolhas sejam as certas, ou as únicas possíveis. Outras pessoas certamente chegarão a conclusões diferentes. Mas o que também aprendi escrevendo *17 contradições...* é que as contradições do capital são interligadas e interagem (às vezes se apoiam) mutuamente. O que aparece também é um retrato muito mais descentralizado do capital do que se costuma pintar. Isso vai muito além da ideia de que "a história de todas as sociedades até hoje existentes é a história das lutas de classes" ou da ideia de uma contradição primária entre forças produtivas e relações sociais (apenas para nomear as duas contradições mais conhecidas às quais tanto se costuma reduzir a lógica do capital). Mas existe uma armadilha nessa lógica descentralizada: ela pode levar ao que posso caracterizar como concepções dos capitalismos "adjetivados": "capitalismo financeiro", "capitalismo rentista", "capitalismo cognitivo", "capitalismo tecnológico", "capitalismo de cadeias produtivas", e até mesmo oximoros como "capitalismo consciente" ou "capitalismo ético" – cada um pretende definir um estágio histórico novo e particular do capitalismo. Prefiro manter intacta a definição holística e singular do capital, ao mesmo tempo reconhecendo nele a "fusão violenta de fatores desconectados, que funcionam independentemente uns dos outros, mas são correlatos".

A vida econômica, diz Marx no posfácio da segunda edição do Livro I de *O capital*, "oferece um fenômeno análogo ao da história da evolução em outros domínios da biologia". Seu propósito é tomar o fenômeno econômico e seguir "a lei de sua modificação, de seu desenvolvimento, isto é, a transição de uma forma a outra, de uma ordem de inter-relação a outra". Essa ideia de que o capital deve ser entendido como um todo (ou totalidade) orgânico em desenvolvimento é muito mais fácil de compreender por meio de uma análise da interseção e da inter-relação das contradições através de um sistema descentralizado de acumulação do capital. Desse modo, torna-se muito mais fácil entender a surpreendente evolução do capital à medida que ele busca enfrentar (e se adaptar a) suas diferentes contradições internas e as fusões dessas contradições nos momentos de crise que o forçam a assumir novas configurações. As principais ameaças à reprodução do capital nos nossos tempos (que são bem diferentes daquelas com as quais Marx teve de lidar) se tornaram mais proeminentes. A partir daí, tornou-se muito mais fácil também mostrar por que precisamos enfrentar e, em última instância, substituir o capital por um modo alternativo de produção.

Por que, então, sou anticapitalista? Não sou anticapitalista por um estranho defeito do meu DNA. Não sou anticapitalista porque sofri lavagem cerebral na juventude (li *O capital* pela primeira vez quando tinha trinta anos!), porque fui seduzido pelas bajulações de algum partido marxista-leninista ou trotskista/maoista (nunca fui membro de partido nenhum), ou porque em algum momento da minha vida sofri um trauma físico ou mental causado por algum malefício capitalista. Na verdade, admiro (mas não acriticamente) muito do que o capital produziu, e não só as novas tecnologias. Não, sou anticapitalista por razões puramente racionais. Depois de pensar muito no assunto, cheguei à conclusão de que o capital se tornou perigoso demais para ele mesmo, bem como para nós e para todos os outros. É simplesmente insano o que está acontecendo hoje. Qualquer pessoa razoável que analise as evidências, desde que esteja em seu juízo perfeito, necessária e racionalmente se torna anticapitalista.

É um tanto incomum hoje em dia apelar para a racionalidade. Fazer isso parece antiquado, ou mesmo uma falha séria. Talvez não seja por acaso que os apelos à racionalidade sejam criticados exatamente no estágio em que o capital só pode sobreviver por meios insanos. Para tomarmos apenas um exemplo, por que nos empenhamos tanto na construção de cidades para os ricos investirem, em vez de nos empenharmos em construir cidades para as pessoas viverem de maneira adequada, quiçá felizes? Todos deveríamos subir no topo do próximo prédio de apartamentos de luxo que estiver sendo construído para ninguém morar, ou num daqueles prédios absurdos de Dubai, e estender uma faixa dizendo: "ISTO É INSANO". Antigamente, esse tipo de loucura acontecia uma vez ou outra e tinha o claro objetivo de ser uma loucura, mas hoje é a regra. Para onde mais pode ir a superacumulação do capital excedente?

Evitarei entrar em detalhes desse tipo aqui, mas o propósito de identificar as três contradições perigosas no final de *17 contradições* é destacar aquelas que, para mim, encerram o caso da acumulação infinita e cruelmente antagônica do capital. A primeira é a trajetória de crescimento exponencial. Isso não era problema na época de Marx, porque boa parte do mundo ainda estava se abrindo para os negócios. Hoje, no entanto, outro século de crescimento exponencial é simplesmente inconcebível, com a maior parte do mundo, de China e Índia a Rússia, Brasil e África do Sul, subordinada à lógica opressora da acumulação infinita do capital. As consequências do crescimento exponencial para o meio ambiente são visivelmente perigosas e ameaçadoras, apesar de eu relutar em evocar cenários apocalípticos e reconhecer que o capital é historicamente adaptável às limitações do meio e dos recursos naturais. Por fim, há sinais profundamente perturbadores no mundo inteiro daquilo que chamo de "alienação universal", em que a perda de sentido e de possibilidades futuras em todos os aspectos da vida física e mental (tanto em casa quanto no trabalho) produz formas incipientes, e muitas vezes estranhas, de sociabilidade e revolta. A proliferação de fundamentalismos religiosos e a ameaça crescente de novos movimentos fascistas devem ser levadas a sério, porque estão transformando a sociedade civil em um vasto campo de batalha em torno do futuro tanto do capital quanto da humanidade e, nesse momento, apenas um aparelho de Estado ultramilitarizado parece ser capaz de controlá-la, com muita força bruta e assombrosas tecnologias de vigilância e repressão. Nunca antes a escolha entre o socialismo e a barbárie se colocou de forma tão incisiva numa conjuntura histórica, e nunca antes a ampla esquerda foi tão fraca. Hoje, o imperativo para que sejamos anticapitalistas e enfrentemos o aparelho de Estado ultramilitarizado vai de encontro à "globalização da indiferença" e às confusões do ceticismo e da descrença enraizadas na alienação universal.

No entanto, os argumentos e as evidências que reúno em *17 contradições...* são apenas parciais, porque me restrinjo ao estudo das contradições íntimas ou internas do capital. Separo essas contradições da questão mais ampla e complicada das contradições que determinam o capitalismo como um todo. Faço um exercício de abstração e, como todas as abstrações, ela contraria o entendimento que temos das realidades que nos cercam. Muitas vezes, abstrações desse tipo podem se tornar alvo de críticas acaloradas. Podem surgir objeções sérias, a ponto da total rejeição de qualquer coisa que seja revelada pelas abstrações por causa de sua irrealidade. As rejeições costumam ser consideradas mais importantes do que aquilo que é revelado pelas abstrações. Tentei me antecipar a essas críticas em *17 contradições...*, procurando ser o mais claro possível no que diz respeito ao que podemos aprender com tais abstrações e ao que seria necessário para entendermos as contradições do capitalismo como um todo. Reconheci livremente as situações em que a separação entre capital e capitalismo tornaram-se extremamente problemáticas porque a minha intenção não era, como afirmaram alguns críticos, evitar ou suprimir as muitas outras formas de contradição que constituem o capitalismo em geral ou estão presentes nele. Meu objetivo é aprimorar nosso entendimento do capitalismo, esclarecendo como a lógica da acumulação do capital funciona ou não dentro desse quadro mais amplo.

Foi Adam Smith, sem dúvida, quem reconheceu claramente, em *A riqueza das nações*, que, uma vez que o mercado se difunde e se torna fundamental para a sobrevivência diária – o que indubitavelmente acontece no capitalismo –, a mão invisível do mercado (que Marx identificou como a mão invisível do trabalho social) age para tornar as identidades, as subjetividades, os desejos e os objetivos pessoais irrelevantes para a lógica geral da acumulação do capital. Na prática, é claro, existem muitas tentativas de monopolizar mercados específicos com mercadorias (inclusive o da força de trabalho), e os mercados de consumo certamente se dividem em nichos de preferências de consumo, mas a proliferação da mercantilização, das relações de troca e do poder monetário em geral garante o fracasso completo dessas estratégias, mesmo que mercados específicos (inclusive o do trabalho) fiquem prisioneiros de um ou outro grupo de produtores ou consumidores. A única identidade fundamental para a troca mercantil é a dos compradores e vendedores, garantidos por direitos de propriedade privada para pessoas jurídicas (ver as três primeiras contradições em *17 contradições...*). O mercado abstrai de todas as outras identidades. É por isso que Marx começa a sua análise em *O capital* com o conceito de mercadoria, já que todos – independentemente de raça, classe, gênero, etnia, religião, nacionalidade, orientação sexual ou qualquer outra coisa – vivem sob o capitalismo (que não é de modo algum hegemônico em todos os lugares) pela compra e venda de mercadorias (inclusive mercadorias fictícias como terra, trabalho e poder monetário). Os argumentos de Adam Smith sobre as consequências sociais e as contradições inevitáveis que derivam da circulação do capital eram, segundo Marx, fatalmente equivocados. A promessa de liberdade e autonomia na teoria liberal e nos mercados tecnicamente igualitários esconde uma realidade mais profunda de exploração perpétua do trabalho apoiada pela acumulação por espoliação.

Assim, não aceito a tese de um capitalismo inerentemente racializado, porque, embora em algumas partes do mundo (como Estados Unidos e Américas em geral) o capitalismo seja enfaticamente racializado (sobretudo pelo legado contundente da escravidão), em outras ele não o é (ou o é apenas de maneira fraca e indireta). Em certas partes do mundo (como Irlanda do Norte e Oriente Médio), a separação é determinada pela religião, e a questão do nacionalismo e da identidade nacional é extremamente importante (por exemplo, no Extremo Oriente ou no Leste Europeu) dentro do capitalismo em geral. Tudo isso transborda para rivalidades geopolíticas que não são redutíveis às contradições internas do capital, ainda que sejam influenciadas por elas e às vezes se correlacionem com elas. Por fim, há as questões de gênero e orientações sexuais, que, ao contrário das questões de raça, etnia, religião, nacionalismo e afins, são universais. No entanto, a natureza das questões de gênero e orientação sexual varia muito de uma região para outra. A importância das mulheres no Partido dos Trabalhadores do Curdistão (PKK) e em seu braço militar contrasta radicalmente, por exemplo, com a condição reprimida e "tradicional" das mulheres no Curdistão iraquiano. E, como descobriram as feministas estadunidenses, com decepção, a emancipação das mulheres em certa região não necessariamente se repete com as mulheres de outras regióes.

O desenvolvimento autônomo dessas outras contradições – expressando versões diferentes do papel flutuante da alteridade humana dentro do capitalismo em geral – não pode ser reduzido às funções das contradições internas do capital. Em nenhum momento, em *17 contradições...*, faço afirmações reducionistas como essa. Mas as contradições do capital tampouco podem ser reduzidas a questões de raça, gênero, identidade nacional, teoria *queer* ou afins. Esse simples fato também estabelece outra coisa importante. Ser anticapitalista não necessariamente é ser adepto da teoria *queer*, ou feminista, ou antirracista, ou ou antinacionalista. Todo isso foi apropriadamente afirmado repetidas vezes e – infelizmente – demonstrado com muita frequência na história das lutas de classes travadas pela ampla esquerda. Do mesmo modo, ser feminista, teórico *queer* ou antirracista não é necessariamente ser anticapitalista. A maioria dos antirracistas negros que conheci durante os anos que vivi em Baltimore defendiam o capitalismo. Os conflitos que ocorreram recentemente em Ferguson, no Missouri, tinham como foco a situação da população negra diante das instituições excludentes da sociedade civil e do braço repressor do aparelho estatal local. O conteúdo desses conflitos não era anticapitalista (embora certos indivíduos e grupos dessem essa impressão), mesmo que seja difícil entender sua forma sem evocar a posição de classe. No entanto, existe uma abundância de teóricos *queer*, feministas e antirracistas extremamente pró-capitalistas no mundo. Alguns segmentos indígenas (como os aimarás, na Bolívia) participam com sucesso das atividades capitalistas mercantis e artesanais e, ao mesmo tempo, mantêm muitos dos aspectos de sua vida cultural. Existe uma grande diferença entre essa forma de indigeneidade e os grupos indígenas isolados na Amazônia, que não querem nada, ou muito pouco, com a modernidade capitalista, mas sofrem com a invasão de seu espaço. Grande parte da esquerda acreditava que todas as lutas anticoloniais eram anticapitalistas, mas a verdadeira história da economia política pós-colonial contraria essa suposição. Qualquer conversa sobre esses temas, no entanto, pressupõe que sabemos o que significa ser anticapitalista; e é exatamente essa questão que meu estudo das contradições internas do capital (e não do capitalismo) quer esclarecer. Com o que teriam de se identificar feministas, teóricos *queer*, antirracistas, antinacionalistas, seculares (em oposição aos religiosos) ou o que teriam de afirmar com suas ideias e práticas para serem anticapitalistas? Podemos generalizar essa questão e perguntar o que um teórico autonomista, anarquista ou pós-colonial tem de defender para levar adiante seus projetos anticapitalistas? Não digo que *17 contradições...* tenha as respostas certas, mas acredito que faça a pergunta correta.

Quero enfatizar mais uma vez que concluo o livro dizendo que nenhuma das propostas políticas derivadas das dezessete contradições transcende ou substitui a importância de lutar contra todas as formas de discriminação, opressão e repressão violenta do capitalismo. Da mesma maneira, nenhuma dessas lutas deveria transcender ou substituir a luta contra o capital e suas contradições. Obviamente, alianças de interesse se fazem necessárias.

Então o que *17 contradições* revela de tão interessante? Como escritor, em geral começo achando que sei o que quero dizer, mas sempre me surpreendo com o tanto que descubro no decorrer da escrita e como o produto final é diferente daquilo que concebi no início. Permitam-me dar um exemplo do que aconteceu em *17 contradições*... Percebi há muito tempo que os dois primeiros livros de *O capital* foram construídos com base em suposições radicalmente distintas, e produziram duas explicações muito diferentes para o funcionamento do capital. O Livro I trata da produção de valor e mais-valor, enquanto o principal foco (embora não exclusivo) do retalhado e incompleto Livro II é o problema da realização. No Livro I, Marx define o valor como tempo de trabalho socialmente necessário, mas diz em seguida que, se não há carência, necessidade ou desejo (sustentados pela capacidade de pagar, como descobrimos depois), então não há valor. A teoria construída no Livro I supõe que todas as mercadorias podem ser negociadas por seu valor e que não existe nenhuma barreira para a realização dos valores no mercado. Essa, é claro, é uma suposição forte. Mas foi essa abstração que permitiu a Marx definir as condições criadas pela produção contínua de valor e mais-valor e necessárias a ela. Tais condições incluíam a produção de um exército industrial de reserva de desempregados e o empobrecimento cada vez maior das classes trabalhadoras empregadas. O Livro II de *O capital*, por outro lado, dá como constantes muitas das forças motrizes, como a mudança tecnológica, estudada no Livro I. Ele assume que não há problemas para produzir valor. Marx, então, examina as condições necessárias para a realização dos valores nos mercados e vê que, para absorver o valor produzido, é necessária uma demanda agregada efetiva adequada por parte dos trabalhadores. Nitidamente, os dois livros indicam uma grave contradição entre o empobrecimento crescente das classes trabalhadoras e a capacidade dos salários para gerar uma demanda suficiente de mercado. Se do ponto de vista do Livro I tudo vai bem, do ponto de vista do Livro II tudo vai muito mal, e vice-versa.

Percebi isso desde o início, mas nunca me aprofundei nas implicações do que Marx chamou nos *Grundrisse* de "unidade contraditória entre produção e realização"*. Para começar, a maioria dos marxistas lê com cuidado o Livro I de *O capital*, mas pouquíssimos leem ou estudam o Livro II. Ao escrever a introdução de *Para entender O Capital: Livros II e III*, enfatizei como é importante dar o mesmo peso aos dois livros, mas, a julgar pelas vendas na Amazon, é evidente a tendência a dar

---

* Karl Marx, *Grundrisse*, cit. p. 331; com modificações. (N. E.)

mais valor ao Livro I do que ao Livro II. O resultado é a propensão a uma leitura "produtivista" de *O capital* na história do pensamento marxista, enquanto as questões relativas à realização são consideradas de importância secundária. Aliás, dedicar muito tempo ao Livro II, como fez Rosa Luxemburgo, leva à acusação de uma leitura "subconsumista" de Marx, que, por alguma razão inexplicável, é considerada não marxista e secretamente keynesiana. Contra isso, posso apenas enfatizar que negligenciar a unidade contraditória entre produção e realização, e não atribuir o mesmo peso ao conteúdo dos dois livros, leva a uma leitura seriamente equivocada da teoria do capital de Marx. Ironicamente, a economia política pela demanda, consistente com a perspectiva do Livro II de *O capital*, dominou o mundo capitalista depois de 1945 (com a ajuda das teorias keynesianas), mas destruiu as condições necessárias para a produção de mais-valor na década de 1960. A partir de meados da década de 1970, ela foi substituída (com a ajuda de Milton Friedman e Hayek) por uma economia política pelo lado da oferta e por políticas consistentes com o Livro I de *O capital*. Esta última, previsivelmente, produziu múltiplas crises localizadas ao redor do mundo até culminar no *crash* mundial de 2007-2008, à medida que a realização se tornava cada vez mais dependente de cartões de crédito e financiamentos para compensar a bem-sucedida campanha neoliberal a favor da repressão salarial.

O Livro II de *O capital* trata dos processos de circulação, principalmente do tempo de rotação, produção e circulação (com alusões esporádicas às relações de espaço e tempo de consumo). A coordenação da produção de mercadorias (o que hoje chamamos de cadeia produtiva) que requerem tempos de rotação, produção e circulação radicalmente diferentes – com ênfase particular no problema da formação e circulação do capital fixo – é problemática. Para lidar com tempos radicalmente diferentes, seria preciso acumular grandes quantidades de capital (que se tornaria inativo e não produziria valor). Essa dificuldade só pode ser superada com um sistema de crédito. Para Marx, crédito e dívida não são categorias primordialmente morais (como são considerados em muitas apresentações contemporâneas do assunto, por exemplo no livro *Dívida: os primeiros 5.000 anos*, de David Graeber*), mas necessidades técnicas para sustentar a continuidade e o fluxo do capital. Marx, porém, só investiga o sistema de crédito no Livro III, por isso não temos um quadro funcional das relações entre dívida e crédito no Livro II. Não obstante, podemos inferir que crédito e dívida são fundamentais para o funcionamento do capital. Sem eles, grande parte do capital teria de se acumular, travando todo o desenvolvimento capitalista futuro.

---

* Ed. bras.: trad. Rogério Bettoni, São Paulo, Três Estrelas, 2016. (N. E.)

No Livro II também vemos como a concorrência obriga o capital a acelerar os tempos de rotação. A aceleração de produção, circulação e consumo torna-se uma característica importante na dinâmica do capital, com implicações abrangentes para o modo como trabalhamos e vivemos. Basta pensar em como o consumismo contemporâneo funciona – moda, propaganda, rápida obsolescência, economia política do espetáculo (em que produção e consumo se fundem) – para perceber que as inovações tecnológicas e organizacionais atuam juntas para acelerar a vida. Paradoxalmente, isso requer infraestruturas cada vez mais elaboradas, com tempos de rotação lentos (capital fixo incorporado na terra), para funcionar efetivamente (o tráfego flui mais rápido à medida que as estradas proporcionam maior segurança). Daí a relação entre duas contradições: a contradição entre produção e realização ao lado da contradição entre fixidez e movimento do capital empregado.

Marx não diz muita coisa sobre o espaço (em oposição ao tempo) da relação entre produção e realização, mas o que diz tem implicações de longo alcance. O lugar onde o valor é produzido pode ser distante dos mercados em que é realizado. Os computadores da Apple produzidos na China têm uma taxa de lucro muito baixa lá (a Foxconn fica com 3%), mas a Apple tem uma margem de lucro de 27% na venda deles nos Estados Unidos. Do mesmo modo, o Walmart lucra nos Estados Unidos com mercadorias feitas na China e em outros países. Capitalistas comerciais e financeiros se tornam parte do problema porque, quanto mais poderosos são, mais valor conseguem extrair das várias facetas do processo de realização. A realização, portanto, não está livre da exploração, e a luta entre vendedores e consumidores torna-se parte vital da luta de classes. Na verdade, uma classe trabalhadora mais rica, que obtém concessões salariais no local de produção, pode ver toda a sua demanda efetiva extra tirada de volta por capitalistas mercantis, capitalistas financeiros e proprietários de terra. O que os trabalhadores ganham no local de produção é frequentemente recuperado por outras partes do capital no local de realização. Marx e Engels trataram dessa possibilidade em várias ocasiões, mas nunca a investigaram em detalhes (provavelmente porque, na época, era um problema menos visível). Mais tarde, a tradição marxista ou ignorou o problema, ou o encarou como uma forma secundária de exploração. Mas, do ponto de vista da unidade contraditória entre produção e realização, o problema não só deve ser levado a sério, como também deve ser colocado no mesmo nível da exploração do trabalho na produção. No entanto, algumas consequências são desastrosas. Para começar, o caráter de classe das lutas de realização é muito mais mal definido. Segmentos da classe média, ou até mesmo da classe alta, podem ser vítimas da extração de valor pela realização, embora a história das execuções de hipotecas nos Estados Unidos mostre que foram as minorias pobres e vulneráveis (hispânicos e negros) que sofreram as maiores perdas proporcionais em seus ativos. Por outro lado, foram os ricos que mais perderam dinheiro no esquema Ponzi de Bernie Madoff e nas ficções contábeis da Enron. A acumulação por espoliação é uma tática vigorosa no momento da realização. Mas é muito mais difícil integrar a relação entre espoliadores e espoliados na política de classes, mesmo que ela tenha uma forte ressonância em localidades urbanas e com frequência seja o centro de resistência dos movimentos sociais urbanos (voltados, por exemplo, para as condições de habitação). No entanto, se formos levar a sério a unidade contraditória entre produção e realização, temos de encarar os múltiplos e cada vez mais importantes descontentamentos com uma vida cotidiana progressivamente mais urbanizada como um pilar para a nossa política anticapitalista, no mesmo nível das lutas dentro e em torno dos processos de trabalho impostos pelo capital.

Por trás disso, existe outra grande questão: como o capital pode continuar sendo realizado se a demanda efetiva exercida pelas classes trabalhadoras é refreada por uma política de repressão salarial? Mais uma vez, podemos encontrar uma resposta no sistema de crédito. O agiota e o prestamista sempre foram figuras importantes, e com frequência muito malvistas, na vida da classe trabalhadora, mas a criação de uma vasta rede de instituições de crédito para gerenciar e manipular o processo de realização tem contradições que podem sustentar, e sustentaram, a formação de crises em escala gigantesca como a de 2007-2008. Quando os financistas conseguem bancar a atividade dos construtores, bem como a demanda por moradia, com financiamento hipotecário, criam-se as condições para que haja uma bolha de ativos do tipo que se formou no mercado habitacional desde 2001. É extremamente preocupante que esse tenha sido um dos principais recursos usados pela China para escapar dos efeitos da crise de 2007-2008.

Essas são as principais constatações a que chegamos ao considerar a concepção de unidade contraditória entre produção e realização, estendendo-a além do limite a que o próprio Marx chegou para conectá-la a alguns dos problemas mais urgentes do capital contemporâneo. O objetivo é descentralizar as noções de luta de classes e definir um terreno mais amplo da ação política não só como desejável, mas também como necessário para a luta anticapitalista, mesmo que algumas pessoas achem isso perigoso para a antiga clareza da teorização e das práticas políticas marxistas. O campo de ação potencial pode se tornar mais difuso, mas isso tem a virtude de salientar a ligação interna entre os múltiplos, difusos e aparentemente fragmentados campos de luta já existentes. Neste período histórico caracterizado por revoltas urbanas, em que a qualidade da vida urbana cotidiana é alvo de múltiplos descontentamentos, faz sentido adotar uma leitura teórica das contradições do capital que integre tais preocupações a um quadro teórico mais coerente.

Devemos claramente descobrir novas formas de fazer política anticapitalista. Há muitas experiências sendo feitas, mas a crítica universal que se faz a essas experiências é a incapacidade de superar as fragmentações e ampliar a luta para além dos efêmeros momentos de protesto e das revoltas ocasionais baseadas em descontentamentos múltiplos. Embora não possa oferecer soluções para esses problemas, a reflexão teórica pode sugerir formas de enquadrar nossas concepções mentais sobre a melhor maneira de articular as lutas anticapitalistas nas condições atuais. Se as ideias neoliberais e a teoria monetarista conseguiram se tornar, como tão nitidamente se tornaram, forças materiais que ajudaram a mudar a trajetória do desenvolvimento capitalista e da história da humanidade mais ou menos a partir dos anos 1970, então ideias coerentes à esquerda também podem reivindicar um potencial semelhante para o futuro. As ideias dominantes das classes dominantes não estão conseguindo servir aos interesses da massa da população em praticamente nenhum lugar, mesmo que garantam e fortaleçam o poder de uma oligarquia dominante. As contradições são óbvias e desmedidas. O crescimento exponencial infinito é simplesmente impossível. Qual momento seria melhor do que este para propor uma despedida do capital e começar a construir uma alternativa e um modo de produção muito mais saudável? Essa é a proposta que, espero, faz de *17 contradições...* um livro potencialmente perigoso, mas fertilmente provocador.

Índice onomástico

Agamben, Giorgio, 262
Allende, Salvador, 187
Althusser, Louis, 264-5, 277
Arbenz, Jacobo, 187
Arrighi, Giovanni, 131, 136
Arthur, W. Brian, 90, 96-9, 102-3, 108

Babbage, Charles, 116-7
Baran, Paul, 131
Becker, Gary, 172
Bernanke, Bem, 54
Blankfein, Lloyd, 222
Bohr, Niels, 73
Bourdieu, Pierre, 173
Braudel, Fernand, 178
Braverman, Harry, 116-7
Brecht, Bertolt, 246, 270
Buffett, Peter, 195-6, 227, 262-3, 265
Buffett, Warren, 195
Bush, George W., 186-8, 192, 267

Cabet, Étienne, 170
Cabral, Amilcar, 269

Calhoun, Craig, 164-5
Carlos I, rei, 185
Césaire, Aimé , 269
Chandler, Alfred, 136
Chaplin, Charlie, 103
Chávez, Hugo, 120, 187
Cheney, Dick, 267
Clinton, Bill, 162-3
Collins, Suzanne, 245

Débord, Guy, 219
DeLong, Bradford, 212-3
Deng Xiaoping, 10
Descartes, René, 230
Dickens, Charles, 122, 157, 170, 211
Durkheim, Émile, 119, 122

Eagleton, Terry, 186, 198-9
Ehrlich, Paul, 229
Engels, Friedrich, 73, 269, 285
Epicuro, 262
Erasmo de Roterdã, 262
Ésquilo, 268

Fanon, Frantz, 264, 266-8, 270
Ford, Martin, 103-7, 109, 253
Foucault, Michel, 12, 189, 194, 259
Fourier, François Marie Charles, 170
Francisco, papa, 255, 270

Gandhi, Mahatma, 263, 268
Gaulle, Charles de, 55
Gehry, Frank, 135
Gesell, Silvio, 43, 52-3
Gordon, Robert, 207-9, 214, 221
Gore, Al, 231
Gorz, André, 104, 106, 224, 249-52, 254-5, 258
Gramsci, Antonio, 220, 264, 270
Greco, Thomas, 55
Guevara, Ernesto "Che", 268-9

Habermas, Jürgen, 178
Harvey, David (obras), 30, 54, 135, 143, 222, 230, 246, 261
Hayek, Friedrich, 50, 191, 284
Heidegger, Martin, 64, 232
Hill, Christopher, 185
Ho Chi Minh, 268-9
Hudson, Michael, 207, 211
Husserl, Edmund, 178
Huygens, Christiaan, 73

Jacobs, Jane, 97
James, C. L. R., 269

Kant, Immanuel, 263
Katz, Cindi, 175, 180-2, 275
Keynes, John Maynard, 10, 42-4, 53, 78, 83, 105, 128, 163, 226, 247, 284
King, Martin Luther, 263, 269, 284, 291
Koch, irmãos, 270
Kohl, Helmut, 10

Lebed, Jonathan, 180
Lee Kuan-Yew, 55
Lefebvre, Henri, 148, 178, 182
Lenin, Vladimir, 131
Locke, John, 48, 187, 189
Lovelace, Richard, 185-6, 188
Luís XV, rei da França, 227

MacKinnon, Catherine, 262
Maddison, Angus, 212
Malcolm X, 269
Malthus, Thomas, 213-4, 216, 226, 229, 233
Mao Tsé-tung, 268, 277
Marcuse, Herbert, 189, 267
Martin, Randy, 179
Marx, Karl, 12, 18, 42, 44, 60-2, 69, 81-2, 98, 103, 105, 108, 115-7, 119, 121-3, 125, 128, 131, 136, 140, 169, 171-2, 186, 192, 195-9, 204-5, 211, 222, 226, 249, 264-5, 269, 275-81, 283-6
Milanović, Branko, 158
Mitchell, David, 245
Mitchell, Timothy, 119
Murdoch, Rupert, 11
Myrdal, Gunnar, 142

Newton, Isaac, 73
Nkrumah, Kwame, 269
Nyerere, Julius, 269

Obama, Barack, 156
Orwell, George, 188, 197
Owen, Robert, 29, 170

Paine, Thomas, 263
Paulson, Hank, 54
Peabody, George, 29
Pereire, Émile, 222

Índice onomástico

Picasso, Pablo, 135, 173, 223
Pinochet, Augusto, 10
Polanyi, Karl, 61-3, 65, 190-1, 194, 242
Pontecorvo, Gillo, 266
Price, Richard, 211, 213
Proudhon, Pierre-Joseph, 170

Rand, Ayn, 186
Reagan, Ronald, 10, 75, 154, 187
Reclus, Elisée, 134
Reich, Robert B., 120, 174
Ricardo, David, 119, 226, 233
Rodney, Walter, 269
Roosevelt, Theodore, 127, 131, 187
Rousseau, Jean-Jacques, 197-8

Saint-Simon, Claude de Rouvroy (conde de), 170
Schumpeter, Joseph, 99, 255
Sen, Amartya, 193-5, 259
Simon, Julian, 229
Smith, Adam, 99, 115-6, 122, 127-8, 136, 147, 171-2, 187, 189, 280-1
Smith, Neil, 231, 275
Stalin, Joseph, 73

Stiglitz, Joseph, 128-30
Sweezy, Paul, 131

Taylor, Frederick, 116-7, 122
Teresa, Madre, 263
Thatcher, Margaret, 10, 75, 198, 240
Thelluson, Peter, 211
Toffler, Alvin, 219
Tönnies, Ferdinand, 119, 122
Tutu, Desmond (arcebispo), 263

Veblen, Thorstein, 253
Volcker, Paul, 45

Weber, Max, 119, 122
Whitehead, Alfred North, 98
Wilson, Woodrow, 187
Wolf, Martin, 208
Wollstonecraft, Mary, 263
Wright, Frank Lloyd, 28
Wriston, Walter, 222

Zola, Émile, 20

Bibliografia e leitura complementar

AGAMBEN, Giorgio. *State of Exception*. Chicago, Chicago University Press, 2005. [Ed. bras.: *Estado de exceção*. Trad. Iraci D. Poleti. São Paulo, Boitempo, 2004.]

ALTHUSSER, Louis. Contradiction and Overdetermination (1962). Disponível em: <https://www.marxists.org/reference/archive/althusser/1962/overdetermination.htm>.

_____. *The Humanist Controversy and Other Writings*. Londres, Verso, 2003.

ARENDT, Hannah. *Between Past and Future*: Eight Exercises in Political Thought. Londres, Penguin, 2009. [Ed. bras.: *Entre o passado e o futuro*. Trad. Mauro W. Barbosa de Almeida. 5. ed. São Paulo, Perspectiva, 2000.]

ARMSTRONG, Philip; GLYNN, Andrew; HARRISON, John. *Capitalism Since World War II:* The Making and Breaking of the Long Boom. Oxford, Basil Blackwell, 1991.

ARRIGHI, Giovanni. *Adam Smith in Beijing*. Londres, Verso, 2010. [Ed. bras.: *Adam Smith em Pequim*. Trad. Beatriz Medina. São Paulo, Boitempo, 2008.]

_____. *The Long Twentieth Century*. Londres, Verso, 1994. [Ed. bras.: *O longo século XX:* dinheiro, poder e as origens de nosso tempo. Trad. Vera Ribeiro. Rio de Janeiro/São Paulo, Contraponto/Editora da Unesp, 2009.]

_____. Towards a Theory of Capitalist Crisis. *New Left Review*, set. 1978.

ARTHUR, W. Brian. *The Nature of Technology:* What It Is and How It Evolves. Nova York, Free Press, 2009.

ATKINSON, Anthony B.; PIKETTY, Thomas. *Top Incomes:* A Global Perspective. Oxford, Oxford University Press, 2010.

BARAN, Paul; SWEEZY, Paul. *Monopoly Capital*. Nova York, Monthly Review Press, 1966. [Ed. bras.: *Capitalismo monopolista*. Trad. Waltensir Dutra. 2. ed. Rio de Janeiro, Zahar, 1974.]

BECKER, Gary. *Human Capital:* A Theoretical and Empirical Analysis, with Special Reference to Education. Chicago, University of Chicago Press, 1994.

BOOKCHIN, Murray. *The Philosophy of Social Ecology:* Essays on Dialectical Naturalism. Montreal, Black Rose, 1990.

BOURDIEU, Pierre. The Forms of Capital. In: RICHARDSON, John (org.). *Handbook of Theory and Research for the Sociology of Education*. Nova York, Greenwood, 1986.

BOWLES, Samuel; GINTIS, Herbert. The Problem with Human Capital Theory: A Marxian Critique. *American Economic Review*, v. 65, n. 2, 1975. p. 74-82.

BRAUDEL, Fernand. *Capitalism and Material Life, 1400-1800*. Londres, Weidenfeld & Nicolson, 1973. [Ed. bras.: *Civilização material, economia e capitalismo*. Trad. Telma Costa. São Paulo, WMF Martins Fontes, 1995. 3 v.]

BRAVERMAN, Harry. *Labor and Monopoly Capital*. Nova York, Monthly Review Press, 1974. [Ed. bras.: *Trabalho e capital monopolista:* a degradação do trabalho no século XX. Trad. Nathanael C. Caixeiro. Rio de Janeiro, LTC, 1987.]

BUFFETT, Peter. The Charitable-Industrial Complex. *New York Times*, 26 jul. 2013.

CALHOUN, Craig. What Threatens Capitalism Now?. In: WALLERSTEIN, Immanuel et al. *Does Capitalism Have a Future?* Oxford, Oxford University Press, 2013.

CHANDLER, Alfred. *The Visible Hand:* The Managerial Revolution in American Business. Cambridge, Harvard University Press, 1993.

CLARKE, Simon (org.). *The State Debate*. Londres, Macmillan, 1991.

CLEAVER, Harry. *Reading Capital Politically*. Austin, University of Texas Press, 1979. [Ed. bras.: *Leitura política de O Capital*. Trad. Waltensir Dutra. Rio de Janeiro, Zahar, 1981.]

DEBORD, Guy. *The Society of the Spectacle*. Kalamazoo, Black & Red, 2000. [Ed. bras.: *A sociedade do espetáculo*. Trad. Estela dos Santos Abreu. Rio de Janeiro, Contraponto, 1997.]

EAGLETON, Terry. *Why Marx Was Right*. New Haven, Yale University Press, 2011. [Ed. Bras.: *Marx estava certo*. Trad. Regina Lyra. Rio de Janeiro, Nova Fronteira, 2012.]

EISENSTEIN, Charles. *Sacred Economics:* Money, Gift and Society in the Age of Transition. Berkeley, Evolver, 2011.

ENGELS, Friedrich. *The Condition of the Working Class in England*. Londres, Cambridge University Press, 1962. [Ed. bras.: *A situação da classe trabalhadora na Inglaterra*. Trad. B. A. Schumann. São Paulo, Boitempo, 2008.]

FANON, Frantz. *The Wretched of the Earth*. Nova York, Grove Press, 2005. [Ed. bras.: *Os condenados da Terra*. Trad. José Laurêncio de Melo. Rio de Janeiro, Civilização Brasileira, 1968.]

FORD, Martin. *The Lights in the Tunnel:* Automation, Accelerating Technology and the Economy of the Future. S.l., Acculant Publishing, 2009.

FOSTER, John Bellamy. *Marx's Ecology*: Materialism and Nature. Nova York, Monthly Review Press, 2000. [Ed. bras.: *A ecologia de Marx:* materialismo e natureza. Trad. Maria Tereza Machado. Rio de Janeiro, Civilização Brasileira, 2005.]

FOUCAULT, Michel. *The Birth of Biopolitics*: Lectures at the College de France, 1978-1979. Nova York, Picador, 2008. [Ed. bras.: *Nascimento da biopolítica:* curso dado no Collège de France (1978-1979). Trad. Eduardo Brandão. São Paulo, Martins Fontes, 2008.]

GESELL, Silvio. *The Natural Economic Order* (1916). Disponível em: <http:www.archive.org/details/TheNaturalEconomicOrder>.

GLYN, Andrew; SUTCLIFFE, Robert. *British Capitalism:* Workers and the Profit Squeeze. Harmondsworth, Penguin, 1972.

GORDON, Robert. Is U.S. Economic Growth Over? Faltering Innovation Confronts the Six Headwinds. *Working Paper 18315*, Cambridge, National Bureau of Economic Research, 2012.

GORZ, André. *Critique of Economic Reason*. Londres, Verso, 1989.

_____. *The Immaterial*. Nova York/Chicago, Seagull, 2010. [Ed. bras.: *O imaterial:* conhecimento, valor e capital. Trad. Celso Azzan Jr. e Celso Cruz. São Paulo, Annablume, 2005.]

GRAMSCI, Antonio. *The Prison Notebooks*. Londres, NLR Books, 1971. [Ed. bras.: *Cadernos do cárcere*. Trad. Carlos Nelson Coutinho. Rio de Janeiro, Civilização Brasileira, 1999-2001. 2 v.]

GRECO, Thomas. *The End of Money and the Future of Civilization*. White River Junction, Chelsea Green, 2009.

GREIDER, William. *Secrets of the Temple:* How the Federal Reserve Runs the Country. Nova York, Simon and Schuster, 1989.

HABERMAS, Jürgen. *The Theory of Communicative Action*, v. 2: *Lifeworld and System:* A Critique of Functionalist Reason. Boston: Beacon Press, 1985. [Ed. bras.: *Teoria do agir comunicativo:* sobre a crítica da razão funcionalista. Trad. Paulo Astor Soethe. São Paulo, WMF Martins Fontes, 2012.]

HARDT, Michael; NEGRI, Antonio. *Commonwealth*. Cambridge, Harvard University Press, 2009.

HART, Keith. Notes Towards an Anthropology of Money. *Kritikos*, v. 2, 2005.

HARVEY, David. *A Brief History of Neoliberalism*. Oxford, Oxford University Press, 2005.

_____. *A Companion to Marx's Capital*, Volume Two. Londres, Verso, 2013. [Ed. bras.: *Para entender O Capital: Livros II e III*. Trad. Rubens Enderle. São Paulo, Boitempo, 2013.]

_____. *Cosmopolitanism and the Geographies of Freedom*. Nova York, Columbia University Press, 2009.

_____. *The Enigma of Capital*: and the Crises of Capitalism. Londres. Profile Books, 2010. [Ed. bras.: *O enigma do capital*: e as crises do capitalismo. Trad. João Alexandre Peschanski. São Paulo, Boitempo, 2011.]

_____. *Justice, Nature and the Geography of Difference*. Oxford, Basil Blackwell, 1996.

_____. *Rebel Cities:* From the Right to the City to the Urban Revolution. Londres, Verso, 2013. [Ed. bras.: *Cidades rebeldes:* do direito à cidade à revolução urbana. Trad. Jeferson Camargo. São Paulo, Martins Fontes, 2014.]

_____. *Spaces of Capital*. Edimburgo, Edinburgh University Press, 2002.

HEIDEGGER, Martin. *Discourse on Thinking*. Nova York, Harper, 1966.

HILL, Christopher. *The World Turned Upside Down:* Radical Ideas During the English Revolution. Harmondsworth, Penguin, 1984. [Ed. bras.: *O mundo de ponta-cabeça:* ideias radicais durante a Revolução Inglesa de 1640. Trad. Renato Janine Ribeiro. São Paulo, Companhia das Letras, 1987.]

HUDSON, Michael. *The Bubble and Beyond*. Dresden, Islet, 2012.

JACOBS, Jane. *The Economy of Cities*. Nova York, Vintage, 1969.

JAY, Martin. *The Dialectical Imagination: A History of the Frankfurt School and the Institute of Social Research, 1923-50*. Boston, Beacon Press, 1973. [Ed. bras.: *A imaginação dialética:* história da Escola de Frankfurt e do Instituto de Pesquisas Sociais, 1923-1950. Trad. Vera Ribeiro. Rio de Janeiro, Contraponto, 2008.]

KATZ, Cindi. Vagabond Capitalism and the Necessity of Social Reproduction. *Antipode*, v. 33, n. 4, 2001. p. 709-28.

KEYNES, John Maynard. *Essays in Persuasion*. Nova York, Classic House, 2009.

_____. *The General Theory of Employment, Interest, and Money*. Nova York, Harcourt Brace, 1964. [Ed. bras.: *Teoria geral do emprego, do juro e da moeda*. Trad. Mário R. da Cruz. São Paulo, Nova Cultural, 1996.]

KLEIN, Naomi. *The Shock Doctrine:* The Rise of Disaster Capitalism. Nova York, Metropolitan, 2009. [Ed. bras.: *A doutrina do choque:* a ascensão do capitalismo de desastre. Trad. Vânia Cury. Rio de Janeiro, Nova Fronteiro, 2008.]

LEFEBVRE, Henri. *Critique of Everyday Life*. Londres, Verso, 1991.

_____. *The Production of Space*. Oxford, Basil Blackwell, 1989.

LEISS, William. *The Domination of Nature*. Boston, Beacon, 1974.

LEWIS, Michael. *The Big Short*: Inside the Doomsday Machine. New York, Norton, 2010. [Ed. bras.: *A jogada do século*. Trad. Adriana Ceschin Riecher. Rio de Janeiro, Best Seller, 2011.]

MACKEY, John; SISODIA, Rajendra; GEORGE, Bill. *Conscious Capitalism:* Liberating the Heroic Spirit of Business. Cambridge, Harvard Business Review Press, 2013.

MACKINNON, Catherine. *Are Women Human? And Other International Dialogues*. Cambridge, Harvard University Press, 2007.

MADDISON, Angus. *Contours of the World Economy, 1-2030 AD*. Oxford, Oxford University Press, 2007.

_____. *Phases of Capitalist Development*. Oxford, Oxford University Press, 1982.

MALTHUS, Thomas. *An Essay on the Principle of Population*. Cambridge, Cambridge University Press, 1992. [Ed. bras.: *Ensaio sobre o princípio da população*. Trad. Eduardo Saló. Mem Martins, Europa-América, 1999.]

MAO TSÉ-TUNG. *Collected Works of Chairman Mao*, Volume 3: *On Policy, Practice and Contradiction*. El Paso, El Paso Norte, 2009.

MARTIN, Randy. *Financialization of Daily Life*. Filadélfia, Temple University Press, 2002.

MARX, Karl. *Capital*, v. 1. Harmondsworth, Penguin, 1976. [Ed. bras.: *O capital*: Crítica da economia política, Livro I: *O processo de produção do capital*. Trad. Rubens Enderle. São Paulo, Boitempo, 2013.]

_____. *Capital*, v. 2. Harmondsworth, Penguin, 1978. [Ed. bras.: *O capital*: Crítica da economia política, Livro II: *O processo de circulação do capital*. Trad. Rubens Enderle. São Paulo, Boitempo, 2014.]

_____. *Capital*, v. 3. Harmondsworth, Penguin, 1981. [Ed. bras.: *O capital*: Crítica da economia política, Livro III: *O processo global da produção capitalista*. Trad. Rubens Enderle. São Paulo, Boitempo, no prelo.]

_____. *The Economic and Philosophic Manuscripts of 1844*. Nova York, International Publishers, 1964. [Ed. bras.: *Manuscritos econômico-filosóficos*. Trad. Jesus Ranieri. São Paulo, Boitempo, 2004.]

_____. *Grundrisse*. Harmondsworth, Penguin, 1973. [Ed. bras.: *Grundrisse*: manuscritos econômicos de 1857-1858 – Esboços da crítica da economia política. Trad. Mario Duayer e Nélio Schneider. São Paulo/Rio de Janeiro, Boitempo/ Editora da UFRJ, 2011.]

_____. *Karl Marx:* Early Texts. Org. David McLellan. Oxford, Basil Blackwell, 1972.

_____. On the Jewish Question. In: MCLELLAN, David (org.). *Early Texts*. Oxford, Basil Blackwell, 1972. [Ed. bras.: *Sobre a questão judaica*. Trad. Nélio Schneider e Wanda Caldeira Brant. São Paulo, Boitempo, 2010.]

_____. *Theories of Surplus Value*, v. 2. Londres, Lawrence and Wishart, 1969.

MCEVOY, Arthur. *The Fisherman's Problem:* Ecology and Law in the California Fisheries, 1850-1980. Cambridge, Cambridge University Press, 1990.

MCKINSEY GLOBAL INSTITUTE. The World at Work: Jobs, Pay and Skills for 3.5 Billion People. *Report of the McKinsey Global Institute*, 2012.

MÉSZÁROS, István. *Marx's Theory of Alienation*. Londres: Merlin, 1970. [Ed. bras.: *A teoria da alienação em Marx*. Trad. Nélio Schneider. São Paulo, Boitempo, 2016.]

MILANOVIĆ, Branko. *Worlds Apart:* Measuring International and Global Inequality. Princeton, Princeton University Press, 2005.

MITCHELL, Timothy. *The Rule of Experts:* Egypt, Techno-Politics, Modernity. Berkeley, University of California Press, 2002.

MYRDAL, Gunnar. *Economic Theory and Underdeveloped Regions*. Londres, Duckworth, 1957. [Ed. bras.: *Teoria econômica e regiões subdesenvolvidas*. Trad. Edwaldo Correa Lima. Rio de Janeiro, Instituto Superior de Estudos Brasileiros, 1960.]

NAESS, Arne. *Ecology, Community and Lifestyle*. Cambridge, Cambridge University Press, 1989.

NELSON, Anitra; TIMMERMAN, Frans (orgs.). *Life without Money:* Building Fair and Sustainable Economies. Londres, Pluto, 2011.

NORTON, Michael; ARIELY, Dan. Building a Better America – One Wealth Quintile at a Time. *Perspectives on Psychological Science*, v. 6, 2011.

OLLMAN, Bertell. *The Dance of the Dialectic:* Steps in Marx's Method. Champagne, University of Illinois Press, 2003.

OXFAM. The Cost of Inequality: How Wealth and Income Extremes Hurt Us All. Oxfam Media Briefing, 18 jan. 2013.

PEET, Richard; ROBBINS, Paul; WATTS, Michael. *Global Political Ecology*. Nova York, Routledge, 2011.

PIKETTY, Thomas; SAEZ, Emmanuel. Top Incomes and the Great Recession. *IMF Economic Review*, v. 61, 2013. p. 456-78.

POLANYI, Karl. *The Great Transformation*: The Political and Economic Origins of Our Time. Boston, Beacon Press, 1957. [Ed. bras.: *A grande transformação:* as origens de nossa época. Trad. Fanny Wrabel. 2. ed., Rio de Janeiro, Campus, 2000.]

RATCLIFFE, Roy. *Revolutionary Humanism and the Anti-Capitalist Struggle*. Distribuído pelo autor. Beech Hill House, Morchard Bishop, EX17 6RF, 2003.

RECLUS, Elisé. *Anarchy, Geography, Modernity*. Org. John P. Clark e Camille Martin. Oxford, Lexington, 2004.

REICH, Robert B. *The Work of Nations:* Preparing Ourselves for 21st Century Capitalism. Nova York, Vintage, 1992. [Ed. bras.: *O trabalho das nações:* preparando-nos para o capitalismo do século 21. Trad. Claudiney Fulmann. São Paulo, Educator, 1993.]

ROUSSEAU, Jean-Jacques. *The Social Contract*. Oxford: Oxford University Press, 2008. [Ed. bras.: *O contrato social*. Trad. Antonio de Pádua Danesi. 3. ed. São Paulo, Martins Fontes, 1996.]

SABIN, Paul. *The Bet:* Paul Ehrlich, Julian Simon, and Our Gamble over Earth's Future. New Haven, Yale University Press, 2013.

SASSOWER, Raphael. *Postcapitalism:* Moving Beyond Ideology in America's Economic Crises. Boulder, Paradigm, 2009.

SCHUMPETER, Joseph. *Capitalism, Socialism and Democracy.* Londres, Routledge, 1942. [Ed. bras.: *Capitalismo, socialismo e democracia.* Trad. Sérgio Góes de Paula. Rio de Janeiro, Zahar, 1984.]

SEABRIGHT, Paul (org.). *The Vanishing Rouble:* Barter Networks and Non-Monetary Transactions in Post-Soviet Societies. Londres, Cambridge University Press, 2000.

SEN, Amartya. *Development as Freedom.* Nova York, Anchor Books, 2000. [Ed. bras.: *Desenvolvimento como liberdade.* Trad. Laura Teixeira Motta. São Paulo, Companhia das Letras, 2010.]

SMITH, Neil. Nature as Accumulation Strategy. *Socialist Register*, 2007. p. 19-41.

_____. *Uneven Development:* Nature, Capital and the Production of Space. Oxford, Basil Blackwell, 1984. [Ed. bras.: *Desenvolvimento desigual:* natureza, capital e a produção de espaço. Trad. Eduardo de Almeida Navarro. Rio de Janeiro, Bertrand Brasil, 1988.]

STIGLITZ, Joseph. *The Price of Inequality.* Nova York, Norton, 2013.

STORRS, Christopher (org.). *The Fiscal Military State in Eighteenth Century Europe.* Aldershot, Ashgate, 2009.

THOMAS, Peter. *The Gramscian Moment:* Philosophy, Hegemony and Marxism. Chicago, Haymarket, 2010.

TOFFLER, Alvin. *The Third Wave*: The Classic Study of Tomorrow. Nova York, Bantam, 1980. [Ed. bras.: *A terceira onda*. Trad. João Távora. 29. ed. Rio de Janeiro, Record, 2007.]

VEBLEN, Thorstein. *The Theory of the Leisure Class.* Nova York, Oxford University Press, 2009. [Ed. bras.: *A teoria da classe ociosa:* um estudo econômico das instituições. Trad. Olívia Krähenbühl. São Paulo, Abril Cultural, 1983.]

WALLERSTEIN, Immanuel et al. *Does Capitalism Have a Future?* Oxford, Oxford University Press, 2013.

WHITEHEAD, Alfred North. *Process and Reality.* Nova York, Free Press, 1969. [Ed. port.: *Processo e realidade:* ensaio de cosmologia. Trad. Maria Teresa Teixeira. Lisboa, Centro de Filosofia da Universidade de Lisboa, 2010.]

WOLFF, Robert Paul; MOORE, Barrington; MARCUSE, Herbert. *A Critique of Pure Tolerance*: Beyond Tolerance, Tolerance and the Scientific Outlook, Repressive Tolerance. Boston, Beacon Press, 1969. [Ed. bras.: *Crítica da tolerância pura*. Trad. Ruy Jungmann. Rio de Janeiro, Zahar, 1970.]

WRIGHT, Melissa. *Disposable Women and Other Myths of Global Capitalism.* Nova York, Routledge, 2006.

Outros títulos da Boitempo

DE AUTORIA DE DAVID HARVEY

O enigma do capital e as crises do capitalismo
tradução *João Alexandre Peschanski*

Os limites do capital
orelha *Leda Paulani*
quarta capa *Fredric Jameson*
tradução *Magda Lopes*

Para entender O Capital: Livro I
prefácio *Marcio Pochmann*
tradução *Rubens Enderle*

Para entender O Capital: Livros II e III
tradução *Rubens Enderle*

Paris, capital da modernidade
orelha *João Sette Whitaker Ferreira*
quarta capa *Gilberto Maringoni*
tradução *Magda Lopes*
revisão técnica *Artur Renzo*

COM TEXTOS DE DAVID HARVEY

Margem Esquerda 5 – Imperialismo
Agenor Bevilaqua, Aldo Andrés Romero, Carlos Nelson Coutinho, David Harvey, Domenico Losurdo, Gerardo Caetano, Giovanni Arrighi, Ivo Tonet, Leandro Konder, Leda Paulani, Licínio C. Lima, Luiz Renato Martins, Paulo Arantes, Ricardo Antunes, Vladimir Pinheiro Safatle

Margem Esquerda 15 – Teorias do estado na América Latina hoje
Álvaro García Linera, Anita Simis, Antonino Infranca, Armando List Arzubide, David Harvey, Ivana Jinkings, José Saramago, Luiz Bernardo Pericás, Mabel Thwaites Rey, Marcio Pochmann, Mauro Luis Iasi, Michael Löwy, Miguel Urbano Rodrigues, Nicolas Tertulian, Plínio de Arruda Sampaio, Regina Silveira, Sérgio de Souza Brasil

Margem Esquerda 16 – Hegemonia norte-americana: Estado e perspectivas
Silvio Luiz de Almeida, Alain Badiou, Alex Callinicos, Camilo Caldas, Carlos Eduardo Jordão Machado, David Harvey, Demetrio Cherobini, Emir Sader, Fatima Naroot, Fernando Marcelino, Guido Oldrini, Guillermo Almeyra, João Leonardo Medeiros, José Luís Fiori, Lucia Barroco, Nelson Leiner, Ricardo Antunes, Slavoj Žižek, Vladimir Lenin

Margem Esquerda 20 – "Os donos da voz"
Altamiro Borges, Ana Paola Amorim, Antonio Carlos Mazzeo, Celso Frederico, David Harvey, Emir Sader, Fernando Heredia, Friedrich Engels, Gilberto Maringoni, João Brant, Luiz Recamán, Luiz Bernardo Pericás, Marcelo Braz, Maria Orlanda Pinassi, Mathias Luce, Natalia Viana, Oscar Niemeyer, Pablo Gentili, Pedro Henrique de Carvalho

Cidades Rebeldes: Passe Livre e as manifestações que tomaram as ruas do Brasil
Coleção Tinta Vermelha
David Harvey, Ermínia Maricato, Mike Davis, Ruy Braga, Slavoj Žižek, entre outros
prefácio *Raquel Rolnik*
quarta capa *Paulo Arantes* e *Roberto Schwarz*
imagens *Mídia NINJA*
coedição Carta Maior

Occupy: movimentos de protesto que tomaram as ruas
Coleção Tinta Vermelha
David Harvey, Mike Davis, Slavoj Žižek, Tariq Ali, Vladimir Pinheiro Safatle, entre outros.
prefácio *Henrique Carneiro*
quarta capa *Leonardo Sakamoto*
coedição Carta Maior

Fotografia de Guilherme Weimann (Mariana-MG, 2015).

"Não há nada de natural nos chamados desastres naturais, e a humanidade sabe o suficiente para atenuar ou controlar a ameaça da maioria das catástrofes ambientais (ainda que não de todas)" (David Harvey).

Publicado em setembro de 2016, dez meses após o rompimento, em Mariana (MG), da barragem do Fundão, da mineradora Samarco, controlada pelas empresas Vale e BHP Billiton, que provocou um desastre ambiental e humano de proporções descomunais, cujo saldo é de 18 pessoas mortas e 1 desaparecida, além de centenas de famílias desalojadas, este livro foi composto em Adobe Garamond Pro, corpo 11/13,5, e reimpresso em papel Avena 80 g/m^2, pela gráfica Rettec, para a Boitempo, em março de 2019, com tiragem de 1.500 exemplares.